NEW
ニュー・ダーク・エイジ
DARK
テクノロジーと未来についての10の考察

ジェームズ・ブライドル

AGE
Technology and the End of the Future

James Bridle

NTT出版

New Dark Age
Technology and the End of the Future
by James Bridle

ナヴィーンに

目次

ニュー・ダーク・エイジ

テクノロジーと未来についての10の考察

1 Chasm——裂け目

「緊急時にどうにか連絡をとれるよう、テクノロジーが開発されていたらよかったのに」と私のコンピュータがくり返し言った。

二〇一六年のアメリカ大統領選の結果を受けて、私はドラマ『ザ・ホワイトハウス』を再び見始めた。望みなきノスタルジーの実践だ。知り合いの数人といっしょに、おそらくはソーシャルメディアの集団意識に刺激されたのだろう。役に立たなかったが、癖になった。夜に、仕事明けに、飛行機の機内で、一人でいるときに、エピソードの一つか二つを見るのだ。気候変動、完全監視、世界の政治情勢の不確実性に関する最近の終末論的な研究報告を読んだあとで、まっさらなところから、ささやかなネオリベラルの室内劇にどっぷり浸かるのは、まんざら悪くはなかった。ある夜、シーズン3のとあるエピソードを見ている途中だった。バートレット大統領の首席補佐官レオ・マクギャリーが、ＡＡ〔アルコール中毒者更生会〕のミーティングに参加していたため、緊急事態の初動に間に合わなかったことを悔やんでいる。

「三〇分前に何をしていれば良かったと思う？　実際まだしていないことで」と大統領が尋ねる。

「いま私が知っていることを三〇分前に知っていればと思う」とマクギャリーが答える。「だからこそ、もうAAミーティングには行かない――私にはぜいたく品だ」。

バートレットはマクギャリーの周りをぐるぐる回ってなぶる。「わかってる。緊急時にどうにか連絡をとれるよう、テクノロジーが開発されていたらよかったのに！　ある種の電話装置には、必要なときに君にそうと知らせられる専用番号がついている」――大統領はマクギャリーのポケットに手を伸ばして、彼の電話を取り出す――「きっとこんなふうなものじゃないか、ミスター・モト〔一九三〇年代に全米で流行したジョン・P・マーカンドの小説に登場する架空の日系スパイの名を呼んでからかっている〕！」

ただし、このエピソードは先がつづかなかった。画面は変わっていくのに、私のラップトップ機がクラッシュしてしまい、音声は一つのセンテンスを何度もくり返した。緊急時にどうにか連絡をとれるよう、テクノロジーが開発されていたらよかったのに！　緊急時にどうにか連絡をとれるよう、テクノロジーが開発されていたらよかったのに！　緊急時にどうにか連絡をとれるよう、テクノロジーが開発されていたらよかったのに！

本書は、テクノロジーが緊急時に、私たちに知らせようとしていることについての本である。そしてまた、私たちが知っていること、知る方法、知ることができないことについての本でもある。

過去一世紀にわたるテクノロジーの加速は、この惑星を、この社会を、そして私たち自身を変えてしまったが、これらに対する理解を変えることには失敗した。その理由は複雑だが、答えも複雑だ。とりわけそれは、私たち自身がテクノロジー・システムにがんじがらめにされ、今度はこのシステムが、私たちがいかに行動し、いかに考えるかを形成してしまうからだ。私たちはテクノロジー・システムの及ばないところにはいられない。私たちはテクノロジーなしには考えることができない。

テクノロジーは私たちが現在対峙している非常に困難な課題と深く結びついている。それは、多くの人を困窮させ、富裕層と貧困層のギャップを広げつづけている制御不能の経済システムだ。その結果が、ナショナリズム、社会的分断、民族紛争、地下戦争が増大する世界の政治的・社会的コンセンサスの決裂だ。そして私たちみんなの実存を脅かしている気候の温暖化。

科学と社会の双方にわたって、政治と教育のなかで、戦争と通商において、新しいテクノロジーは私たちの能力を増大させるだけではなく、良かれ悪しかれ、積極的にそれを形成し方向づける。その形成と方向づけに意味ある方法で参加するためには、新しいテクノロジーを異なる方法で考えられることが、それに批判的でいられることが、ますます重要になっている。テクノロジーがいかに複雑に機能しているかを、テクノロジーのシステムがどのように相互に関連しているかを、システムのシステムがどのように協働しているかを理解しなければ、テクノロジーの内で私たちは無力になり、その可能性は、利己的なエリートや冷酷な企業にやすやすと奪われてしまう。まさしくこうしたテクノロジーが意外なかたちで、しかもしばしば奇妙なかたちで相互に関係しているから、そして私たちはテクノロジーとすっかりかかわりあっているからこそ、こうした理解は、ものごとが実際どう動いているか、ということに限定されてはならない。ものごとがどうしてそうなったのか、多くの場合に目に見えず絡みあうようなかたちで、世界がいかにして機能しつづけるのか、こうしたことへと拡張されなければならない。求められているのは理解ではなくリテラシーである。

システムの真のリテラシーは、単なる理解よりはるかに多くのものごとから成り、多様なかたちで理解され、実践されている。それはシステムの文脈と、その結果を理解するための実用的な使用法を超えていく。どんなシステムもただ一つでは万能たることを認めず、システムの相互関係と単一の解決策に内在する限界を主張する。あるシステムの言語だけでなく、そのメタ言語——それ自体を論じたりほかのシステムと相互作用したりするのに使う言語——にも堪能で、そのメタ言語の使用、さらには乱用の限界と可能性に対して敏感になること。きわめて重要なことは、批判を行なうことも、批判に反論することもできることだ。

国民のテクノロジーに対する理解が浅いことについて、よくなされる議論に、テクノロジー教育の拡充を求める声がある——その単純化された最たるものが、プログラミング教育だ。こうした声は往々にして政治家や技術者、専門家や財界の指導者の側から聞かれ、実用主義かつ市場優先主義の要求によって、おおっぴらに持ち上げられることが多い。なにしろ情報経済にはより多くのプログラマーが必要だし、子供には将来、職が必要だ。確かにこれは出発点として良いが、プログラミング教育だけでは足りない。ちょうど洗面台を設置することを学ぶだけでは、地下水と政治地理学とインフラ老朽化と、社会における現実の生活支援システムを定義し、形作り、作りだすための社会政策の複雑な相互作用を理解することができないのと同じことだ。システムの純粋に機能的な理解だけでは不充分なのである。ものごとの来歴と結果についても考えられることが必要だ。そのシステムがどこから生じたのか、誰が何のためにデザインし、いまなおそのなかに隠されている意図は何なのか？

テクノロジーの純粋に機能的な理解の二つ目の危険は、私が「計算論的思考《コンピュテーショナル・シンキング》」と呼ぶものだ。計算論的思考は、ほかの人たちが解決主義《ソリューショニズム》と呼んでいるものの延長線上にある。どんな問題でも計算の適用によって解決できるという信念だ。私たちが直面するどんな実践的あるいは社会的な問題にも、それを解決するアプリが存在する。しかし解決主義もまた不充分である。これはテクノロジーが私たちに教えようとしていることの一つだ。この過ちにもかかわらず、計算論的思考は――しばしば無意識のレベルで――世界は実際に解決主義者が提示するようなものだと仮定する。そうして計算可能でないやり方で世界を思考したり分節したりすることは不可能であるというほどに、解決主義を内在化する。計算論的思考は今日の世界に広く行きわたって、私たちの社会との相互関係に最悪の傾向をもたらしている。真のシステム的リテラシーによって、これに対抗しなければならない。哲学が科学によって説明できない思考の断片を扱うものだとすれば、システム的リテラシーは計算論的思考では解けない世界を扱う思考である。その一方で私たちの思考は、計算によって決定的に形成され特徴づけられている。

「プログラミング教育」の弱点は、逆の方向からも主張できる。つまり、プログラミングをまったく学ばなくても、テクノロジーのシステムは理解することができるはずだ。ちょうど、配管工にならなくても大便はできるし、配管システムに殺される心配のない生活ができるように。もちろん実際に配管システムがあなたを殺そうとする可能性もまた、無視することはできない。複雑なコンピュータシステムが、現代社会のインフラの多くを提供しており、もしそれが安全に使えなければ、たとえどんなに厳しい教育が行なわれたとしても、長い目で見て私たちが救われることはない。

本書では、ちょっとした配管をしていくが、どの段階においても、配管工でない人のニーズが念頭に置かれている。理解することの必要性と、つねに理解していなくても生きていけることの必要性だ。私たちはよく新しいテクノロジーを必死に理解し記述しようとするが、それは新しいテクノロジーを考えることにすら苦労しているということだ。必要なのは新しいテクノロジーではなく、新しいメタファーだ。すなわち、複雑なシステムが形作ってきた世界を記述するメタ言語である。新しい速記法《ショートハンド》が求められている。人々が、政治が、文化やテクノロジーがすっかり絡みあっている世界のリアリティを認識し、これに取り組むための速記法だ。私たちはつねに結びつけられてきた——不平等に、不合理に、ある者はまたある者よりも多く——それも完全かつ必然的に。ネットワークによる変化は、この結びつきが目に見え、否定しがたいものになったということだ。私たちは、ものごとと私たち自身とのラディカルな相互接続に絶えず直面していて、この現実を新しい方法で考えていかなければならない。インターネットや形の定まらないテクノロジーを、私たちの理解と行為《エージェンシー》との隔たり《キャズム》を生じ加速させながら、それだけでは不可解なものとして語るのでは不充分だ。もっと良い用語がないので、私は「ネットワーク」という語を、私たちとそのテクノロジーを含む一つの巨大なシステムとして——共に行動するスープのなかにある人間、そして非人間の行為とその理解、知と不可知を含めて——使っている。隔たりは私たちとテクノロジーのあいだではなく、ネットワーク自身の内部にあり、私たちはネットワークによってそれを知ることになる。

最後に、システム的リテラシーは批判を許し、行ない、これに対応する。私たちが論じていくシステムはあまりに重要なので、少数の人だけに考えられ、理解され、企画され、制定されるものであってはならない。特にその少数者が、古参のエリートや権力機構とあっさり同調するか、そこに組み込まれてしまう場合には。私たちが毎日出合うシステムの複雑さには、具体的な因果関係がある。こうしたシステムの多くがもつ不透明性は、不平等、暴力、ポピュリズム、原理主義といった根源的で世界的な問題を構築し、記述している。たいていの新しいテクノロジーは元来、解放的なものとして示される。だが、このこと自体が、私たちがみな染まっている計算論的思考の一例なのだ。新しいテクノロジーを早くから採用し支援してきた人や、自らの好機にさまざまな喜びを味わい、恩恵を得てきた人、結果的に広く実装したことをしばしば無邪気に言い立ててきた人は、そのいい加減な実装による危険にはさらされていない。しかし個々の脅威や、不運や知識の欠如に対する批判が行なわれてはならない。ネットワークには個人主義も共感も足りない。生き残りと連帯は、理解がなくとも実現されなければならない。

私たちはすべてのことを理解してはいないし、理解できないが、考えることはできる。充分な理解を主張したり要求することなく考える能力は、新たなる暗黒時代を生き抜く鍵である。なぜなら、これから見ていくとおり、理解することはたいてい不可能だからだ。テクノロジーのアウトプットを特別視しなければ、テクノロジーはこうした考え方のガイドや協力者であるし、そうなりうる。コンピュータはここでは答えを出す側ではなく、質問をするためのツールである。本書を通じてくり返し見ていくように、テクノロジーを深くシステム的に理解することで、別の考え方でそのメタファーを作り直すことができるようになる。

一九五〇年代に入ると、電気技師が構築したシステムを記述するために描く設計図に、新しいシンボルが忍び込みだした。そのシンボルは輪郭がぼやけた円かタンポポの綿毛、あるいは考えを表わす吹き出しであった。やがてその形は雲のようになっていった。技師が何に取り組んでいるにしろ、この雲につながっていて、知っている必要があるのはそのことだけだった。この雲は他に電力システムだったり、データ交換だったり、ほかのコンピュータのネットワークなどなどでもありえた。何でもかまわなかった。雲は複雑さを減らす方策だった。それは身近なことに集中でき、遠くで起きていることを心配しないようにさせた。時とともにネットワークが大きくなり、相互接続が強くなるにつれて、雲はますます重要になった。比較的小さなシステムは、雲との関係によって、どれほど速く雲と情報交換できるか、雲から何を引き出せるかで定義された。しだいに雲は重くなり、リソースになった。雲はあれもこれもできるようになった。雲はパワフルでインテリジェントでもありえた。雲は専門用語になり、セールスポイントになった。もはや工学的な速記法以上のものになった。メタファーになったのだ。

今日、雲《クラウド》はインターネットの中心をなすメタファーだ。それにもかかわらず、可想的《ヌーメナル》で精霊的なもの、把握するのがほぼ不可能なものとしてのオーラを保っている、強大な力とエネルギーをもつグローバルなシステムである。私たちはクラウドに接続する。クラウドのなかで働く。そこにものを蓄えては取り出す。それを通して考える。それに対する支払いをし、それが壊れないと存在に気づかない。それが何か、どう働いているのかを本当に理解することなく、ずっと経験しているものだ。何が何にゆだねられているのか、ごくあいまいな考えしかもたなくても頼れるように自分自身を訓練しているようなものだ。

故障時のことは別にして、このクラウドに対する最初の批判は、それがとても悪いメタファーだということだ。クラウドには重さがある。形が定まっている。そして探すべき場所を知っていれば、目にも見える。クラウドは、水蒸気と電波で作られた、すべてのことがうまくいく、どこか魔法めいた遠くの場所ではない。それは電線、光ファイバー、衛星、海底ケーブル、コンピュータがぎっしり詰まった巨大な倉庫から成る物理的なインフラストラクチャーであり、莫大な量の水とエネルギーを消費し、国家および法的領有権のもとにある。クラウドは、猛烈に意欲を燃やしている新種の産業なのだ。クラウドには影がないだけではなく、足跡を残す。かつて市民生活に必要だった建物の多くが、クラウドに吸収されていった。それはすなわち、買い物をし、金を預け、社交をし、本を借り、投票をする場所たちだ。これらがあいまいとなって目立たなくなることで、批判や調査や提示や管理から免れやすくなった。

もう一つの批判は、この理解のなさが意図的なものだということだ。国の安全から企業秘密から多種多様な不正行為まで、クラウドの内部に何があるかを隠すのにはもっともな理由がある。失われるのは主体性《エイジェンシー》と所有権だ。ほとんどのメール、写真、近況アップデート、ビジネス文書、図書館と投票のデータ、健康診断記録、信用格づけ、いいね!、記憶、経験、個人的嗜好や語られない欲望が、クラウドに、つまり他者のインフラに取り込まれている。グーグルやフェイスブックが、データセンターをアイルランド（低い税率）や北欧（安価なエネルギーと冷却費）に建てたがるのには理由がある。いわゆる植民地支配後のグローバルな帝国が、ディエゴガルシアやキプロスといった紛争地域を手放さないのには、理由がある。クラウドをこれらの地域に設置すれば、そのあいまいな地位を利用できるからだ。自らを権力と支配力の地理学の上に形作り、それを強化することにクラウドは役立つ。クラウドは力関係であり、ほとんどの人は優位に置かれてはいない。

これらは正当な批判であり、それを問い直すには、クラウドがその影を落とす場所を調べるのがその一つの方法である。つまりデータセンターと海底ケーブルの位置を問い、稼働中の電力の実際の配備がどうなっているのかを調べればいい。私たちはクラウドに種《シード》を蒔き〔人工降雨のために雲のあいだにドライアイスなどの粒子を散布すること〕、それを凝縮させることで、その構想の一部を諦めさせることができる。クラウドが薄らぐにつれ、秘密の一部が明らかになるかもしれない。クラウドという姿が現実のテクノロジーの操作を隠すやり方を理解することで、テクノロジー自身がその主体性を隠す多くの方法を理解していくことができる——理解しがたい機械や不可解なコード、そして物理的距離や法的な仕組みを。その次には、自身を隠すクラウドやブラックボックスができるより、ずっと前からこの種のことをやっていた、権力の操作そのものについて学ぶかもしれない。

だがこのいまや地についたクラウドの機能的な見方を超えて、新しいメタファーを生み出すために、クラウドの姿をもう一度反転させることができるだろうか？　クラウドは私たちの無理解ではなく、無理解の理解を吸収できるだろうか？　私たちは基本的な計算論的思考をクラウド的思考に置き換え、不可知の雲を認め、生産的な雨を降らせられるだろうか？　一四世紀、キリスト教神秘主義者の匿名の著者が、人類と神のあいだにかかる「不可知の雲」について書いた。それは美徳、正義、正しい行動を体現したものだ。この雲は思考では破れないが、思考を手放すことで、行為の領域として、いま・ここ——予測され計算された未来でなく——にこだわることで破ることができる。著者は「知より経験を求めよ」と私たちに促す。「うぬぼれゆえに、知は人を欺きがちかもしれないが、この優しく深い情愛は欺かないであろう。知は欺瞞を生みがちだが、愛は高まっていく。知は骨折りでいっぱいだが、愛は安楽に満ちている」[★1]。この雲こそが、私たちが計算によって制しようとしてきたものだが、自分たちが試みていることの現実ゆえに、いつまでもやりとげられずにいる。クラウド的思考――不可知を受け入れること――ならば、私たちを計算論的思考から逆戻りさせられるかもしれず、それこそがネットワーク自身が私たちに促していることだ。

ネットワークを最も特徴づけている性質は、唯一の確固とした意図というものがないことだ。ネットワーク、あるいはその最大の見本であるインターネットを作ろうとした人はいない。長い時間にわたって、システムとシステムが、文化と文化が結びついていったのだ。公的なプログラムと私的な投資を通じて、個人的な関係と技術的なプロトコルを通して、鉄とガラスと電子を通して、物理的な空間を通して、そして心の空間を通じて。そしてネットワークは、最も基本的で最高の理想を表現し、世俗的でラディカルな欲望、その先祖、つまり私たちみながほとんど予見もしなかったものを含み、狂喜した。過去にも現在にも解決すべき問題はなく、集団的事業だけがあった。無意識な世代《ジェネレーション》のためのツールが、無意識に出現《ジェネレーション》した。ネットワークを考えることは、計算論的思考の不十分さと、あらゆるものの相互接続と、その果てしなさをあらわにすることだ。それはその重みとバランス、集合的な意図と失敗、役割、責任、偏見、そして可能性に絶えず再考と熟考をめぐらすことを求めている。これこそネットワークが教えてくれることだ。すべてがそろわなければ、何一つとして充分ではないのだ[★2]。

今日まで私たちがネットワークを考えるときの最大の欠陥は、その動作を固有で必然のものとみなしてしまうことだ。固有というのは、それが共同的創造の一部として、私たち自身の行為を伴っていると考えるのではなく、ネットワークを私たちが創造したものではなく無から生じたものとする考えだ。必然というのは、テクノロジーと歴史の進歩に直接のつながりがあるとする抵抗しがたい考えだ。このような考えは、社会科学者や哲学者に数十年間くり返し攻撃されてきたが、それでも打ち破られてはいない。むしろ、テクノロジーそれ自体が、そこに埋め込まれた欲望を実行する機械として具体化されている。そうして私たちは直線的な進歩に対する異論を引っ込め、計算論的思考の深みにはまっていく。

過去数世紀で最大の進歩の波は、啓蒙思想そのものの中核をなす考えであった。つまり、より多くの知が――より多くの情報が――より良い決定へと導くということだ。もちろんそのために、誰かが選んだ「より良い」という概念は、どんな概念にも代替可能である。近代性《モダニティ》とポスト近代性の攻撃にもかかわらず、この中核としての教義は、新しいテクノロジーから何が実行されるかのみならず、何が可能と考えられるかさえも定義するようになった。若かりしころのインターネットはたびたび「情報スーパーハイウェイ」と呼ばれ、光ファイバーケーブルの揺らめく光のもと、世界の蒙を啓《ひら》く知の導管とされた。どんな事実も、どんな大量の情報も、キーボードを叩くだけで取り出せる――私たちはそう信じ込まされていた。

今日、ふと気づくと私たちは、巨大な知の倉庫とつながってはいるが、考えることを学べてはいない。それどころか、その反対になっているというのが正しい。世界の蒙を啓こうと意図したことが、実際には世界を暗黒へと導いている。インターネットで入手できる、あり余るほどの情報と多数の世界観は、首尾一貫したリアリティを生み出せず、原理主義者の簡素な語り《ナラティブ》の主張と、陰謀論と、ポスト事実の政治とに引き裂かれている。この矛盾こそが、新たなる暗黒時代という着想の根源だ。すなわち、知に与えられてきた価値が、あり余るほどの利益を生む商品によって破壊され、世界を理解する新しい方法を探すために自分自身の周りを見回す、そんな時代である。一九二六年、H・P・ラヴクラフトはこう書いた。

思うに、神が我々に与えた最大の恩寵は、世界の中身すべての関連に思いあたる能力を我々人類の心から取り除いたことであろう。人類は無限に広がる暗黒の海に浮かぶ〈無知〉の孤島に生きている。遠くへと旅するつもりもない。諸科学はそれぞれの目的に向かって努力し、その成果が人類を傷つけるケースは、少なくともこれまでのところは多くなかった。だが、いつの日か、方面を異にしたこれらの知識が総合されて、真実の恐ろしい様相が明瞭になるときがくる。そのときこそ、我々人類は自己の置かれた戦慄すべき位置を知り、狂気に陥るのでなければ、死を秘めた光の世界から新しく始まる暗黒の時代へ逃避し、かりそめの平安を希うことにならざるをえないはずだ。[★3]

私たちの世界での立ち位置を、そしてお互いや機械との関係をどう理解し考えるかは、結局のところ、テクノロジーが狂気と平和のどちらをもたらすかで決まるだろう。私が暗黒と書くのは文字どおりの意味ではなく、暗黒時代として一般的に考えられている知の不在や閉塞を表わしているのでもない。ニヒリズムや絶望の表現でもない。むしろそれは現在の危機の性質と好機を表わしている。私たちの目の前にあるものがはっきりと見えないこと、主体性と正当さをもって、世界で意味深く行動できないこと――そして、別の光による新しい理解の方法を探し求めることのために、この暗黒を認めること。

一九一五年一月一八日、第一次世界大戦のいちばん荒涼とした時代の日記に、ヴァージニア・ウルフはこう述べた。「未来は暗い。未来がなれるのはそれがせいぜいだと思う」。レベッカ・ソルニットが書いたとおり、「それはまれに見る宣言だ。誤った予言で不明のことを既知のことにする必要はない、という主張。断固とした政治的あるいはイデオロギー的な語りの投影。それは――あの『我思う』が示しているように――その主張自体が不確かであることを認める暗黒の賛美である」[★4]。

ダナ・ハラウェイはこの考えをさらに称揚して[★5]、ウルフが一九三八年に発表した『三ギニー』でも、これを再び強調していることを示している。

考えること――それは必要不可欠です。オフィスで、バスのなかで、群衆に交じって戴冠式やロンドン市長就任披露パレードを見ながら考えましょう。戦没者記念碑の横を通りながら、官庁街《ホワイトホール》を歩きながら、下院の傍聴席で、裁判所で考えましょう。洗礼式で結婚式でお葬式で考えましょう。考えることをやめてはいけません――私たちのこの「文明」とは何なのだろうか？　これらの儀式はどういうもので、なぜ私たちは参加しなくてはならないのか？　これらの職業はどういうもので、どうしてそこから収入を得なければならないのか？　端的に言って、〈教育のある男性の息子たち〉の行進は私たちをどこへ連れていこうとしているのか？[★6]

階級闘争と社会闘争、歴史的なヒエラルキーと不公平、ウルフが行進と儀式でほのめかしていることは、現在でもまったく和らいでいないが、こうしたことを考える場の一部は変わったかもしれない。一九三八年にロンドンの市長就任披露、そして戴冠式のパレードに並んでいた観衆は、いまではネットワークを通じて分散され、傍聴席と参拝の場も同様に、データセンターと海底ケーブルに移転された。私たちはネットワークのことを考えずにはいられない。ネットワークを通じて、その内部でのみ考えることができる。そしてそれが緊急時に私たちに語りかけているとき、私たちは耳を傾けることができる。

ここに述べるのは、テクノロジーへの糾弾ではない。それでは私たち自身の糾弾になってしまう。むしろ、世界について考えたり、知ることができるものに対して、根本的に異なる理解のしかたを伴う、テクノロジーとのより思慮深いかかわり方を訴えるものである。ツールとしてのコンピュータシステムは、人間性の最も強大な一面を強調する。世界のなかで有効にふるまいながら、欲望を形成していく能力だ。しかし、こうした欲望を露わにして明確に表現すること、そして自己の欲望が他者の欲望を傷つけず、抑えず、取り除かず、消し去らないようにすることは、いまだ私たちの特権でもある。

テクノロジーはツールを作ったり使うだけでなく、メタファーの創造でもある。ツールを作ることは、その世界にある種の影響を与えられるよう具体化された、世界のある種の理解を提示する。そうしてそれが世界の理解のもう一つの可動部分になる——たとえ、その多くが無意識のうちにしても。したがってそれは、隠れたメタファーだと言えるかもしれない。ある種の移送や転移がなされるが、同時に、ある特定の考えや思考法をツールに取り込み、もはや考えることを促進する必要をなくす。再考したり新たに考えるためには、ツールにいま一度、魔法をかけなければならない。いまの話は、そんな再度の魔法の入り口として、ツールについて再考する試みにすぎない——ツールの再度の目的化や再定義をする前に、深く考え抜こうとすることだ。

格言にあるように、ハンマー（槌）をもっていると、何でも釘に見える。しかしこれはハンマーについて考えていないからだ。適切に想像すれば、ハンマーには多くの用法がある。釘を抜くことも打つこともできる。鉄を鍛えることも、木や石を形作ること、化石を掘り出すこと、登山ロープの端の輪を固定することもできる。判決を下したり静粛を求めたり、スポーツの競技で投げられることもある。神が振るって天気を生み出しもする。トールの槌ミヨルニル〔北欧の神話に登場する神トールがもつ武器「雷槌」のこと〕を打つと、雷鳴が鳴り稲妻が光ったし、槌形をした神の怒りに対するお守りが十字架に似ているので、強制的な回心のためのお守りもできた。のちの世代に掘り起こされた先史時代の槌と斧は「雷石」と呼ばれ、嵐の空から落ちてきたと信じられていた。そしてこれらの神秘的なツールは魔法の対象となった。もともとの目的がすたれたとき、新しい象徴的な意味をもつことができた。私たちはハンマーに——あらゆるツールに——再度魔法をかけなくてはならない。そうすることで、大工道具よりもトールや雷石らしくなる。

テクノロジーもまた人間によって——無から——作りだされるのではない。それは私たち生き物（細菌、作物、建築材料、衣服、仲間の種）と同様に、人間以外のものからのアフォーダンス〔環境が知覚者に与えてくれるもの」に依拠している。高頻度取引のインフラ（5章で探っていく）とそれが加速させ特徴づけている経済システムは、シリコンと鉄の、グラスファイバーを通る光速の、霧や鳥やリスがつどう場だ。テクノロジーは石ころから虫《バグ》といった非人間のアクターの行為を通じて、それらが私たちの通信送電線をふさごうと通そうと、噛み切ろうとショートさせようと、最良の教訓となってくれる。

この関係を正しく理解すれば、それはテクノロジーに固有の不安定さを具現化したものとなる。移ろいやすい不明確な素材や動物が、つかのま整然となったり、共鳴したりすること。要するに、クラウド的な性質だ。3章で検討する、環境のストレスに対応した計算による資源のアフォーダンスは、この一例である。時とともに状況が変化するのだ。テクノロジーは固定化された雰囲気をもっている。ひとたび状況に封じ込められた思想は、固着して論破できないように見える。ハンマーを適切に用いれば、それを叩いてこじ開けることができる。いくつかのツールに再び魔法をかけることによって、現代の日常生活の無数のあり方に内在する別の実現のしかたが、ありとあらゆるかたちで見えてくるだろう。その途中で世界の「真実」についての「啓示」を得ることは、ただの（ただのでなければ悲惨な）世界の再考として、つねに手を伸ばせば届くところにあるはずだ。実際、手を伸ばせば届く距離とは、共鳴しつつ表現する行動であるはずだ。見方を変えれば、手を伸ばせば届くものがあるということは、遠くの何か別のもの、たちまち実現してもっと多くを約束してくれるものを、指し示す効果があるのだから。

本書で提示する主張は、テクノロジーの影響が気候変動のように世界中に広がっており、私たちの生活のあらゆる分野に、すでに変化をもたらしていることである。こうした影響は大惨事になりうるし、私たち自身が開発してきた激動のネットワークで結ばれた産物を、私たちが理解できていないことに帰因する。そうしたテクノロジーは、私たちが愚かにも、ものごとの自然の秩序だと思うようになったものを覆し、私たちの世界観のラディカルな再考を要求している。だが本書のもう一つの主張は、すべてが失われたわけではないということだ。実際に新しいやり方で世界を考えられるのなら、世界を再考し、理解し、そのなかで異なった生き方ができる。ちょうど現在の世界観が、科学的発見から進んできたように、世界観の再考もまた、テクノロジーの開発とともに出現するにちがいない。それこそが世界そのものの、複雑で競争に満ち、矛盾した状況の発露である。テクノロジーとは、知識と行為の枠組みのなかで、機械とインフラによって体系化された、私たち自身の延長である。真剣に考えれば、これはより真実の世界の世界のモデルを示している。

私たちは暗黒を危険な場所、死の場所だとすら考えるよう教え込まれてきた。だが暗黒は自由と可能性の場所でも、平等の場所でもある。多くの人にとって、本書の議論はわかりきったことかもしれない。なぜなら人はいつの世も、特権階級にとって脅威に見える、この暗黒のうちに生きてきたからだ。私たちは不可知について、もっと学ばなくてはならない。不確実性は生産的に、崇高にすらなりうる。

最後にして最大の隔たり《キャズム》は、私たちが現状を認識し表現できないとき、個人のなかに広がっていくものである。間違えてはいけない。新たなる暗黒時代には、現実に差し迫った、存在にかかわる危険な面がある。何より明白なのは、地球の温暖化と破壊されつつある生態系だ。さらにはコンセンサスが破綻し、科学が弱体化し、予測の範囲が狭められ、大衆と個人がパラノイアに陥る、といった影響が進行している――これらはすべて不調和と暴力の表われである。収入と理解の格差はいずれも、もう先が長くない状況だ。これらはすべてつながっている。これらはすべて、考えることと語ることを仕損じたためだ。

新たなる暗黒時代について書くのは、ネットワークにつながれた希望をにじませられるにしても、楽しいことではない。それはむしろ、言わずにおきたいことを言い、考えないでいたいことを考えることを要求する。そうすると胸にぽっかり穴が開いたような気持ちになり、ある種の絶望感に襲われることが多い。それでもそうしなければ、世界をそういうものとして理解できず、ファンタジーと抽象概念のなかに生きていくしかないだろう。私は友人のことを、互いに正直な胸のうちを明かすときに言いあうことを、ある程度はであるが、そうするときに感じる恐怖のことを思う。現状の緊急性と深い脆弱さについて語るに際しては、いささか面はゆい気持ちになるが、そのために考えることをやめてはならない。私たちは、いまや互いに失敗することができないのだ。

2 Computation——計算

一八八四年、美術批評家で社会思想家のジョン・ラスキンは、ロンドン協会で「一九世紀の嵐雲」と題した一連の講演を行なった。二月一四日から一八日にかけて、一九世紀後半のヨーロッパの古典的美術作品に表われた空と雲の描写だけでなく、さらに彼の愛するアルプスの山岳登山者による説明を加えて、イングランド南部の空に関する彼自身の観察について語った。

これらの講演でラスキンは、空に新種の雲が浮いているという意見を述べた。この雲を彼は「嵐雲(storm-cloud)」と、また時には「災雲(plague-cloud)」と呼んだ。

　これらの雲は、いま生きているか、または近年まで生きていた者の目にしか見えませんでした。(……)私が読んだかぎりでは、古代の観察者による記述はありません。ホメロスもウェルギリウスも、アリストファネスもホラティウスも、このような雲をまったく認めていません。チョーサーはこれらに言及せず、ダンテにしてもしかり。ミルトンにもトムソンにもありません。近代においてはスコット、ワーズワース、バイロンも同様に、これらに気づいていません。最も科学

者らしい観察眼と記述力をもちあわせたド・ソシュールも、これらについてはまったく何も語っていません［★1］

ラスキンの空の「たゆまぬ緻密な観察」によって、イギリスとヨーロッパ大陸に新しい風が、新しい天候を運んでくる「災風」が広まっていると考えられた。ラスキン自身の日記の一八七一年七月一日から引用すると、彼はこのように述べている。

空はグレーの雲に覆われている——雨雲ではなく乾いた黒いヴェールで、日の光は射さない。部分的にはかすかな霧となって拡散して、遠くの物体を見分けられなくしているが、それ自体の物質や渦巻きや色を伴わない……。

私には初めて見るもので、とても恐ろしかった。私は五〇歳を超えている。五歳のときから、春と夏の日の出に、人生最高の時間を積み上げてきた。これまで、こんなものは見たことがなかった。

アリのように忙しく、太陽、月、七つの星を調べている科学者たちは、現在では、これらのすべてが、どのように動くか、何でできているかを教えてくれるだろう。

私としては、二つの赤褐色のぴかぴか光るものがどう動くか、何でできているかは気にならない。なぜならそれらを別の方向に動かせないし、より良いほかの材料で作ることもできないからだ。しかし、この苦い風がどこから吹いてくるのか、何でできているのか、もし教えてもらえる

なら、とてもありがたい。[★2]

ラスキンは同様の多くの観察の説明をつづけていく。どこからともなく吹いてくる強い風から、真昼に太陽を覆う黒い雲、庭を腐らせる真っ黒な雨について。そして以来数年、環境保護論者が注目してきたように、ラスキンは観察中の地域の工場の煙突がおびただしい数に増えていることを認める一方で、彼のいちばんの関心事はそのような雲の道徳的な性質と、それが戦場や社会不安の現場から生じているように見える、その見え方だ。

「どうするのが最善かとお尋ねですか？　答えは単純です。空が表わしているものに影響を与えることができようとできまいと、時代が表わすものに影響を与えることはできます」[★3]。私たちが世界を表現するために使うメタファーは、ラスキンの災雲と同様に、それに対する理解を形成する。今日、なおも抗議と競争の現場から、よく生じている別の雲たちが、私たちが世界を考えるための方法を与えてくれる。

ラスキンは嵐雲に影響された、異なる性質の光について長いこと考えていた。というのも、光もまた道徳的な性質をもつからだ。講演中に彼はこう主張した。「創造の光あれ《フィアト・ラクス》」――創世記の神が「光あれ」と述べる瞬間――は、フィアト・アニマ、生命の創造でもある。「知性あれとの命令は、視覚あれとの命令と同じことだ」とラスキンは主張した。私たちが見るものは、何を考えるかだけでなく、どう考えるかをも形作るというのだ。

そのほんの数年前、一八八〇年に、アレグザンダー・グラハム・ベルは光電話《フォトフォン》という装置を初めて実演した。電話とともに発明された光電話は、初めて人間の声の「無線」送信を可能にした。話者の声によって振動した反射面に、光線を跳ね返らせて、それがプリミティブな光電池に受けとられ、その電気が音に変換される、という仕組みだ。ベルはワシントンDCの屋上と屋上の間、二〇〇メートルの距離で、自分の声を伝えることができた。

有効な電気照明が公布される数年前に登場した光電話は、反射面に明るい光をあてるため、完全に快晴の日しか使えなかった。つまり、大気の状態が生成される音に影響し、音が変わるということだ。ベルは興奮した筆致で父親に手紙を書いている。「太陽光線が話すのがはっきり聞こえました！　太陽光線が笑ったり、咳をしたり、歌ったりするのも聞きました！　影の音も聞こえたし、太陽の表面を渡っていく雲の流れさえも耳で感じられました」[★4]。

ベルの発明への当初の反応は決していいものではなかった。『ニューヨーク・タイムズ』紙の解説者は皮肉めかして、「太陽光線」が電柱に引っかかったらどうするのか、絶縁する必要があるのではないかといぶかった。「誰かがひと巻きの番号一二太陽光線を肩にかけて街を駆け抜け、電柱から電柱へとそれを架けるのを見かけるようになるまで、ベル教授の光電話には何かがあるというのが、偽らざる一般感情である」との記事が載った[★5]。

もちろん、その太陽光線は今日まさしく、地球上で最もきちんと整備されているものとなった。ベルの発明は、複雑な情報の運び手として初めて光を利用したものだった。解説者がはからずも気づいていたように、思いもよらぬ遠距離を運ぶのに必要とされたのは、太陽光線の絶縁だけだった。現在、ベルの太陽光線は光ファイバーケーブルというかたちで、海洋の波の下を通過し、世界の集合知を形作る。それらは私たちすべてを組織し統治する計算《コンピュテーション》の巨大なインフラを結合することを可能にする。ラスキンの生命の創造《フィアット・アニマ》としての光の創造《フィアット・ラックス》は、ネットワークのなかで具現化するのだ。

　機械を介して考えることは、機械自体に先行する。微積分学の存在は、問題が実際に解ける前に、問題が解きやすいかたちに変換できることを示している。歴史をそのような問題として見れば、まず数学の方程式へと変換され、それが解けたときに未来が生み出される。これは二〇世紀初期の計算論的思考の実践者たちが考えたことだった。そしてその考えが、おおむね疑われることなく、無意識のうちに、この現代にまで持続しているということが、本書の主題である。今日、デジタルクラウドとして体現された計算論的思考の物語は、天気から始まる。

　一九一六年、数学者のルイス・フライ・リチャードソンは、第一次世界大戦の西部戦線に従軍していた。クエーカー教徒として平和主義に徹したリチャードソンは、友愛野戦部隊というクエーカーの部隊に所属した。そこには画家のローランド・ペンローズと、哲学者でSF作家のオラフ・ステープルドンもいた。フランスとベルギーでの前線への出撃と、湿った小屋で過ごす休憩時間の合間の数か月で、リチャードソンは数値的方法で気象条件を初めてまるごと計算した。これがコンピュータなしに、計算的手法で求められた初の短期予報だった。

　戦前リチャードソンは、スコットランド西部の人里離れた気象台、エスクデールミュア観測所の所長をしていた。従軍に際して持参した書類のなかに、ヨーロッパ中の観測所の、ある一日の完全な記録があった。一九一〇年五月二〇日、大陸全土の何百という観測所で得られたものだった。リチャードソンは、何年もの気象データから導かれた複雑な数学的操作をあてはめることで、気象条件がつづく数時間にどう展開するかの予測を、計算だけで行なうことができるはずだと考えた。そのために彼は気温、風速、気圧などのデータ列を用いた一連の計算式を作成した。この準備だけでも数週間を要した。大陸の観測点を均一の格子に分割し、ペンと紙で計算を行なった。彼のオフィスは「寒い休憩所のなかに紙をうずたかく積んだ場所」[★6]へと化した。

ついに完成したとき、予報と実際に観察されたデータとを比較すると、リチャードソンの数値は突拍子もないほど大きく誇張されていることがわかった。それにもかかわらず、この方法には有用性があることも証明された。世界を正方形の格子状に分け、格子一つ一つに大気の方程式を解く数学的テクニックをあてはめればよい。ここに欠けているのは、そうした考え方を、天気そのものの規模とスピードで実行するのに必要なテクノロジーだけだった。

一九二二年に出版された『数値的手法による天気予報（Weather Prediction by Numerical Process）』でリチャードソンは、その計算法を概説・要約し、当時のテクノロジーでより効率的に達成するためのちょっとした思考実験を行なった。この実験での「計算者《コンピュータ》」はまだ人間で、のちにデジタル計算として理解されるようになる抽象化が、アーキテクチャのスケールで展開されていた。

難解な推論のあとならば、空想とたわむれるのもいいだろう？　劇場のような大きなホールがあると想像してほしい。ただし、通常ならば舞台があるところにも座席が巡らされ、壁には世界地図が描かれている。天井は北極圏を表わし、イギリスは天井桟敷、熱帯は天井桟敷と特等席のあいだ、オーストラリアは特等席、そして南極は平土間（一階席）だ。

無数の計算者が、おのおの座席に割り当てられた地図上の天気と取り組んでいるが、各人は一度に一つの数式か、その一部にしか手をつけない。各地域の作業は上司により連係されている。多くの小さな「電光表示器」が瞬間値を表示するので、隣席の計算者にも読めるようになっている。各数値は三つの隣りあった地帯で表示され、地図上の南北のコミュニケーションを保つことができる。

平土間からは、天井までの半分の高さの柱が立っていて、そのてっぺんには大きな説教壇がついている。そこにいるのが、この劇場全体の監督者だ。監督者の周りには数名の助手と使者がいる。監督者の任務の一つは、世界全地域の進行速度を一定に保つこと。この点で監督者はオーケストラの指揮者に似ていて、楽器の代わりに計算尺と計算機があるわけだ。しかし監督者はタクトを振るのではなく、他地域より早い地域にバラ色の光を、遅れている地域に青い光を向ける。

中央の説教壇に四人いる上級職員は、計算されつつある未来の天気をなるべく早く集め、気送管で静かな部屋へと送り出す。その部屋では、数値がコード化されて無線送信局へ電話で伝えられる。使者《メッセンジャー》は、使用済みの計算結果を、地下倉庫へと運んでいく。

隣のビルには研究部門があり、作業を改善している。だが、この計算劇場の複雑な手順にどんな小さな変更を加える前にも、小規模な実験が何度も行なわれる。地下では熱心な実験者が、回転する巨大な碗《ボウル》が描く、液体の渦線を観察しているが、いまのところ数式のほうが良い方法だ。また別の建物には、よくある財務、通信、管理部門が入っている。外には運動場、社宅、山と湖がある。というのも天気を計算する人は、ほっと一息つける環境が必要だからだ。[★7]

リチャードソンはこの報告書の序文にこう記している。

はるかなる未来のいつの日か、天気が進むよりも速く計算が進み、人類が情報を手に入れるために必要な経費よりも安価にできるようになるだろう。だがそれは夢である。[★8]

それはその後五〇年間、夢のままだったが、リチャードソン自身は拒否したであろう軍事技術の応用によって、ついに解決された。戦後彼は気象庁に入り、研究をつづけようとしたが、航空省に吸収された一九二〇年に辞職した。天気の数値予報の研究は長らく停滞したが、もう一つの争い、第二次世界大戦によって生まれた爆発的な計算力によって前進した。この戦争は莫大な研究資金を拠出させ、その応用を急ぐ切迫感をもたらしたが、難問もまた生み出した。新たにネットワーク化された世界からあふれ出る膨大で圧倒的な情報の流れ。そして急速に広がる知の生産システム。一九四五年に『アトランティック』誌に発表された「我々が思考するかのごとく《アズ・ウィ・メイ・シンク》」と題した論文で、エンジニアで発明家のヴァネヴァー・ブッシュはこう記した。

研究はどんどん山のように積み上がりつつある。しかし今日、人々の専門化が進むにつれて、それに押しつぶされていく証拠が増えつつある。研究者は、ほかの数多くの人々の発見や結論にたじろいでいる――そうしたものがあまりに次々に登場するので、理解する時間もないし、ましてや覚えておくこともできない。とはいえ進歩のためには専門化がますます必要になるし、各分野のあいだを橋渡ししようという試みは、逆に表層的になってしまう。[★9]

ブッシュは戦時中、軍事研究開発の最高機関、科学研究開発局(OSRD)の局長を務めていた。アメリカの原子力爆弾開発につながる戦時極秘研究計画であったマンハッタン計画の創始者の一人でもあった。

ブッシュがこれらの両問題——問いかける知性に応える圧倒的な量の情報と、ますます破壊的になりゆく科学研究のさいはて——の解決法として唱えたのが、「メメックス」という装置だった。

メメックスは個人が自分の本、記録、通信のすべてを保存する装置で、機械化されていて、驚くべき速度と柔軟性で参照することができる。それは個人の記憶を拡大する緊密な補助装置なのだ。机のような形をしていて、離れたところからでも操作はできるが、ほとんどの時間は、それに向かって作業する家具となる。最上部には傾いた半透明の画面がいくつかあって、そこに読みやすいように資料が投影される。一台のキーボードといくつかのボタンとレバーがある。それ以外には普通の机と外見上変わりはない。[★10]

要するに後知恵の有利さをもって言えば、ブッシュは電子的な、ネットワーク化されたコンピュータを提案していた。彼の偉大な洞察は、メメックスが多岐にわたる分野の発見を——すなわち電話通信、工作機械、写真撮影、データ保管、速記術の進歩を――ただ一つの機械に組み合わせることで、それを誰もが行なえるようにすることであった。時間自体をこの母体《マトリックス》に組み込むことで、今日、ハイパーテキストとして知られるものが生み出される。集積された文書をさまざまな方法でリンクし、ネットワーク化された知の領域間の新たな連合を創り出すことだ。「まったく新しいかたちの百科事典が現われるだろう。その百科事典では、網の目のように関連事項が縦横につながっていて、それがすぐにメメックスに取り込まれて、そこで拡大投影できるようになっているのだ」[★11]。

そうした研究者がいますぐ入手できる百科事典は、科学的思考を拡大するだけでなく洗練させる。

> 科学の応用は、人類に設備の整った家を与えて、そこで健康に暮らすよう教えてきた。残酷な兵器で大量の人々が互いに戦えるようにしてきた。だがいまだに、大いなる記録を真に包摂し、人類が経験した叡智のなかで暮らせるようにしてくれてはいまい。その記録を自らの真に善なるもののために行使する前に、紛争で亡びてしまうかもしれない。しかし科学を人間のニーズや欲望に応用するにあたって、そのプロセスをこの段階で終えるのはきわめて残念に思われるし、その結果について希望を失ってしまうのも残念至極に思われる。[★12]

マンハッタン計画のブッシュの同僚に、もう一人の科学者ジョン・フォン・ノイマンがいた。フォン・ノイマンもまた、当時の科学的努力によって生み出される――そして要求される――圧倒的な情報量のことを懸念していた。さらにまた、天気を予測し管理までしようという考えに魅了されてもいた。一九四五年には、RCA研究所の職員ウラジーミル・ツヴォルキンが書いた謄写版印刷物「気象に関する提案の概要」と巡りあった。戦時中はマンハッタン計画の顧問として過ごし、ニューメキシコ州ロスアラモスの秘密研究所に何度となく足を運んで、一九四五年七月に初の原子爆弾、暗号名トリニティを目撃した。フォン・ノイマンは、トリニティの試験爆発と、長崎に投下した暗号名ファットマンで使用された爆縮《インプロージョン》方式の主な支持者だった。そして爆発を起こす爆縮レンズの設計に尽力した。

ツヴォルキンはヴァネヴァー・ブッシュと同様に、新しい計算装置の情報収集および検索能力が、現代の電子通信系とあいまって、莫大な量のデータの同時分析を可能にすると認識していた。しかし彼は、人間の知の創造に集中するよりも、気象学への影響を期待した。広域に分布している多数の気象台からの報告を集約すれば、いつ何時でも気象条件の正確なモデルが作成できる。この種の完璧に正確な機械は、情報の表示だけでなく、前のパターンにもとづいて予測することもできるようになるだろう。介入《インターベンション》が次の論理的段階だ。

達成されるべき最終目標は、気象現象を世界的な現象として研究し、世界の気象を伝える手段となる国際機関の設立である。それは大災害のダメージを最小限にとどめ、さもなければ可能な地域の気象条件を最大限に改善することで、世界に資するものである。そんな国際機関は、世界の関心を共通の問題へと統合し、科学のエネルギーを平和の追求へと向けることで、世界平和に貢献できるであろう。世界経済に対する最終的な幅広い影響を考えれば、平和という目的に貢献するにちがいない。[★13]

一九四五年一〇月、フォン・ノイマンはツヴォルキンに手紙をしたためた。「あなたに全面的に賛同します」。彼の提案は、フォン・ノイマンがマンハッタン計画の詳細な研究プログラムで学んできたこととぴたりと一致していた。物理過程の複雑なシミュレーションを用いて、現実世界の未来を予測することだ。計算論的思考による創造の声明ともとれるものを、フォン・ノイマンは書いた。「安定したプロセスをすべて予測する。不安定なプロセスをすべて管理する」[★14]。

一九四七年一月、フォン・ノイマンとツヴォルキンは気象学会と航空科学研究所の合同会議を、ニューヨークという舞台で行なった。フォン・ノイマンの講話「気象学における高速計算の将来の活用」につづいて、ツヴォルキンが「気象制御の可能性に関する議論」を行なった。翌日『ニューヨーク・タイムズ』は「制御される気象」という見出しで報じ、「ツヴォルキン博士が正しければ、未来の気象予報者は計算機の発明者となる」[★15]とコメントした。

一九四七年、卓越した計算機の発明者であるフォン・ノイマンその人が、二年前にプリンストン大学で、電子計算機計画を創始していた。計画はいずれもヴァネヴァー・ブッシュのアナログコンピュータを基礎にしたものだった――一九三〇年代にマサチューセッツ工科大学（MIT）で開発されたブッシュの微分解析機と、フォン・ノイマン自身が貢献した初めての汎用コンピュータ、電子式数値積分機・計算機、通称ENIAC《エニアック》である。ENIACは正式には一九四六年二月一五日、ペンシルヴェニア大学に開設されたが、その原型は軍用で、陸軍弾道研究所で砲兵射撃計算表を組むために設計されていた。増大しつづける第一世代の原子爆弾の核出力を予測することに、最初の一年の大半が費やされた。

ブッシュと同様に、フォン・ノイマンは後年、核戦争——そして気候制御の可能性を深く憂慮した。一九五五年、『フォーチュン』誌に発表した「我々はテクノロジーのなかを生き残れるか？」という論文に、フォン・ノイマンはこう書いた。「今日の核戦争の恐るべき可能性は、さらに恐ろしいほかのものに取って代わられるかもしれない。世界の気象制御が可能になれば、おそらく現存するあらゆるもののかかわりあいがシンプルに見えてくるだろう。思い違いをしてはいけない。いったんそのような可能性が現実になれば、それは悪用されるだろう」[★16]。

ENIACはフォン・ノイマンの主張にもとづき、リチャードソンが夢想した数学的計算を確固たるものとした。一九八四年、ENIACはフィラデルフィアから、メリーランド州アバディーン実験場にある弾道研究室に移された。それは研究室の四面の壁のうち三面を占め、一万八〇〇〇本の真空管と、七万個の抵抗と、一万個のコンデンサーと、六〇〇〇個のスイッチとでできていた。この装置は四二台のパネルから成り、一台のパネルは約幅〇・六メートル、奥行き約〇・九メートル、高さ約三メートルだった。一四〇キロワットの電力を消費し、大量の熱を排出するため天井に特注の扇風機を取りつけねばならなかった。プログラムを作り直すには、一〇本の棒がついた何百個もの回転スイッチを操作することが必要で、オペレーターは積まれた装置のあいだを動きながら、ケーブルをつなぎ、何万カ所というハンダ接合部をチェックした。オペレーターの一人は、ジョン・フォン・ノイマンの妻のクララ・ダン・フォン・ノイマンで、彼女が気象コードのほとんどを書き、ほかの人たちの仕事を点検した。

ペンシルヴェニア州フィラデルフィアにあったENIAC（電子式数値積分機・計算機）。グレン・ベック（後）とベティ・スナイダー（前）が弾道研究所・第328ビルでENIACをプログラム中の様子　（出典：アメリカ陸軍）

一九五〇年、気象学者の一団がアバディーンに招集された。かつてリチャードソンが提案したのとまったく同じ方法で、二四時間の自動天気予報を行なうためである。このプロジェクトでは、世界の境界は北米大陸の海岸線とされ、横一五行、縦一八列の格子に分割された。機械にプログラムされた計算は、一六個の連続した操作で、そのそれぞれが、入念に設計され、カードにパンチされた。そしてまた、新たな一組のカードが生み出され、穴をあけられ、照合され、並べ替えられた。気象学者たちはプログラマーの助けを得ながら、八時間交代のシフトで働いた。それでも全工程の稼働には、およそ五週間、ＩＢＭのパンチカード一〇万枚、一〇〇万工程の演算を要した。しかし実験のログを調べると、実験の責任者のフォン・ノイマンは、実際の計算時間がほぼぴったり二四時間だったことを発見した。彼はこう記した。「希望はある。天気より速くなるよう計算を進歩させるというリチャードソンの夢は、ほどなく実現するかもしれない」[★17]。

アバディーンでENIACの仕事をしていた数学者ハリー・リードは、こんなにも大規模な計算機を扱うことによる個人的な影響をのちに回顧している。「奇妙なことに、ENIAC自体はとても個人的なコンピュータだった。いまではパーソナルなコンピュータと言えば、持ち運びができるものを想像する。ENIACはそれどころか、そのなかに住めるくらいのものだった」[★18]。しかし今日、私たちはみなENIACの一種のなかに住んでいる。地球全体を取り囲み、宇宙の衛星ネットワークにまで拡張した巨大な計算機械のなかに。ルイス・フライ・リチャードソンによって夢想され、ジョン・フォン・ノイマンによって実現したこの機械が、ある意味、今日の生活のあらゆる面を支配している。そして機械自体がほとんど目に見えないものになったことが、この計算システムの最も特徴的な状況である。

軍用コンピュータと、それが体現し生み出した予測と制御に対する信頼がなくなった瞬間は、おおよそ特定することができる。ENIACは専門家にとっては目に見える機械だった。異なる数学的操作が異なる電気機械的《エレクトロメカニカル》プロセスに対応していた。気象実験のオペレーターは、ある特定の段階に達したとき、カードをシャッフルする装置が独特の三つの不規則な音を鳴らすことで、そのことを識別できた[★19]。たとえ一般の見学者であっても、明滅する光の違いによって、室内で進んでいる操作の変化を見分けることができただろう。

IBM・SSECの広告写真、1948年　（出典：コロンビア大学）

それとは対照的に、一九四八年にニューヨークに設置されたＩＢＭの順序選択式電子計算機（ＳＳＥＣ）は、そうした単純な解釈を拒んだ。一九四八年当時、コンピュータという語はまだ（計算をする）人々のことだったので、それは「計算機《カルキュレータ》」と呼ばれていた。ＩＢＭの社長トマス・Ｊ・ワトソンは、大衆にこの製品が人間の代わりとして作られたのではないことを伝えたかった［★20］。ＩＢＭはこれをＥＮＩＡＣのライバル機として設計したが、このどちらもマンハッタン計画に貢献した機械、ノイマンのハーヴァード・マーク１の後継機だった。ＳＳＥＣは、東五七丁目のＩＢＭ社屋に隣接した元婦人靴店の内部に、分厚い板ガラス越しに、道行く誰もにまる見えになるよう設置された（ちなみにこの建物は現在、高級ブランドグループＬＶＭＨ［モエ・ヘネシー・ルイ・ヴィトン社］の本部になっている）。見た目をさらに気にしたワトソンは、その場にそびえ立っている醜い柱を取り去るよう設計者に命じたが、それはできなかったので、広告写真を修整して、

エリザベス“ベッツィ”スチュアートとSSEC　（出典：IBMアーカイヴ）

ワトソンが望んだとおりの光景が新聞に掲載された[★21]。

ガラスに顔を寄せる群衆にとっても、たとえ柱がそこにあったとしても、SSECは洗練され、現代的に見えた。それは一九三九年、ニューヨーク万国博覧会の有名なフューチャラマ展示館の設計者ノーマン・ベル・ゲデスがデザインしたハーヴァード・マーク1に美的な刺激を受けていた。そこで初めて上げ床を利用して、見学者の目から見苦しいケーブル類を隠すという、いまでは標準的なコンピュータルームがしつらえられた。そしてIBM理論科学部門の主任オペレーター、エリザベス〝ベッツィ〟スチュアートが、大きなデスクにむかって機械をコントロールした。

このコンピュータ室の壁に印刷され、署名されたワトソンの宣言──この機械は「学術団体、政府、産業における科学者を支援して、人間の思考の広がりを時間・空間・物理的状態の限界ぎりぎりまで探求する」──を実現するべく、SSECの最初の運用は、月、恒星、惑星の位置を、提案されたアメリカ航空宇宙局（NASA）の飛行のために計算することに捧げられた。しかしその結果のデータは、実際には使われなかった。その代わりに数週間後、SSECはヒッポと呼ばれる極秘の計算にふさがれた。ジョン・フォン・ノイマン率いるロスアラモスの一団が、最初の水素爆弾のシミュレーションを行なったのだ[★22]。

ヒッポのプログラムには約一年かかっており、準備ができたときにはSSECは、数か月のあいだ、一日二四時間、週七日、稼働させられた。計算の結果は、少なくとも三回の水爆爆発の完全なシミュレーションであった。計算はニューヨークの店先の衆人環視のなか、何が起こっているのか、通りすがりの誰にもまったく気づかれずに行なわれた。ヒッポによる計算にもとづいた最初の本格的なアメリカの水爆実験は、一九五二年に行なわれた。今日、核大国はどこも水爆を保有している。計算論的思考――経済的にも、人間の認識的にも、それは暴力的で破壊的、さらに想像を絶するほど高価である――は見逃されてしまった。そのことは問題にされず、問題にされえず、そういうものとして存続してきた。

後で述べるように、デジタル証券取引市場の変動、科学研究の成果や応用、加速しつつある地球規模の気候の不安定化など、テクノロジーが未来をますます予言できなくなっていることは、計算の中立性と理解に対するこうした誤解から直接生まれている。

リチャードソンとフォン・ノイマンの「天気よりも速く計算を進める」という夢が実現したのは、一九五一年、リアルタイム出力が可能なデジタルコンピュータ、ワールウィンド1がMITで稼働したときだった。ワールウィンド計画は当初、空軍の汎用フライトシミュレータを構築することを目的としていた。計画が進むにつれて、リアルタイムのデータ収集と処理という難問が、初期のコンピュータのネットワーク化から気象学まで、あらゆることに関係する人々を引き寄せたのだった。

操縦士が直面するであろう現実の条件をよりよく再現するため、ワールウィンド1の主な機能として、空気力学と大気の変動をシミュレートすることが必要で、それはすなわち天気予報システムだった。このシステムはリアルタイムであるばかりか、ネットワーク化されていることも必要だった。レーダーシステムから気象台まで、さまざまなセンサーやオフィスが結合され、そこからデータが送り込まれた。そこに携わったMITの若い技術者たちは、次には国防高等研究計画局（DARPA）――インターネットの先駆者――と、手ごろな値段の業務用コンピュータを製造した最初の会社、デジタル・イクイップメント社（DEC）のコアメンバーとなっていった。現代のコンピュータの活用はすべてこの流れに由来している。それは天気を予測し、制御して、未来を支配しようとする軍事的な試みである。

ワールウィンドのデザインは、ENIACに大いに影響されていた。それが次に、半自動式防空管制組織（SAGE《セイジ》）の土台となった。これは北アメリカ航空宇宙防衛司令部（NORAD《ノーラッド》）で一九五〇年代から八〇年代にかけて稼働した巨大なコンピュータシステムだ。四層の「指揮センター」がアメリカ全土の二七カ所の指揮統制部署に設置されており、その一対のターミナル——一方は操作用で、もう一方はバックアップ用——には、標的を指す光線銃（ニンテンドーの「ザッパー」に似ている）があり、コンソールには灰皿が埋め込まれていた。SAGEは、一九六四年の映画『博士の異常な愛情』から一九八三年のヒット作『ウォー・ゲーム』まで、冷戦下のコンピュータシステムの巨大かつ誇大妄想的な美学を表わす最高の記念碑的作品である。『ウォー・ゲーム』は、リアリティとシミュレーションが区別できなくなってしまうコンピュータ知能の物語で、その結論「勝つための唯一の手はプレイしないこと」は有名である。

こうした複雑なシステムを稼働させるために、七〇〇〇人ものIBMのエンジニアが、単一ではこれまで最大のコンピュータプログラムを書くことに従事し、数多くの地域をつなぐために、二万五〇〇〇本もの専用電話線が敷かれた[★23]。それにもかかわらず、SAGEは数多くの失敗をしたことでもよく知られている。訓練用テープを流したままにしたせいで、後続の担当者がシミュレーションのデータを本物のミサイル攻撃と誤解しただとか、渡り鳥の群れをソヴィエト軍の爆撃機隊と誤認しただとか。コンピュータプロジェクトの歴史は、概してそうした骨折りを、時代錯誤の失敗として御破算にしてしまう。それに比べれば、今日の巨大なソフトウェアプロジェクトや政府のIT政策は、大言壮語の目標を達成できず、それが完成する前に次のより優れたシステムへと移行することで、陳腐化と永遠の修正のサイクルをたどっている。だが、もしこのような物語がコンピュータ誕生の真の歴史なのだとしたら？　シミュレーションとリアリティの区別がいつまでもつけられなくて、計算論的思考と私たちの世界の仕組みの中心にある概念との隔たりが、いつまでも見つけられないとしたら？

私たちはコンピュータが世界をもっと明快に、もっと効率的にし、複雑さを減らして、抱えている問題のより良い解決の手助けをしてくれる、そして私たちの行動を拡張して経験の範囲をどこまでも広げてくれると信じさせられてきた。けれども、これがまったく真実でなかったとしたら？　コンピュータの歴史をつぶさに調べていくと、力が集中するにつれて増大しつづける不透明さ、そしてその力がどんどん狭い経験の領域へと引き込まれていくことが明らかになってくる。今日の不安を、非の打ちどころのないアーキテクチャに具体化することで、コンピュータの使用はこの現在の問題を、抽象的で処理しがたいジレンマと化してしまう。真の民主主義ならびに平等主義社会における、より広範な問題ではなく、数学的で物質的な難問の小さな集合体固有の限界に執着しながら。

近似とシミュレーションを融合することによって、計算論的思考の主導者たちは、世界を欠陥のあるモデルに置き換える。そうすることでモデル作成者は、世界の支配権を奪取する。核戦争を防ぐのに有害無益なことが明らかになり、SAGEはその形態を変化させた。アメリカン航空の社長とＩＢＭの販売員《セールスマン》が、機内で話しあったあとのことだ。ＳＡＢＲＥ《セーバー》（Semi-Automated Business Research Environment）——航空会社の予約を管理する多国籍企業になったのだ［★24］。すべてのピースはそろっていた。電話線、気象レーダー、ますます民営化される処理パワー、団体旅行と大量消費の時代に、リアルタイムデータの流通を管理する能力。民間航空機が誤って撃ち落とされないよう設計された——それはどんな防空システムにも必要な要素だった——機械が、同じフライトでも民間機を管理することで、何十億ドルもの防衛費が浮いた。今日、ＳＡＢＲＥは、五万七〇〇〇以上の旅行代理店と数千数百万人の旅行者、四〇〇以上の航空会社、九万軒以上のホテル、三〇以上のレンタカー会社、二〇〇以上の旅行業者、数十の鉄道、フェリー、クルーズ船会社とつながっている。コンピュータを使った冷戦の恐怖の核心が、毎年くり返される数十億もの旅の中心に据えられているのだ。

航空機産業は、本書にくり返し登場する。それはテクノロジー、科学研究、防衛、安全保障上の利益、同時に透明性／不透明性、視認性／不視認性と関連したコンピュータ普及の現場である。インターネット上のきわめて顕著な視覚化の例として、ウェブサイトのリアルタイム航空機追跡がある。誰でもいつでもログインして、飛行中の数十万もの旅客機を見ることができる。都市から都市へと飛び回り、大西洋に押し寄せ、国際線の路線という金属の大河をたどっていく。何千何万とある小さな飛行機のアイコンの一つをクリックすれば、その航路を、機種とモデルを、操縦者とフライト番号を、出発地と着陸地を、高度、速度、飛行時間を見ることができる。すべての飛行機はＡＤＳ－Ｂシグナルを送信していて、アマチュアの飛行追跡者のネットワークがそれを捉える。さらに多くの各地の無線家たちが、オンラインでデータを共有する。この飛行追跡機の眺めは、グーグル・アースやほかの

2017年10月、Flightradar24.comのスクリーンショット。追跡されている1万2151機のうち1500機を示している。注記：グーグルの「ルーン」計画のバルーンがプエルトリコ上空に見える。その前にはハリケーン・マリアがいた（出典：Flightradar24.com）

衛星画像提供会社のものにも似て、きわめて魅惑的で、めまいがするほどのスリルが味わえる——デジタル時代の崇高《サブライム》さだ。冷戦期のあらゆる作戦立案者の夢は、いまや大衆が無料のウェブサイトで手に入れられる。だが、この神の視点は錯覚にすぎない。これはほかの私的な、あるいは国の活動を遮断したり消すためにも使われているからだ。寡頭政治の独裁者や政治家のプライベート・ジェットから、秘密の監視のための飛行や軍事作戦まで[★25]。見せられているものすべてによって、何かが隠されている。

一九八三年、ロナルド・レーガン大統領は、ロシア領空へ迷い込んだ韓国機が撃墜された件を受けて、当時秘密とされていたグローバル・ポジショニング・システム（GPS）を一般市民に公開する命令を下した。時が経つにつれ、GPSは膨大な数の今日のアプリケーションに応用され、日常生活を調節する目に見えない、誰も疑問視しないもう一つのシグナルに——そして多かれ少なかれ、もう一つの「ただ機能しているだけ」のものに——なった。GPSは、個人を取り巻く全地球を折りたたんだ地図の中心に青い点を打つことができる。そのデータは乗用車やトラックの旅の道しるべとなり、船の位置を示し、飛行機が互いに激突しないようにし、タクシーを配車し、ロジスティクスの明細表をたどり、ドローンの衝突の際に助けを呼ぶ。基本的に巨大な空間《スペース》ベースの時計と言えるGPS衛星からのタイムシグナルは、電力配給網や株式市場を統制している。だが、このシステムに対する信頼が高まるにつれて、アメリカ政府を含む管理者がシグナルを操作できる、という事実が覆い隠されてしまった[★26]。管理者は地域をどこでも選んで、位置情報の信号を送らなくする能力を保持している。二〇一七年夏、黒海から一連の報告があった。広域にわたってGPSが故意に妨害され、船舶のナビゲーションシステムが実際の位置から数十キロも離れたところを示したのだ。多くの船は陸上に移され、ロシアの空軍基地に置き去りにされていた——ここが「なりすまし」の原因と疑われている[★27]。クレムリンも同様の場《フィールド》に囲まれている。最初に発見したのはポケモンGOのプレイヤーで、モスクワ中心部でこの位置情報ベースのゲームをしようとすると、ゲーム内のキャラクターが何ブロックも別の場所に飛ばされてしまう[★28]（とりわけ冒険的なプレイヤーはのちにこのことを逆手にとって、電磁シールドとシグナルジェネレータを利用して、家から一歩も外に出ることなくポイントを集めた[★29]）。たとえば長距離トラックの運転者のようにGPSによって遠隔モニターされている労働者の場合、ただ単にシグナルを妨害することで、休憩がとれたり、無断でルートを変更したりできた——そうして正規のルートを走る他の者を抜き去っていく。こうした例はいずれも、計算が現代の生活でいかに重要かを示している。その一方で、その盲点、構造的な危険性、技術的な弱点をも明らかにしている。

航空技術からもう一つ例をとり、空港にいるという経験について考えてみよう。空港は、地理学者が「コード／空間」と呼ぶものの典型的な例だ[★30]。「コード／空間」は、構成された環境と日常の経験を、ある特定の範囲で計算と結びつけている。計算は「コード／空間」をただ覆ったり、拡張させたりするというより、その重要な構成要素になる。コードなしには、その環境と経験が実際、機能しなくなる。

空港のケースでは、コードは環境を手助けし共生する。乗客は空港を訪れる前に電子予約システム――たとえばSABRE――を使って、データを登録し、本人確認を行ない、チェックインデスクやパスポート検査局などの他のシステムと共有する。空港でシステムが利用できなければ、ただ不便だというだけではすまない。現代の安全確認手続きでは、文書による本人確認や処理ができなくなってしまった。唯一ソフトウェアが、認められた手続きの仲介役なのだ。どうしようもない。誰も動けない。その結果、ソフトウェアがクラッシュすると、この建物の空港としての役割が無効になり、怒れる人々でいっぱいの巨大な倉庫に変わってしまう。こうして、ほとんど目に見えない計算が共同で環境を生み出している――失敗したときにしか、この必要性の重要さは明らかにならない。ちょうどある種の脳損傷のように。

「コード／空間」はますます、単なるハイテクビルを超えたものになる。ネットワークへのアクセスが普及し、特定の会社に集中したコードが、自己増殖的な性質をもっているおかげで、日常の活動はますますそのソフトウェアに依存していく。毎日、たとえプライベートなものであっても、旅行は衛星によるルート設定によって、交通情報によって、ますます「自動運転」になっていく――もちろん、ちっとも自動的ではなく、走るためには絶えずアップデートとインプットを必要とする――乗り物に頼っている。末端どうしを結ぶロジスティクスのシステムにしても、電子メールのサーバーにしても、労働はどんどんコード化されている。そして次は、そこに依存している労働者たちの、絶え間ない注意と監視が必要になる。私たちの社会生活は、接続とアルゴリズムによる修正によってもたらされている。スマートフォンが強力な汎用コンピュータとなるにつれて、計算は周囲のあらゆる装置――ハイテク家電製品からカーナビゲーションシステムまで――のなかに消えていき、世界全体が「コード／空間」となる。「コード／空間」という考えがすたれるどころか、これが至るところに存在するということは、私たちが考えるような、まさにその方法では、計算の影響を理解できないことを強調している。

オンラインショップで電子書籍を買ったとき、それは依然として売り手の財産であり、その一時的な使用権はいつでも破棄の対象となる。アマゾンが二〇〇九年に、顧客のキンドルから数千部の『一九八四年』と『動物農場』を遠隔削除したのがその一例だ［★31］。ストリーミング音楽やビデオサービスは、法的権限によってメディアをふるいにかけ、アルゴリズムが「個人の」好みを決定する。学術誌は知へのアクセスを、機関の所属や財政的貢献によって決定する一方で、物理的な開架式のライブラリーを閉鎖する。現在進行中のウィキペディアの機能は、一群のソフトウェアエージェント――ボット――に依存していて、書式設定を実行維持し、記事を関連づけ、論争や破壊行為の発生を仲裁するものだ。最新の調査では、ボットは最も多産な編集者で、上位二〇位中の一七位であり、このネット百科事典プロジェクトの編集全体のおよそ一六パーセントを占めている。コード自体が知の生産に大いに貢献できることとの具体例である［★32］。本を読むこと、音楽を聴くこと、調査し学ぶこと。こうしたさまざまな活動は、ますますアルゴリズムの論理に統制され、不明瞭で隠されたコンピュータのプロセスに管理されている。文化はそれ自体が「コード／空間」なのだ。

こうした計算による物理的および文化的空間の共同生産を強調するのが危険なのは、そうすることで、それが依存も再生産もしている力の膨大な不均衡が、見えなくなってしまうからだ。計算は、ただ文化を拡大し、組み立て、形作るだけではない。日常のさりげない認識の下で行なわれることにより、現実に文化になるのである。

計算をマップしてモデル化したことは、やがては引き継がれる。グーグルはあらゆる人間の知識にインデックスをつけ、その知識の供給元であり権威者となった。つまり人々が現実に「考える」ものになったのだ。フェイスブックは人々のつながりを地図に――ソーシャルグラフに――描きだした。それは人々のつながりの基盤となり、社会的関係を決定的なかたちで作り直した。鳥の群れを爆撃機の編隊と間違える航空管制システムと同様に、ソフトウェアはその世界のモデルとリアリティとに区別をつけられない。そしてひとたび条件づけられれば、私たちも同じである。

この条件づけは二つの理由から起こる。一つは、不透明性と複雑さがあいまって、計算のプロセスがわかりにくくなっているから、もう一つは、計算自体が政治的にも感情的にも、中立なものと考えられているからだ。計算は理解しがたい。それはスクリーンの向こう側の機械のなかで、遠く離れた建物で――いわば雲《クラウド》のなかで起こっている。コードやデータを直接理解することで、この不透明性を突破したときでさえ、ほとんどの人にとっては、なおも理解を超えた存在のままだ。現代のネットワーク化されたアプリケーションの複雑なシステムの集合は、その全体像が誰にも見えないことを示している。コンピュータという機械を利用するための前提条件は、この機械を信じることだ。このことが、自動的な反応を何か固有のものに見せている、認知バイアスによって、自動的でない反応よりも信頼できるように仕向けている。

この現象は「自動化バイアス」と呼ばれていて、スペルチェッカーから自動操縦装置まで、あらゆるコンピュータ化の領域で、またどんなタイプの人にも観察されてきた。自動化バイアスは、自動作成された情報を、それがほかの観察と矛盾する場合にも――とりわけその観察があいまいな場合には――自身の経験より高く評価することを裏づけている。自動作成された情報は明白かつ直接的であり、認知を混乱させるグレーゾーンを間違って一緒くたにしてしまう。もう一つ関連した現象は「確証バイアス」だ。自動作成された情報に、さらに合致するよう世界の認識を作り替え、コンピュータの視点と一致しない観察をすっかり排除するほど、この機械による解をいっそう肯定してしまうことだ[★33]。

ハイテク航空機の操縦士の研究は、自動化バイアスのさまざまな事例を生んでいる。その撃墜がGPSの解放につながった大韓航空機の操縦士たちは、最もよく知られた犠牲者だ。一九八三年八月三一日、アラスカ州アンカレッジから離陸した直後、この機の搭乗員は自動運転装置に管制官から与えられた機首方位を設定し、飛行機の制御を機械にゆだねた。自動運転装置は、太平洋からソウルへとつづく航路の一連の道しるべをあらかじめプログラムされていたが、設定に誤りがあったか、システムの構造を完全に理解していなかったせいで、前もって定められたルートを飛びつづけなかった。

最初の機首方位を保ちつづけ、予定されたルートからどんどん北へそれていった。五〇分飛んでアラスカ州の上空を離れるときには、予定された位置より約二〇キロメートル北にいた。さらに飛びつづけ、位置のずれは約八〇キロメートルへ、さらに約一六〇キロメートルへと開いていった。捜査官によれば、数時間にわたり、何が起きているかを乗務員に気づかせられたヒントがあった。航路標識間の飛行時間が徐々に長くなっていったのだ。しかしそれは無視された。乗務員は無線の受信状況が悪かったことに不満を覚えながら、さらに正規の航空路から外れていった。だがこうした影響があっても操縦士たちは、システムに疑問を抱くことも、機体の位置を確認することもなかった。自動運転装置を信じつづけ、カムチャツカ半島上空のソヴィエト軍用空域へ入っていく。そこから戦闘機がこの機を迎撃しようと緊急発進する一方で、大韓航空機は飛行しつづけた。三時間後、まったく状況が把握されないまま大韓航空機は、二基の空対空ミサイルを搭載したスホイ15戦闘機に撃墜され、油圧システムが破壊された。この便の最後の数分の操縦記録には、自動操縦装置が緊急降下を警告していたため、さまざまなかたちで自動運転を再度試みては失敗した様子が残っている[★34]。

このような事故がくり返され、さまざまなシミュレータ実験でその意味が確認されてきた。もっと悪いことには、こうしたバイアスは手抜かりによるエラーに限られたものではなく、指示に従ってのものまでが含まれている。大韓航空機の操縦士たちが自動操縦装置の指令に盲従していたとき、彼らはほとんど抵抗しなくなっていた。ベテランの操縦士ですら、自らの観察という証拠に逆らってさえ、自動操縦装置の警告に直面して思い切った行動をとることはなかった。初期のエアバスA330の過敏な火災報知器は、操縦士が目視で火事の兆候をチェックしたとしても、危険な状態だとして、数多くのフライトを方向転換させてきたことで悪名が高く、しばしば相当の危険にさらされた。NASAエイムズ研究所の先進概念《アドバンスト・コンセプト》フライトシミュレータによる研究では、乗務員が離陸準備中に矛盾した火災警報を与えられたとき、乗務員の七五パーセントは自動操縦装置の指示に従って、間違ってエンジンを切ってしまうのに対し、従来の文書のチェックリストに従う乗務員で同様のことを行なったのは、わずか二五パーセントにとどまった。双方とも意思決定に影響したはずの付加的な情報にアクセスできたにもかかわらず。シミュレーションの記録を見ると、自動操縦システムに従う乗務員のほうが意思決定が早く、検討時間は短かった。それはつまり、即座に行動が指示されることが、問題を深く考えることを妨げていたとも言える[★35]。

自動化バイアスは、テクノロジーが不調でなくても私たちの生命を脅かすことを示している——そしてここでもまた、GPSがよく知られたその犯人だ。日本人旅行者のグループがオーストラリアのある離島へ行こうとしていたとき、衛星ナビゲーションシステムがそこに走行可能な道路があると指示したので、海岸線に沿って走り、海にはまってしまった。彼らは波をかぶりながら、海岸線から約一五メートル離れたところで救助された[★36]。ワシントン州の別のグループは湖に走り込んだ。幹線道路から出てボートの進水路に入るよう指示されたのだ。救急隊が対処したときには、自動車はどっぷり湖に浸かって浮いていて、屋根の荷台しか見えなかった[★37]。デス・ヴァレー国立公園のレンジャーにとって、そうしたことは日常茶飯事になっていて「GPS死」という呼び名をつけていた。地域に不慣れな旅行者が、自分の感覚ではなく指示に従うときに起きることだ[★38]。デス・ヴァレーは標識のついた道路の多くが普通車には走行不能で、日中の気温が摂氏五〇度に達するうえに水がなければ、道に迷った人は死んでしまう。このような場合でも、GPSのシグナルは妨害されてはおらず、乱れたのでもなかった。コンピュータはただ質問をし、質問に答えた——そして人間は、その答えに従って死んだのだ。

自動化バイアスの根底には、より深いバイアスがある。テクノロジーではなく脳自体に固く根ざしたものだ。複雑な問題に直面して、とりわけ時間のプレッシャーがかかっているとき——時間のプレッシャーがかかったことのない人などいるだろうか？——人々はやりとげられる最小限の認知的作業に取り組もうとする。従いやすくかつ正当化しやすい戦略を好むのだ［★39］。意思決定を放棄する選択肢を与えられたら、脳は最小限の認知的努力、つまり近道を選ぼうとする。それは自動アシスタントによってほぼ即座に提示される。計算はあらゆるレベルでの認知的ハックであり、決定のプロセスと責任を機械にゆだねてしまうことだ。生活が加速するにつれて、機械はますます多くの認知タスクに立ち入って処理するようになり、その支配力を強めていく——結果とは関係なしに。私たちは、自動システムに絶えず与えられる警報と認知上の近道によりよく順応するように、世界の理解を作り替える。計算は意識的な思考に取って代わる。私たちは、ますます機械のごとく考えるか、まったく考えなくなってしまう。

大型汎用コンピュータの系譜として、パーソナルコンピュータ、スマートフォン、グローバルなクラウドネットワークに、私たちがどれほどコンピュータ使用の内部に生きるようになったかが見てとれる。しかし計算は、単なるアーキテクチャではない。私たちの思考の土台そのものになっている。コンピュータ使用があまねく浸透し、とても魅力的なあまり、もっと単純な機械的・物理的・社会的プロセスが代わりに使用できるときでも、計算を選ぶようになった。携帯メールを送れるときになぜ電話で話すだろうか？　電話が使えるときに、なんで鍵を使うだろうか？　計算化とその製品がいよいよ周囲にあふれ、パワーと真実を生み出す能力をあてがわれ、どんどん多くの認知タスクを引き継いでいくにつれて、リアリティそれ自体がコンピュータに見えてくる。そして私たちの思考モードもそれに倣っている。

地球規模の通信が時間と空間を消失させたように、計算は過去と未来を一つにする。データとして収集されたものは現状のままにモデル化され、そこから先に進められる——現状は根本的には以前の経験から変化したり逸脱することはない、という暗黙の想定を守りながら。かくして、計算は現在の行動を左右するのみならず、そのパラメータに最適な未来を構築しもする。可能なこととは計算可能なことになる。定量化やモデル化が困難なこと、以前に見られなかったことや確立したパターンにあてはまらないこと、不確実だったりあいまいだったりすることは、起こりうる未来のフィールドから排除されていく。計算は、過去に似た未来を算出する——そして今度は、決して安定していない現在のリアリティを扱いかねるようになる。

計算論的思考は、われらの時代の、とりわけ対立を生じさせる問題の多くの下に横たわっている。まさに対立、コンピュータ操作でいうところの除算《デイビジョン》はその第一の特徴だ。計算論的思考は単純な解答にこだわって、そこに達するまでに要する認知的努力を最小限に抑えようとする。そのうえ、答えがあること自体を強く要求する——到達可能な侵すべからざる解答だ。石油資本主義の単純な陰謀ではない気候変動に関する「論争」は、この計算論的思考が不確実性に対処できないことを特徴づけている。数学的・科学的に理解された不確実性は、不可知とは異なる。科学的・気候学的用語の不確実性は、私たちがまさに何を確実に知っているかの正確な尺度だ。そして、計算システムが拡大していくにつれ、私たちがどれほどのことを知らないかが、いっそう明らかになっていく。

計算論的思考が勝利したのは、まずその力が私たちを魅了し、その複雑さで私たちを惑わせ、しまいには自明のものとして私たちの大脳皮質に収まったからだ。その影響と結果、まさにその考え方は、いまや日常生活の大きな部分となっているあまり、天気そのもののように巨大でむなしいものに見える。莫大な数の計算論的思考法は、過度の単純化と悪質なデータ、意図的な不明瞭化の産物であり、それが失敗する方法を認識し、それ自体の限界をさらけ出す。後述するように、天気自体の混乱は、結局は力の及ばないところにある。

著書『数値予測（Numerical Prediction）』改訂版の余白に、ルイス・フライ・リチャードソンはこんなふうに書いている。

アインシュタインはどこかで、物理学の重要な法則はつねにシンプルである、という考えによって発見に導かれたと述べていた。R・H・ファウラーはある二つの公式のうち、よりエレガントなほうがより真実である可能性が高い、と述べたことを私は聞いたことがある。ディラックが電子の回転の別の説明を探したのは、自然はそんな複雑な方法では決められないと感じたからだ。こうした数学者たちは、質点や点電荷を扱うのに成功した。もし彼らがあえて気象学にも取り組んでくれたとすれば、この分野の価値は大いに高められただろう。しかし彼らは、真実はつ

ねにシンプルである、という考えを捨てなければならないと思う。[★40]

定式化するのに四〇年かかったが、一九六〇年代についにリチャードソンは、この不確実性のモデルを発表した。計算論的思考の経験的な問題をきちんとまとめたパラドクス。戦争の科学的分析の初期の試み「命がけの喧嘩の統計学」に取り組みながら、リチャードソンは、二つの国が戦争になる可能性と、共有している国境線の長さの相関を見つけようとしていた。けれども彼はこれらの長さの推定値が、さまざまな情報源によって、大きく異なっていることに気づいた。やがて国境線の長さは、測る道具によって異なることがわかってきた。より正確になるほど長さは実際増していき、考慮すべき国境線の違いはどんどん小さくなっていった[★41]。海岸線はさらに悪かった。そして完全に正確な一国の国境線を求めることが、実は不可能だということを認識するに至った。この「海岸線のパラドクス」はリチャードソンの成果として知られるようになり、ブノワ・マンデルブロのフラクタル理論の基礎を与えた。このことは非常に明確に、新たなる暗黒時代の逆説的な前提を示している。すなわち、世界を計算しようと過度に努めれば努めるほど、それは不可知なほど複雑に見えてくる、ということだ。

3 Climate —— 気候

私が何度もくり返し見たユーチューブのビデオがあった。やがてそれは削除されたが、その後ニュースサイトに、見どころを凝縮して不可思議さの純度を高めたＧＩＦ〔グラフィックデータのファイル形式の一つ〕ファイルが投稿されているのを見つけたので、ずっと代わりに見ていた。ゴム長靴をはいて迷彩服を着た男が、肩の一方の側に猟銃をかけ、春の広大なシベリアのツンドラを歩いている。地面は緑と茶色で、草が濃く茂っている。三六〇度完全に平坦で、薄青い地平線を何百マイルも遠方に望むことができる。男は大股のゆっくりした足取りで、探険のペースで毎日広大な地域を渡っていく。だが彼が歩を進めると、地面は揺らめき、さざ波が立つ。分厚い土が液体に変わって、波のように動く〔★1〕。固くしまった地面のように見えているものは、薄い植物のカーペットだった。新たに現われたのは、スープのような海の上にある有機的な地殻だ。ツンドラの下の永久凍土層が溶けている。ビデオのなかでは、地面はいつなんどきにでも砕け、大股で歩く男のブーツが地面の下にどっぷりと浸かって、男は底流に引きずり込まれて緑のシーツの下に姿を消してしまいそうだ。

しかし実際には、逆向きの動きのほうが可能性が高い。地面は上に向かって押し上げられ、水を含んだ土と温かいガスを空中へ噴き出す。二〇一三年、シベリアの最北部で謎めいた爆発音が聞かれ、一〇〇キロメートル離れたところの住民が、空が明るく照らされたと報告した。数か月後、孤立したタイミル半島の地点に到達した科学者たちは、幅四〇メートル、深さ三〇メートルの巨大な真新しいクレーターを発見した。

タイミルは真夏の最高気温でも摂氏五度しかなく、冬は零下三〇度にまで冷え込む。荒涼とした風景には、ピンゴ〔永久凍土域に見られるドーム状の丘陵地形〕が点在している。水圧が氷の芯を表面に押し上げてできた小山や小丘だ。ピンゴは成長するにつれて、表面の植生を流し去り、氷を飛び散らし、頂上がひび割れ、碗型にへこんで、うずくまった火山のように見えてくる。しかし、ピンゴは永久凍土同様に溶けている——そして時には爆発する。二〇一七年四月、シベリアの研究者たちは、最初の地震感知器のネットワークを、「地の果て」という意味の名前のヤマル半島に設置した。オビ川の河口にある真新しいサベッタ港のほど近く、感知器は半径二〇〇キロメートルにわたって地表の動きを測定することができる。これはピンゴの爆発の早期警告を行なうことを目的としたものだ。爆発すれば、港や地元のボヴァネンコヴスコイやカラサヴァイのガス鉱床の産業インフラが打撃を受けることになる。

サベッタをシベリア天然ガスの莫大な蓄えの輸送起点たらしめているのは、ピンゴの爆発を引き起こしてきたものと同じ力だ。つまり、世界の気温上昇である。北極圏の氷が溶け、以前は近づくことができなかった原油とガスの資源に手が届くようになった。世界に残っている天然ガスの埋蔵量の三〇パーセントは北極地方のものだ[★2]。これらの資源のほとんどは沖合の、水深五〇〇メートル以下にあり、まさに前世紀の化石燃料の採取と依存の破壊的な影響のおかげで、いまや利用可能となったものだ。産業インフラを守るために設置された感知器は、インフラ自体によって生み出される条件

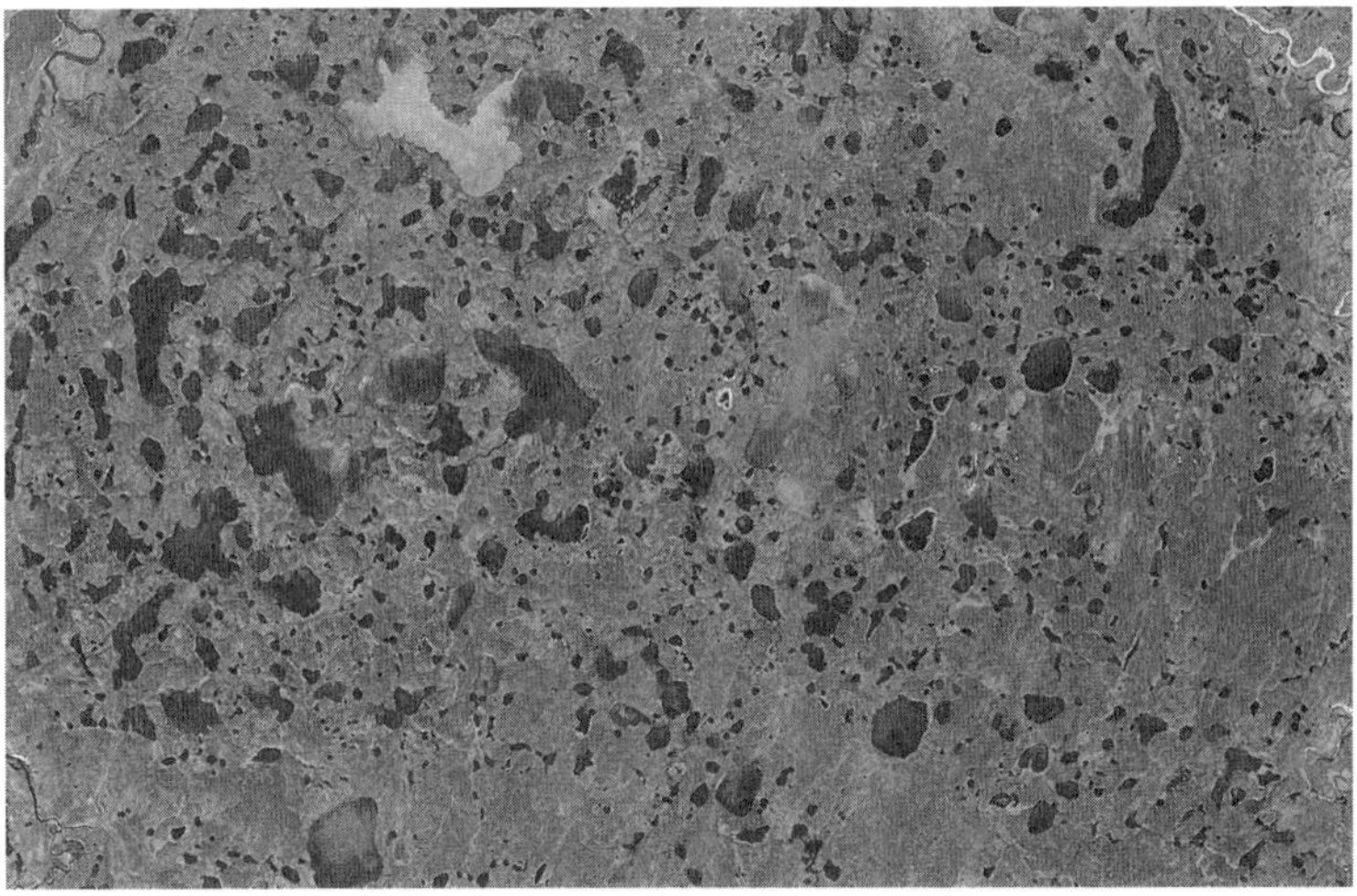

シベリア・ツクトヤクツク半島の地形　（出典：ランドサット／NASA気象観測衛星）

によって必要不可欠とされる。これはポジティブフィードバックだが、生命——人間、動物、植物——にとって、そして感覚にとってポジティブというものではない。蓄積的で、拡張的で、加速的なものだ。

ここで働いているポジティブフィードバックの根底にある局所的な形態は、溶けた永久凍土層からのメタンの放出である。シベリアのツンドラの下にある永久凍土層は、深さが一キロメートル以上に広がっている、土壌、岩石、堆積物が連続して凍った層でできている。この氷に閉じ込められた何百万年もの生命が、表面へと浮かび上がり始めている。二〇一六年夏、一人の少年を死亡させ、四〇人を病院へ搬送させた病気が、ヤマル半島で発生した。溶けつつある永久凍土層によって埋められたトナカイの死骸に接触したことが原因だった。死骸に炭疽菌がわいていて、それが何十年も何百年もツンドラの下で凍ったまま休眠状態になっていたのだ［★3］。氷が溶けるにつれて、この死を招く細菌とともに死体が腐敗して、メタンの水煙を放出する――地球の大気の熱を閉じ込める二酸化炭素よりはるかに効果的な温室効果ガスだ。シベリアの永久凍土層は二〇〇六年には推計三八〇トンのメタンを大気中に放出した。二〇一三年には一七〇〇トンに増加した。ほかならぬこのメタンこそが、ツンドラを震動させ爆発させているのだ。

もちろん、ネットワーク化された世界に、局所効果などというものはない。私たちがいま天気として感知しているものは、気候として地球を覆っている。ごく短時間の騒然とした活動は、不可視で不可知の全体性によってかろうじて捉えられる。アーティストのロニ・ホーンが観察したとおり、「天気は私たちの時代の鍵となるパラドクスだ。いい天気はしばしば間違った天気であり、好天は瞬間的かつ個別的に起こっており、間違いはシステム全体で起こっている」［★4］。ツンドラの足場の不確実さが増しているように見えることは、地球全体の不安定化である。まさしくその地面は信頼できず、震動し、腐敗し、破裂し、悪臭を放つ。

シベリア平原の爆発したピンゴと、氷結せず溶けた湖は、上空から見ると脳疾患患者のスポンジ状になった脳スキャン画像に似ている。神経細胞の死によって大脳皮質に穴があき、傷がついている。脳をスポンジ状にするプリオン病――スクラピー、クールー、狂牛病、ＣＪＤ（クロイツフェルトヤコブ病）とその他の派生病――は、タンパク質が誤って折りたたまれて生じる。基本物質のかけらがねじられて奇形になるのだ。これらがさらに、正しく折りたたまれたものを、誤って折りたたまれたものに変えていきながら、全身に広がっていく。プリオン感染が脳に達すれば、急発痛、痴呆、記憶喪失、人格変化、幻覚、不安、うつ状態を生じ、そしてついには死に至る。脳そのものがスポンジ状に

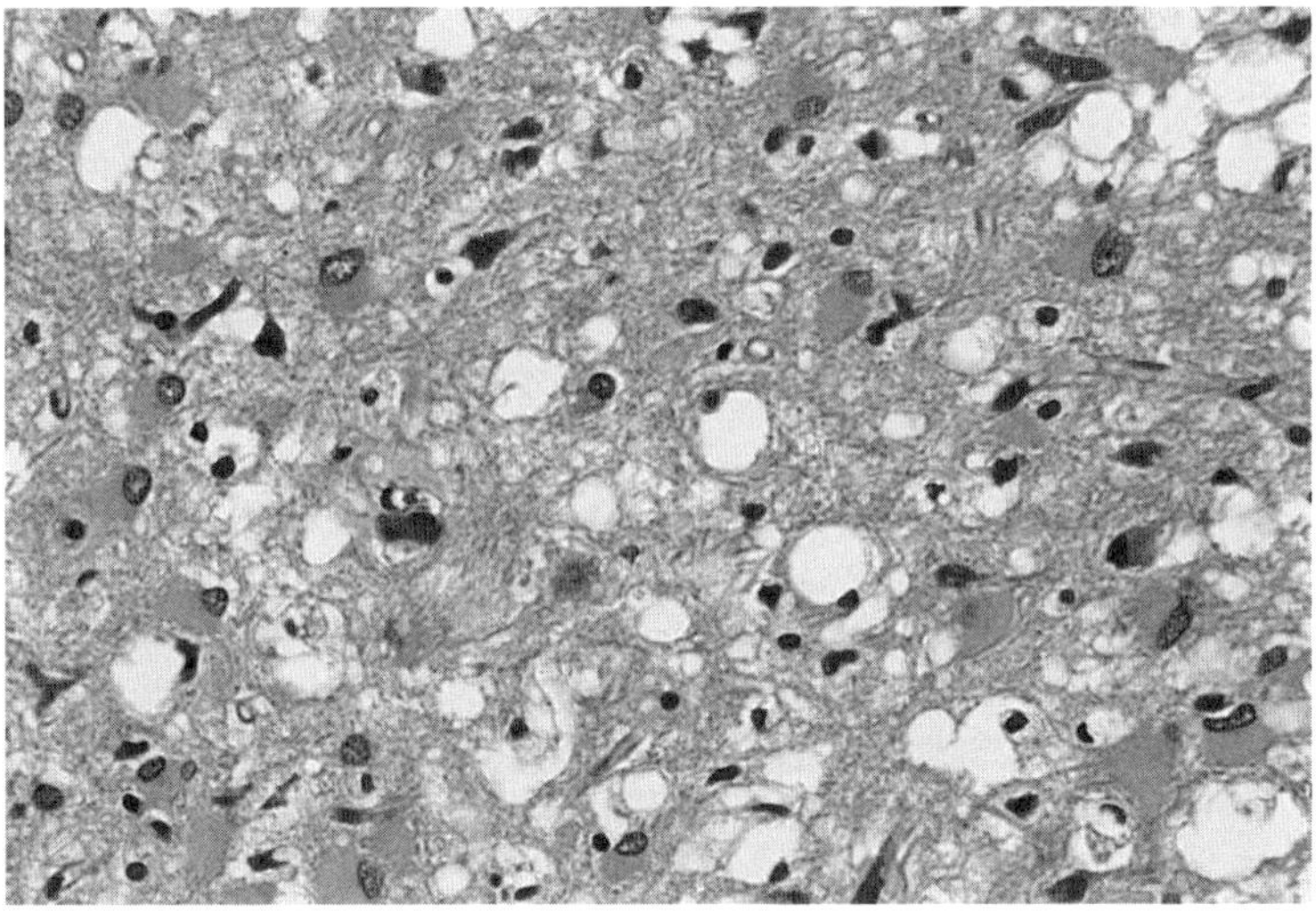

光学顕微鏡で見たクロイツフェルトヤコブ病患者の脳組織（100倍）（出典：パブリックヘルス・イメージ・ライブラリ、ID番号：10131）

なり、空洞化し、変性され、脳自身がその最期を感じられなくなる。永久凍土層――永久の凍結――は溶けつつある。言葉はもはや意味をなさないが、私たちはそれとともに世界を考える定めにある。

二〇〇六年六月一九日、北欧五カ国の代表団が、遠く離れた北極地方のスヴァールバル諸島の一部、スピッツベルゲン島に招集され、あるタイムマシンの最初の一石を置いた。その後二年間にわたって、労働者たちは砂岩の山を一二〇メートルの深さまで掘り進み、そしてそこに長さ一五〇メートル、幅一〇メートルの、もう一つの洞穴を作った。タイムマシンは現在の避けがたい恐怖を迂回して、不確実な未来へと、人類の最も貴重な資源を送ることを意図したものだ。業務用の棚に並べられたプラスチックのケースのなかの熱融着されたホイルの小袋に入っているのは、何百万何千万という保存用の種だ。世界の各地域で集められた農産物のサンプルである。

北極点からちょうど一一二〇キロのところに位置するスヴァールバルは、地球上では最北の、一年を通じて暮らすことのできる居留地で、遠く離れているにもかかわらず、昔から国際的な会議の開催地となっていた。遅くとも一二世紀以来、古代ノルウェー（スカンジナビア）人の漁民と猟師が訪れていた土地だが、一五九六年にオランダ人が「発見」したことで、島は捕鯨業と鉱物開発業にも開かれた。一六〇四年、イギリス人が上陸して、セイウチ猟を開始。この世紀末にかけてロシア人が、ホッキョクグマとキツネの毛皮を求めてやってきた。イギリス人が一八二〇年代にバレンツ海に不法侵入したものの、ほかの諸国民と同じように、彼らも石炭採掘のために島に戻った。第二次世界大戦中、スヴァールバル諸島は、気象観測所に配置されたドイツ軍の派遣により、立ち退きと占領を余儀なくさせられた。一九四五年五月には孤立化していたドイツ軍だったが、同年九月末にはノルウェーのアザラシ狩りの船に乗せられ、連合軍に降伏した最後の軍隊となった。

一九世紀末に石炭の鉱床が発見され、これまで放置されてきた主権問題が激化した。何世紀ものあいだ、スヴァールバルは法律も規制もない自由な土地であり、どこの国の支配下にもなかった。一九二〇年、パリ会議でスヴァールバル条約が締結され、主権はノルウェーに渡ったが、商業活動——主に鉱業——の署名に加わったすべての国に、同等の権利が与えられた。諸島は非軍事化され、今日まで独自のビザのない地域となっている。誰でも生活の手段をもっているかぎり、出身国や公民権にかかわらず、島に居住し働いてもよい。二〇〇〇人近くのノルウェー人と約五〇〇人のロシア人およびウクライナ人に加えて、タイ人、イラン人労働者を含む数百人の非北欧人の生活の場になっている。近年、ノルウェーに申請が拒否された数多くの亡命希望者がスヴァールバルへ向かい、ノルウェーの国籍取得が可能となる七年間の居住期間に達するのを待っている［★5］。

スヴァールバル世界種子貯蔵庫――しばしば現代版「ノアの方舟」とも「世の終わり《ドゥームズデー》のための貯蔵庫」とも称される――は二〇〇八年にオープンした。全世界の遺伝子バンクの仕事を支えるバックアップ施設として、スヴァールバルという立地は二重に適している。地政学的な例外となっていることが、貴重な――そしてたいてい秘密の――収蔵物を保管することと、国家機関を説得することを非常に容易にしている。永久凍土層の下に埋められた貯蔵庫は、天然の深い冷凍庫だ。地元で採掘された石炭で稼働されて零下一八度で冷凍されている。そしてもし機械がうまく働かなくなっても、この地の岩盤は年間を通して氷点下に保ってくれる。この種子貯蔵庫は、中立地帯と北極の冬の長い時間によって宙ぶらりんにされた、地理的にも時間的にも孤立した聖域を創る試みだ。

種子バンクは遺伝的な生物の多様性の似姿を維持するために重要だ。一九七〇年に始まった運動が実ったものであり、農業における緑の革命によって、農家が地元で何世紀にもわたって用いてきた通常の種子を捨て、新たな交配種を開発していたときに気づいたことだった。インドは一世紀前に一〇万種以上の米を有していると言われていたが、今日ではわずか数千種になってしまった。南北アメリカのリンゴの品種の数は五〇〇〇から数百に減った。国連食糧農業機構の推計では、全体として、七五パーセントの作物の生物多様性が失われた［★6］。この多様性は、同質的な種を絶滅しかねない、新たな伝染病リスクの可能性に対抗するためには不可欠だ。スヴァールバルの収集物は、大惨事が起こった場合にも安全で、多様性を確保することを目的としている。技術的には長期ローンとして、その種子は、ほかのすべての種子が絶えないかぎり利用されないことになっている。二〇一二年一月、フィリピンの国立種子バンクが火災で消失し、その六年後には洪水で大きなダメージを受けた。その一方で、アフガニスタンとイラクの種子バンクも戦闘で完全に破壊された［★7］。二〇一五年、国際乾燥地農業研究センター（ICARDA）は、初めてスヴァールバルの貯蔵庫に種子の引き出しを求めた。預けられていた三二五箱のうちの一三〇箱、総計で一一万六〇〇〇種のサンプルだ。

ICARDAは一九七七年に創設され、本部はシリアのアレッポに、支部は中東、北アフリカ、中央アジア一帯に置かれている。その任務は、とりわけ食糧の安全確保のニーズおよびリスクに集中している。新種の作物の開発、水の管理、保全、そして特に女性の農村教育。二〇一二年、シリア内戦の反乱兵が、このセンターの遺伝子バンクの支配権を掌握した。アレッポの南二〇マイル［約三二キロメートル］にある遺伝子バンクは、一二八カ国から集めた小麦、大麦、レンズ豆、ソラ豆など一五万種もの種子の独自の収集物を保管していた。スタッフの一部が残って、施設を維持することを許された一方で、ICARDAは本部をベイルートへ移転させられ、保管品《コレクション》へのアクセスは遮断された。

スヴァールバルにバックアップされ、ほどなくしてモロッコ、トルコ、その他に再配布されたICARDAの保管品は、中東ならびに北アフリカの厳しい環境条件に適応した作物に特化している。農民と自然が、数世代にわたって進化させつづけてきたものであり、この保管品に特有の生物多様性は、伝染病への抵抗力ではなく、気候変動に対する復元力である。こうした資源だからこそ科学者は、気候変動による荒廃を和らげる新しい遺伝属性を引き出すことが望めるのだ。たとえば、暑さにも干ばつにも抵抗力のある作物として、ヒヨコ豆とレンズ豆、トウモロコシと大豆を交配したとすれば、後者のほうが急速に変動し温暖化する生態系で生きていくことができる[★8]。

この変化は急速すぎて、世界種子貯蔵庫すらも不意を打たれた。二〇一六年は史上最高の暑さ——三年連続で記録を更新し、研究によれば、地球がここまで暑くなったのは一一万五〇〇〇年ぶりだといわれている。一一月、科学者たちは、北極の気温が最大で平年より摂氏二〇度も高く、海氷レベルはここ二五年の平均より二〇パーセント下がったと報告した。スヴァールバルでは小雪の代わりに大雨が降り、永久凍土層が溶け始めた。二〇一七年五月に貯蔵庫の検査をしたところ、入り口のトンネルは雪解け水に浸水し、地下深くなるにつれて再凍結し、庫内に氷河を形成していた。種子バンクに入るためには、これを切り開かねばならなかった。人間の介在なしに長期間機能することを意図していた貯蔵庫は、いまや二四時間の監視下に置かれ、トンネルの入り口には緊急用の防水剤が設置され、雪解け水を流すために周囲に溝が掘り巡らされた。「北極と、とりわけスヴァールバルは世界のほかのどこよりも急速に温暖化しつつある。気候は劇的に変化していて、誰もがその速さに驚いている」と、ノルウェーの気象学者、ケティル・イサクセンは記者団に語った[★9]。

気候変動はすでに起こっており、地理のみならず地政学上の風景に対して明白かつ切迫した影響を与えている。ICARDAの科学者たちにベイルートへの逃亡を促し、種子貯蔵庫の助けを求めさせたシリア紛争それ自体も、その一部は環境の変化に起因すると考えられている[★10]。二〇〇六年から二〇一一年のあいだに、シリアの農村地帯の半分以上が、史上最悪の干ばつの被害にあった。天候の自然変化では説明がつかないほど、強烈で長くつづいたこの干ばつは、加速する気候変動と結びついて、わずか数年のあいだに、農村の家畜の八五パーセント近くが死に、農作物が枯れた。バシャー・

アル・アサド大統領は、伝統的な水利権を政治上の盟友に再分配してしまい、農民たちは違法な井戸を掘るほかなかった。その一方で異議を申し立てる者には、投獄、拷問、死刑が待っていた。五〇万人以上の農民が村を出て、都市へと流れていった。この農村の憤りと人口的な圧力が、都市にすでにのしかかっていた全体主義の圧制に直面したとき、干ばつ被害が最悪だった地域で、急速に広まった反乱への最後の引き金がひかれた。マスメディアの報道や活動家は、シリア騒乱を二一世紀最初の、大規模な気候戦争と呼んだ。ヨーロッパに到達した莫大な数の難民と気候を直接結びつけたのだ。科学者は、騒乱と気候をあからさまに結びつけることには、より慎重だった。ただし、気候変動自体については声を大にした。シリアがその後数年で政治的に回復したとしても、二〇五〇年までに、農業生産力が五〇パーセント近く失われることになる。もう後戻りはできない。

　なぜ私たちは、種子貯蔵庫に関心をもつべきなのか？ 種子貯蔵庫がきわめて重要なのは、それがただの多様性のみならず、知ることのなかにある多様性と、知ることそのものとしての多様性の砦であるからだ。種子貯蔵庫は、物質《スタッフ》、知識、そして知り方といったものごとを、不確実な現在から、さらに不確実な未来へと運ぶ。そこに積まれているのは、単一のものではなく、非常に多様な原料だ。種子貯蔵庫の中身は、異なる源に由来した雑多な要素から成り、不完全だ。なぜならそれが世界の知恵の性質なのだから。それは単一文化《モノカルチャー》に必要不可欠な「対立」だ——この場合それはメタファーではなく、文字どおり植物の単一栽培《モノカルチャー》のことであり、ある特定の地理学上の一時的な目的のために設計されたものは、それが一般化されたとき、現実の世界の矛盾に、まったく対応することができない。気象危機はまた、知恵と理解の危機でもある。過去の、現在の、そして未来のコミュニケーションの危機でもあり、知ることの危機でもある。

北極地方では誰もが気候科学者だ。古代文化の名残りを探っている考古学者は、地球の奥深い歴史を掘り出し、この地球が——人類が——どうやって過去の急速な気候変動に対処したのか、そしていま、どう対処したらいいのかを理解することを助けてくれる証拠を引き出している。グリーンランドの西岸、偉大なイルリサット・アイスフィヨルドの岸辺、古代のカジャー地区に囲まれた永久凍土層には、三つの文明の遺物が保存されており、いずれも同じ場所を三五〇〇年にわたって占めてきた。これらはサクアク、ドーセット、テューレ文化であり、そのうち最初のものは、紀元前二五〇〇年ごろに南グリーンランドに築かれた。その後、他のグループに徐々に取って代わられるうち、一八世紀にヨーロッパ人との接触が激化した。こうした文化の歴史は貝塚を通して伝わってくる。何代にもわたる台所や狩りの廃棄物の層であり、地中に沈んで考古学者に発掘されるのを待っている。

この貝塚は、過去の人口動態と環境に起きたことを理解する助けになった。グリーンランドの文化は文化的には独特ではないが、考古学的には独特だ。世界中の石器時代の遺跡には石しか残っていないが、北極の遺跡には永久凍土層による冷凍保存のおかげで、古代人類の物質文化に関する情報がずっと多く残されている。カジャーの貝塚には、木と骨の矢、柄のついたナイフ、槍、縫い針といった、地球上の他の場所には残っていないものが含まれている。DNAの痕跡までもが残っている[★11]。

種子バンクの絡まりあった歴史と未来のように、初期の文明と文化がどのように過去の時代の環境ストレスに適応し、変化し、対処したか、あるいは対処できなかったかを理解することは、私たちが自身の環境ストレスに対応するための一つの方法である——たとえその理解に達する前に、それ自体が破壊されていたとしても。

次の世紀には、こうした独特の考古学的堆積——知識と情報の宝庫——は、何千年もの安定期の後に、すっかり消え去ってしまうだろう。コペンハーゲン大学の永久凍土層センターは、カジャー貝塚とグリーンランド北東部の別の場所周辺の土に穴をあけ、凍土の芯を掘り出した。ビニール袋に詰めた土は、帰り道のあいだは凍ったままだった。研究所で熱発生の兆候を調べた。地球が暖まると、土のなかで長らく眠っていた細菌が起きだしてきて活発になる。細菌自体が熱を発して、土をさらに温め、解凍し、より多くの細菌を目覚めさせる——さらなるポジティブフィードバックだ。氷が溶け、水が流れだすと、酸素が土の層に流れ込んで層をばらけさせ、削り取る。新たに目覚めた細菌は、有機物の残りを餌とするようになり、あとには石以外は何も残さず、進行していくにつれて、さらに暖かい炭素を発散する。研究リーダーで、永久凍土層センターの所長であるボー・エルバリング教授はこう記している。「氷が溶け、水が流れ去れば、もう後戻りはできない」[★12]。

二〇〇六年一〇月のグリーンランド氷床からの報告書で、何十年も貝塚に取り組んでいる考古学教授のトマス・マクガヴァンが、氷床が急速に溶けることにより、数千年にわたる考古学的な記録が押しつぶされている状況の詳細を、そして私たちがそのことに気づいたばかりであることを、こう述べた。


昔は、こうした現場はほぼ一年中凍っていた。私が一九八〇年代に南グリーンランドを訪ねたときには、五〇年代、六〇年代に掘ったまま残された溝に、飛び下りることができた。側面からはみ出た毛髪、羽根、羊毛、信じがたいほど保存状態の良い動物の骨が見られた。私たちはすべてを失いつつある。要するに、アレクサンドリアの図書館に相当するものを地中にもっていながら、それが火災を起こしているのだ。[★13]

マクガヴァンの声明は、二つの重要な点ですこぶる厄介である。第一に、きわめて強い喪失感。自分たちの過去にアクセスし、もっと詳しく知る可能性が、まさしくそれがきわめて有効だというときに、指先からこぼれ落ちてしまうこと。だが第二の点は、より存在にかかわる問題だ。それは世界について、もっと多くを発見し、もっと多くのデータを収集し処理したいという、強い必要性に関連している。そこから築くモデルをもっと強健で、もっと正確で、もっと有効にするために。

ところが、逆のことが起こっている。データの源泉の喪失は、それとともに、私たちが世界を創ってきた構造もが、するりと失われていく。永久凍土層の溶解は危険のしるしであり、メタファーでもある。環境および認知のためのインフラストラクチャーが加速的に崩壊しつつあるのだ。現在の確実さは、永久に増大しつづけ、永遠に結晶化しつづける知の地質学、という前提にもとづいている。冷凍土壌が固体として、はっきりとした形を保ちつづけていてくれれば心強い。しかしシベリアと同様、グリーンランドの地形のスポンジ化は、湿地や沼地、ガス状地帯といった、流動体への回帰をくり返す。新たなる暗黒時代は、過去のライブラリーから引き出すことよりも、もっと流動的な知の形態を要求するだろう。

過去から引き出される、または明かされる知識は、気候変動の破滅的な影響に対処する一つの方法だ。だが現存するテクノロジーやプロセスもまた、ある程度はその過剰さから私たちを守るのに役立つべきである——少なくとも、もしもこうしたテクノロジーや認知的戦略それ自体が、気候変動で真っ先に犠牲になるのでなければ。

イギリス政府の諮問機関、総合科学技術会議が二〇〇九年に「二一世紀のための国家インフラストラクチャー」と題した報告書を発表した。この国の未来の通信、エネルギー、輸送、水道ネットワークについて検討したものだ。この報告書はイギリスの国家基盤が、インターネットのように「ネットワークのネットワーク」を構成していることを強調した——それは、配信や管理が細分化されていて、責任とアカウンタビリティが不明瞭で、慢性的な支援不足のため脆弱である。この研究で明らかになった現状の根本的原因は、政府のサイロ（縦割り）化、社会および個人の過少投資、そしてこうした物質と知の複雑なネットワークが機能しだしていること——そしてうまくいかないこと——に対する一般的な理解の欠如にある。

しかし報告書は、ある一つの課題についてははっきりとしていた。ほかのすべての関心を圧倒するであろう——そうでなくてはならない——ことだ。それは、気候変動である。

気候変動からの回復力は、最も重要で複雑で長期にわたる課題だ。気候変動により引き起こされることが予測されている問題は、夏および冬の気温上昇、海面上昇、暴風の激化、森林火災、干ばつ、洪水の増加、熱波、水のような資源利用性の変質。現在のインフラストラクチャーの課題は、こうした影響に適応することと、低炭素経済への完全な移行を支援することだ。政府が二〇〇八年三月に発表した国家安全戦略は、予想される世界規模の影響を考えれば、気候変動が世界の安定および安全保障にとって、最大の課題になりうることを認めている。インフラストラクチャーと他の分野が連携した効果的な適応が、このリスクを軽減するための鍵である。[★14]

報告書で予測された気候変動の直接的な影響について改めて注目すべきなのは、その流動性と予測不能性である。

飲用水と下水の水道管のシステムは、気候変動や乾湿のくり返しによって、地盤が大きく動くようになればなるほど、ひび割れやすくなるだろう。(……)ダムは砂の浸食が増える結果として、沈泥化しやすくなり、激しい雨が降ることで、土砂崩れのリスクが高まるだろう。

環境に関する農業技術者協会の意見を受けて翌年発表された、イギリス政府からのもう一つの報告書は、気候変動が情報および通信テクノロジーに与える具体的な影響を調査している[★15]。ここで情報通信技術は「電子デバイス上および電子デバイス間における送信、受信、取り込み、保存、音声操作、データ取引を可能にするシステムならびに人工物の全体」と定義されている。すなわち、光ファイバーケーブル、アンテナやパラボラからコンピュータ、データセンター、電話交換局、衛星まで、今日のデジタル宇宙の一部あるいは中間生成物とみなせるものすべてだ。だが送電線は、情報通信技術に不可欠なサービスであるもかかわらず、この範囲外にある(一方、科学技術会議の研究では「高架送電線による送電の限定要因の一つは、熱容量である。周囲の気温に影響される。世界の最高気温が高まるほどにこの上限は下がり、やがて電力を送るネットワークの容量は限定されていくだろう」と指摘している）[★16]。

政府のために書かれた報告書は、政府による声明や政策よりも、はるかに明白で明快である。アメリカでは、気候変動否定派が行政部門を監督している間でも、軍は気候変動に適応するための一〇年計画を実施しているように、イギリスの報告書は気候科学を額面どおりに受けとり、ネットワークの価値を驚くほど明快に読みといている。

前述のような人工物すべてはシステムとして相互接続し、相互依存し、互いに完全に絡みあいながら協働し、相互運用の完璧なルールどおりに機能している。情報通信技術は、どのユーザーもほかのユーザーと時空を超えて直接つながることができる唯一のインフラストラクチャー部門である。多様な通路を同時に使うことで、リアルタイムでダイナミックな経路変更を可能にする。この場合、国有財産は個々のコンポーネントではなく、ネットワークである。そしてネットワークの運用はインフラストラクチャー全体に依存し、そこから多くの価値が創出する。（……）ネットワークはインフラストラクチャーレベルの資産だが、ネットワークの価値は資産そのものにはなく、それが運ぶ情報にある。それがATMからの現金の引き出しであれ、クレジットまたはデビットカードの利用であれ、電子メールの送信であれ、遠隔のポンプまたはスイッチ操作であれ、航空機の派遣や迎撃であれ、もしくは平凡な電話であれ、経済の大部分が、ほぼリアルタイムのデジタルデータの送信、受信、その変換に依存している。[★17]

現代の情報ネットワークは、社会の経済的および認知的な枠組みである。では、それは気候変動の時代にどのように通用するのか？　また現在、どんなダメージを受けているのか？

世界的な気温上昇はとりわけ、ただでさえ熱いデータインフラストラクチャーに、さらにその中や周辺で働いている人にストレスをかけるだろう。データセンターと個別のコンピュータは莫大な量の廃熱を生み出すので、産業ビルの巨大なエアコンシステムからユーチューブの子猫のビデオがCPUを酷使しているときにラップトップ機を冷やす送風機まで、相当の量の冷却が必要とされる。気温の上昇は冷却コストを上昇させ、故障の可能性も高くなる。アップルの電話の最新機種では、周囲の気温が摂氏四五度を超えると「温度：iPhoneを冷やす必要があります」というエラーメッセージが表示される。このような反応は、今日のヨーロッパでは暑い車内にデバイスを置いたままにしたときに引き起こされる可能性があるが、二一世紀後半には、ペルシア湾岸地域では日常茶飯事になると予測されている。二〇一五年の記録破りの熱波によって、イラク、イラン、レバノン、サウジアラビア、アラブ首長国連邦では日中の気温が摂氏五〇度に近づいた。

AEAの情報通信技術と気候に関する報告は、いくつもの情報ネットワークが感知するであろう具体的影響を認めている。物理的なインフラストラクチャーのレベルでは、今日のネットワークの多くが、現在の使用法、ましてや気候変動の影響に耐えられるようには設計されていないことが指摘されている。携帯電話のアンテナは教会の尖塔に接ぎ木され、データセンターは古い工業設備のなかに造られ、電話交換局はヴィクトリア朝様式の郵便局に設置された。地下では光ファイバーケーブルが下水道を通って走り、ますます増加する高潮や洪水には対処不能になっている。海底のデータリンクからインターネットが上陸するケーブルの陸揚げ地点は海面上昇の影響を受けやすく、特にイングランド南東部と東部の、大陸との重要な接点は破壊的である。沿岸設備は塩水による腐食を余計に受けやすくなり、一方、塔や送電マストは地面が干ばつや洪水の被害で切り裂かれたり陥没したりすると、反ったり倒れたりする。

電磁スペクトルでは、温度が上がるにつれ、無線送信の強度と有効性が低下するだろう。大気の屈折率は湿度に大きく依存しており、それが弱まっていく程度は、電磁波の曲率に大きく影響する。気温と降水量の増加は、二地点間データリンク——たとえばマイクロ波伝送——のビームをシフトさせ、放送信号を減衰させてしまう。地球が温暖で湿潤になるにつれて、無線マストはかつてないほどの密度が必要となり、メンテナンスがより難しくなる。植生のタイプの変化も、情報の伝播に影響を与えるかもしれない。

要するに、Ｗｉ-Ｆｉは良くなることはなく、もっと悪くなる。ある一つのシナリオでは、地面が動くと、遠距離通信と衛星通信を計算するための参照データの信頼性が低下する。精度は落ちる。放送は重複し干渉する。ノイズがシグナルを締め出す。時空を折りたたむために構築したシステムが、時空に攻撃されつつある。

計算は気候変動の犠牲者でもあり貢献者でもある。二〇一五年現在、エクサバイトのデジタル情報が保存・処理されている世界のデータセンターは、世界の電気の約三パーセントを消費していた——そして全世界の二酸化炭素排出量の二パーセントを占めていた。この排出量は航空産業とほぼ同量だ。世界のデータセンターでは二〇一五年に四一六・二テラワット時の電力を消費し、イギリス全土の電力三〇〇テラワット時を超えた[★18]。

この消費量は、甚だしく拡大すると予測される。デジタルインフラストラクチャーの成長だけでなく、地球の気温上昇からのポジティブフィードバックによるものだ。過去一〇年のデータ保存とコンピュータ容量の激増に呼応して、データセンターで使用されるエネルギー量は四年ごとに倍増しており、次の一〇年では三倍になると予想されている。日本のある調査によれば、二〇三〇年までにデジタルサービスの電力需要だけで、全国の現在の発電能力を超えるという[★19]。社会を抜本的に変容させると高らかに主張するテクノロジーであっても、ここからは免れられない。暗号通貨ビットコインは、階層的かつ中央集権的な金融システムを崩壊させることを意図したものだが、一回の取引を行なうのにアメリカの家九軒分のエネルギーが必要となる。もしこの成長がつづけば、二〇一九年には、システムを維持するためにアメリカ全土の年間消費量の電力が必要とされるだろう[★20]。

そのうえ、これらの数字は処理能力だけを反映したものであり、計算によって生み出される、デジタル活動のいっそうの広がりを計上してはいない。こうした分散し、断片化し、往々にしてバーチャルな活動もまた、膨大なリソースを消費するし、今日のネットワークの性質によって、見えにくく、つなぎ合わせにくくなっている。瞬間的で局所的な電力需要は見えやすく、個人が定量化できるが、ネットワークのコストに比べれば、ごくわずかだ。ちょうど個人の廃棄物の産出と管理が、ショッピングやリサイクルによって和らげられたかのように見えるものの、グローバル化した産業サイクルに比べれば大したことがないように。

二〇一三年の報告書「クラウドは石炭から始まる——ビッグデータ、ビッグネットワーキング、ビッグインフラストラクチャー、ビッグパワー」は、こんな計算をしていた。「タブレットないしスマートフォン一台を充電するのに必要な電力量は無視できる。だが毎週一時間ビデオを視聴すれば、遠隔ネットワークが年間に消費する電力量は、一年に二台の新品の冷蔵庫を使うよりも多くなる」[★21]。この報告書は、立派な善意の環境保護団体の産物ではなく、鉱業協会と低公害石炭発電連盟に委託されたものだ。それは、こうした必然的な需要に応えるために、もっと化石燃料を利用しようという、ロビー団体からの要求だった。

巨大石炭企業たちは、おそらく無意識にであるが、データ使用が量的であるのと同時に質的でもあるということを指摘している。何を見るかは結局のところ、どう見るかより重要になる——そしてそれは環境にとってのことだけではない。ある業界コンサルタントが新聞紙上で主張した。「私たちはインターネットを何のために使うかに、もっと責任をもつことが必要だ。（……）データセンターは犯人ではない——ソーシャルメディアや携帯電話に駆動されているだけだ。映画、ポルノ、ギャンブル、デート、買い物——イメージを伴うあらゆることに」[★22]。環境保護に関する主張と共に、提案された解決策は、規制（データ課税）や保守回帰（ポルノ禁止、送信コストを抑えるためにカラー写真を白黒に切り替えること）や数奇なハイテクによる問題解決（奇跡の素材グラフェン）といったものだ——どれもばかげていて実行不能で、取り組むべきネットワークの規模で考えることができない。

デジタル文化がより速く、より高い帯域幅、よりイメージ中心になるにつれて、よりコストがかかり破壊的にもなる——文字どおりの意味でも比喩的にも。それはより多くの入力とエネルギーを必要とし、画像——データの視覚的表象——の至上性を、世界の表象として肯定する。こうしたイメージはもはや真実ではなく、私たちの未来のイメージも同様だ。過去が永久凍土層に溶け込むほどに、未来は大気に揺さぶられる。気候変動は私たちの期待だけでなく、どんな未来を予想する能力をも揺るがしていく。

二〇一七年五月一日の真夜中過ぎ、アエロフロートのモスクワ発バンコク着の定期便SU270便が目的地に到着する四〇分前、激しい乱気流に突入した[★23]。いきなり乗客たちは座席から投げ出され、数人が機内の天井にぶつかってから、隣席の人の上や通路に落ちた。機内で録画された場面には、通路に横たわる疲れた血まみれの乗客が映っていた。周囲には食事のトレーや荷物が散らばっていた[★24]。着陸するや否や、乗客二七人が病院へ救急搬送された。何人かは骨にひびが入ったり骨折していた。

「飛行機の天井に叩きつけられた。持ち堪えるなんて実際、無理だった」と乗客の一人がレポーターに語った。「揺れが止まらないように感じた。墜落するかと思った」。ロシア大使館はロイター通信に「乗客のうち数人の負傷の原因はシートベルトを締めていなかったことです」と述べた。アエロフロートは公式発表で、こう主張した。「二万三〇〇〇キロ以上飛んだ経験豊富なパイロットが操縦していました。副操縦士は一万五〇〇〇キロ以上のフライト経験がありました。でもあのボーイング777機を巻き込んだ乱気流を予測することは不可能でした」[★25]。

二〇一六年六月、ベンガル湾上空を襲った「一瞬の激しい乱気流」が、ロンドンからクアラルンプルへ向かうマレーシア航空MH1便の乗客三四人と乗員六人を負傷させた[★26]。食事のトレーが調理室から飛び出し、通信社の映像には乗客が担架に乗せられ、頸椎装具を装着しているのが映っていた。三か月後、ヒューストンからロンドンへ向かうユナイテッド航空ボーイング767機が、アイルランドのシャノン空港に不時着を余儀なくさせられた。大西洋中部で「不意の激しい乱気流」に巻き込まれたあとだった。「機体が四回連続して落ちた」と乗客の一人は語った。

ものすごい力で体が引っぱられました。三回目か四回目に赤ちゃんたちが目を覚まして泣きだし、ほかの人たちは方向がわからない状態で起きました。私はこう思いました。これは乱気流じゃない。命にかかわる落下という感じ。これまでに感じたどんなこととも違う。大砲から発射される経験というのがいちばん近い。激しく体を引き倒されてから、一瞬止まって、それが四回連続して起こりました。シートベルトを締めてなかったら頭が砕けていたでしょう。[★27]

この機が着陸すると、滑走路に救急車が駆けつけ、一六人が病院へ搬送された。

記録上で最も過酷な晴天乱気流が襲ったのは、一九九七年十二月二十八日、東京発ホノルル行きのユナイテッド航空826便だった。離陸して二時間、機長が他の飛行機からの警告に応じてシートベルト着用サインをつけた数分後、このボーイング747機は下降したのち跳ね上がった。その強い力は、乗務員の一人、カウンターにつかまっていたパーサーが、逆さになって足が空中高く上がったほどだった。

シートベルトを締めていなかった女性客は座席から浮き、天井に打ちつけられ、通路に落ちた。意識を失い、大量に出血していたこの乗客は、客室乗務員たちと乗客の医師とが蘇生術を施したにもかかわらず、ほどなく死亡が宣告された。死体解剖によって脊椎を激しく損傷していたことが明らかになった。飛行機が引き返して無事に東京に着くと、乗客一五人が背骨と首の骨折を治療し、さらに八七人が打撲、捻挫、軽い怪我の手当てを受けた。機体は引退して、二度と飛ぶことはなかった。

アメリカ国家運輸安全委員会の報告によると、飛行機のセンサーの記録では、最初の急上昇で最大の垂直加速度が一・八一四Gで、そのあとの急降下では最大マイナス〇・八二四Gになった。この機体はまた、コントロールの利かない一八度もの回転に耐えていた――何が起ころうとしているのか、操縦士にはいかなる視覚的・機械的な手がかりもなかった[★28]。

乱気流は天候の研究からある程度、特定することができる。国際民間航空機関（ICAO）は日刊の「悪天予想図（significant weather chart）」を発行している。雲の高度と範囲、風速、前線、そして乱気流の可能性も載っている。乱気流の可能性を決定づけるために使われる主な指標は、リチャードソン数だ――一九二〇年代に数値天気予報の仕事に関連して、気象学の一連の論文で観測技術を発展させた、あのルイス・フライ・リチャードソンである。大気の異なるゾーンにおける相対的な気温と風速を調べることで、もしその測定値が利用できれば、ゾーン間に生じる乱気流の可能性を割り出すことができる。

晴天乱気流は、まさしく思いがけなく生じることから名づけられている。大きく異なる速度で動いている空気のかたまりがぶつかるときに生じる。風が互いに相手を切るように進むなか、渦や混沌とした動きが生み出される。研究を重ねているにもかかわらず、晴天乱気流を発見もしくは予測することは、とりわけ高い対流圏を航空機が長距離飛行しているときには、ほとんど不可能なままだ。こうした理由から、暴風圏のような大規模な気象現象の縁で起こる、予測可能な乱気流よりも、晴天乱気流ははるかに危険である。なぜなら、操縦士はそれに備えることも迂回することもできないからだ。晴天乱気流の発生は年々増加している。

右に述べたような乱気流の事例が広く報道される一方で、世界的に重要な多くの事象《インシデント》が報告されておらず、その統計数値はめったに手に入らない。二〇〇六年アメリカ連邦航空局が発表した、乱気流災害防止に関する注意書き《アドバイザリー・サーキュラー》によれば、乱気流による事故は一〇年以上にわたって着実に増えつづけていて、一九八九年には一〇〇万回の出発あたり〇・三回だったのが、二〇〇三年には一・七回になっている[★29]。こうした数字もすでに、かなり古いものになってしまった。

乱気流の増加の原因は、大気中の二酸化炭素濃度の上昇だ。二〇一三年、『ネイチャー気候変動』に発表された論文で、レディング大学国立大気科学センターのポール・ウィリアムズと、イーストアングリア大学環境科学学科のマノイ・ジョシは、大気の温暖化が大西洋横断飛行に与える影響を明快に説明している。

> ここに、気候モデルのシミュレーションを用いて、大気中の二酸化炭素濃度が二倍になると、大西洋の飛行航路内の晴天乱気流が激変することを示す。巡航高度で北緯五〇～七五度および西経一〇～六〇度を飛行するとき、ほとんどの晴天乱気流の測定では中間の強さの乱気流が一〇～四〇パーセント増加し、中間か高強度の乱気流の起こる頻度は四〇～一七〇パーセント増加する。

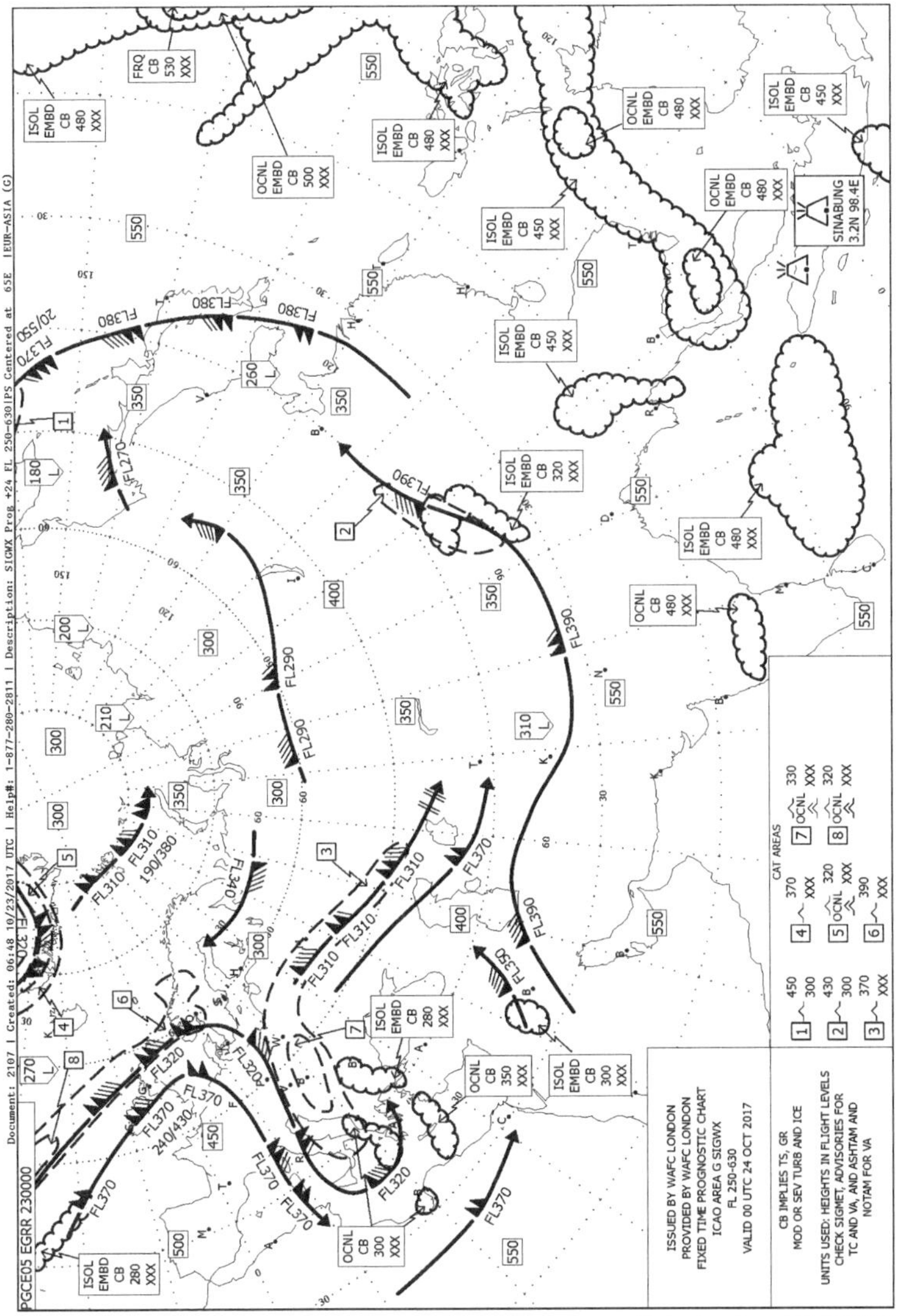

ロンドン世界地域予測センター、2017年10月24日発行、ヨーロッパおよびアジアの悪天予想図
(出典：ロンドン世界地域予測センター)

この結果は、気候変動によって、今世紀半ばまでに大西洋横断飛行中の乱気流が増加することを示している。飛行時間は長くなり、燃料消費と排出量も増えるかもしれない。[★30]

乱気流論文の著者たちは、いま一度、この乱気流増加におけるフィードバックの性質を強調している。「飛行は一部には気候変動の責任を負っているが、我々の発見は初めて、気候変動が飛行に影響しうることを示したものだ」。こうした影響は、アジアや北大西洋の混雑した航空路に混乱、遅滞、損害を引き起こしながら、強く感じられるようになるだろう。未来はトラブルが多くなり、その衝撃を予測する能力も失われつつある。

私は南ロンドンの郊外、ヒースロー空港への着陸飛行経路の下で育った。毎夕午後六時三〇分、ニューヨークからこちらへ向かってきたコンコルドが、上空で低く重々しい音を立てて宇宙船のようにドアや窓枠を震わせた。コンコルドはその頃すでにその場所を一〇年以上飛んでいた。最初のフライトは一九六九年、定期便が始まったのは一九七六年だった。大西洋横断飛行には三時間半しかかからなかった――もしあなたにチケットを買う余裕があればの話だが。最低料金でもだいたい片道二〇〇〇ドル（約三〇万円）といったところだ。

一九九七年に、写真家ヴォルフガング・ティルマンズが発表した一連五六枚のコンコルドの写真は、私自身の記憶とほぼぴたりと一致した。暗色の矢じり形の機体が重々しく低い音を立てて空を飛んでいく。豪華な客室からではなく地上から見えるもの。展覧会のカタログで、ティルマンズはこう述べた。

コンコルド。ヴォルフガング・ティルマンズ「コンコルド・グリッド」(1997年)より
(出典:ロンドン、テイト・ギャラリーズ/モーリーン・ペイリー)

コンコルドはおそらく、六〇年代のテクノ＝ユートピア的な発明で、いまなお稼働しフルに機能している最後の例であろう。その未来的な形、スピード、耳を聾する雷鳴は、一九六九年の初飛行のときと同様に、今日でも人々の想像力を捉えて離さない。しかしそれは環境にとっては悪夢だった。一九六二年に考案されたときには、テクノロジーと進歩こそがすべての答えだったが、空はもはやリミットではない。（……）選ばれた少数者にとって、コンコルドに乗ることはとても魅惑的だが狭苦しく、いささか退屈なルーチンであるのに対し、空中でこれが着陸したり離陸するのを眺めるのは、奇妙で無料のスペクタクルだ。スーパーモダンな時代錯誤。そしてテクノロジーを通じて時間と距離に打ち勝ちたいという欲望のイメージ。［★31］

コンコルドは、二〇〇三年に最後のフライトを行なった。その三年前のエールフランス4590便のパリ郊外での致命的な墜落事故という、自らのエリート主義の犠牲になったのだ。多くの人々にとって、コンコルドの終わりは未来に対する確かな考えの終焉であった。

現在の航空機は、ほとんどコンコルドの跡をとどめていない。その代わりに、最新の旅客機は、コンコルドが提示した急進的な進歩ではなく、漸進的な進歩の結実によるものだ——優れた素材、効率のよいエンジン、翼設計の調整。このうち最後のものは、私のお気に入りの追加物、いまやたいていの航空機の翼端を飾っている「ウイングレット」である。一九七三年の石油危機に呼応してNASAが開発し、燃費効率を上げるために徐々に商用機に組み込まれていったものだ。これはいつも、バックミンスター・フラーの墓碑銘を思い起こさせる。マサチューセッツ州ケンブリッジにあるフラーの墓石には「私をトリムタブ〔主操縦翼面の後縁に付された小翼片〕と呼んでくれ」と記されている。小さな飛行の調整が、大規模になされる。これが私たちに残っている能力だ。

　歴史は――そして進歩は――必ずしも上向いたり正しい方向に進むとは限らない。必ずしも日の当たる高台ではないのだ。またこれは懐旧の情《ノスタルジー》ではないし、そうであってはならない。むしろ、直線的な時間性から外れた現在を、その命運を左右するにもかかわらず、歴史というまさにその考えから混乱しつつ枝分かれしていく現在を、認めなければならない。何一つ明快なものはない、そんなものはありえない。変わったのは、未来の大きさや広がりではなく予測可能性である。

　二〇一六年、『ニューヨーク・タイムズ』の社説で、計算気象学者で気象学会元会長のウィリアム・B・ゲイルが、人類が何世紀にもわたって学んできた、気候変動による多数のパターンを挙げた。長期の気象動向、魚の産卵と回遊、草木の花粉授粉、モンスーンと潮流の周期、「異常」気象現象の発生。有史以来、これらのサイクルは広く予測可能であり、絡みあった文明をなおさら堅固に支えるために利用可能な多くの知識が蓄積されてきた。こうした研究のおかげで、予測の能力はだんだんと拡大されてきた。どの作物をどの季節に植えるかといった知識から、干ばつや森林火災の予測、捕食者／被食者の力学まで。さらには農業や漁業の生産高が予測されてきた。

　文明そのものは、そうした正確な予測に依存しているが、生態系が壊れだし、一〇〇年に一度の嵐にくり返し襲われるにつれ、私たちは予測を維持していく能力を失いつつある。正確な長期予報なしには、農民は正しい作物を植えられない。漁師は獲物を見つけられない。洪水や火災への防御を計画できない。エネルギーおよび食資源は決められないし、需要を満たせない。ゲイルは次のような時代を予測している。それは複雑な社会のなかで起こる大災害によって、私たちの子孫が今日の私たちより、自分たちが生きている世界についての知識を減らしていく時代だ[★32]。ゲイルはこう疑う。私たちはすでに「知識ピーク」を超えたのではないか。すでに石油ピークを過ぎてしまったように。新たなる暗黒時代が迫っている。

哲学者ティモシー・モートンは地球温暖化を「ハイパーオブジェクト」と呼んでいる。私たちを取り囲み、包み込み、巻き込んでいるが、文字どおり大きすぎて全体が見えないものだ。ハイパーオブジェクトはたいてい、他のものへの影響を通して知覚される――溶けていく氷床、瀕死の海、乱気流にもまれる大西洋横断便。ハイパーオブジェクトはあらゆる場所で同時に発生するが、局所環境でしか体験できない。ハイパーオブジェクトは私たちに直接影響を与えるので、個人的なものとして知覚してもよいが、科学理論の産物だと想像してもよい。事実、ハイパーオブジェクトは私たちの知覚や測定の外に立っている。私たちがいなくても存在する。あまりに身近ながらとても見えにくいので、私たちが合理的に記述する能力や、伝統的な意味で習得したり克服したりする能力に反している。気候変動はハイパーオブジェクトだが、それだけでなく核放射能も、進化も、インターネットもそうだ。

ハイパーオブジェクトの主な特徴の一つに、こんなことがある。ほかのものに付された痕跡によってのみ知覚されるので、ハイパーオブジェクトをモデル化するためには、膨大な計算を必要とする。それはネットワークレベルでのみ認識が可能で、時間だけでなく、莫大な分散センサーシステム、エクサバイト級の空間的なデータと計算を通じてのみ知覚される。こうして科学的記録の管理は超感覚的知覚（ＥＳＰ）の一形態となる。ネットワーク化され、共有化され、時間旅行をする知の生産だ。この特徴はまさしく、ある種の思考にとっては、タブー視されているようなものだ。無形で無感覚のものに触れられ感じられると主張しておきながら、そのあとで思考不能のものとして捨てるようなことだ。気候変動の存在についての議論は、実のところ、私たちが何を考えられるかについての議論である。

それに私たちは、あまり長くは考えつづけていられないだろう。産業革命以前の時代、一〇〇〇〜一七五〇年には、大気中の二酸化炭素は二七五〜二八五ｐｐｍ（百万分率）であった――氷の芯を調べてわかる濃度、つまり今日の北極で溶けて消えつつあるものと同じ、知識の蓄え《バッテリー》だ。産業化時代の黎明期から濃度は上昇しだし、二〇世紀初頭には二九五ｐｐｍに、一九五〇年には三一〇ｐｐｍに達する。この動向――一九五八年にハワイのマウナロア観測所で現代的測量を開始した科学者にちなんで、キーリング曲線と呼ばれる――は、いつまでも上昇しつづけ、加速している。一九七〇年には三二五ｐｐｍ、一九八八年には三五〇ｐｐｍ、二〇〇四年には三七五ｐｐｍだ。

二〇一五年、少なくともこの八〇万年で初めて大気中の二酸化炭素が四〇〇ｐｐｍを超えた。衰える兆しのない、また人類が止める兆しもない現在のペースでいけば、今世紀末には大気中の二酸化炭素は一〇〇〇ｐｐｍを超えるだろう。

一〇〇〇ｐｐｍの濃度になると、人間の認知能力は二一パーセント低下する［★33］。さらに高い濃度になれば、人間は明晰に考えられなくなる。屋外の二酸化炭素濃度は、産業都市ではすでに日ごろから五〇〇ｐｐｍを超えている。屋内では、換気の悪い住宅、学校、職場だとたいてい一〇〇〇ｐｐｍ

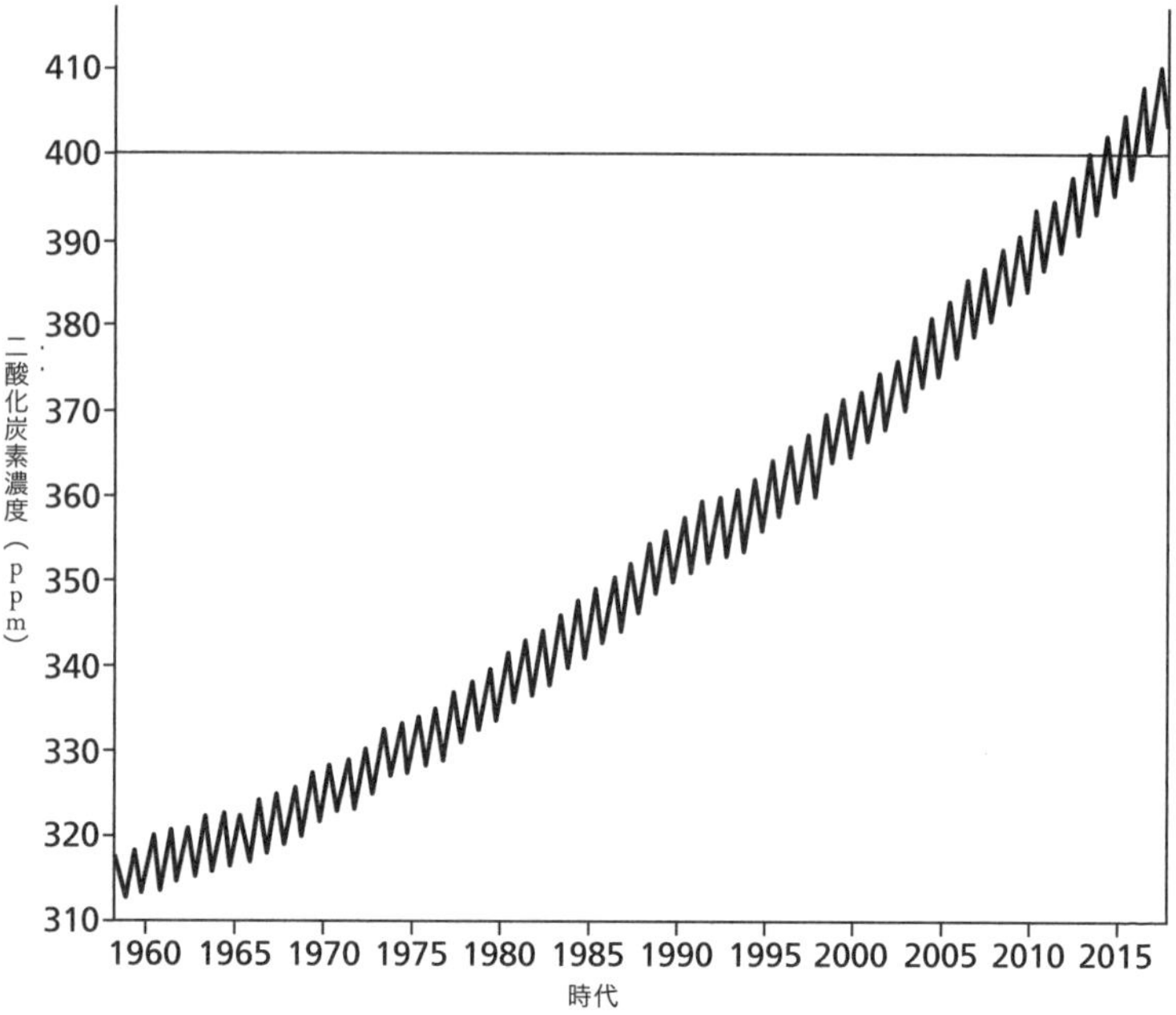

2017年10月21日におけるキーリング曲線　（出典：スクリップス海洋学研究所）

を超えてしまう――二〇一二年に測定したカリフォルニア州とテキサス州の学校の相当数が、二〇〇〇ppmを突破していた［★34］。

二酸化炭素は知性を曇らせる。明晰に考える能力を直接低下させる。そして私たちは、二酸化炭素を教育の場では壁で囲み、大気中には送り込む。地球温暖化の危機は知性の危機、思考の危機、別の方法で考える能力の危機だ。ほどなく私たちはまったく考えられなくなるだろう。

認知能力の低下は、大西洋横断のジェットルートの崩壊や、通信ネットワークの損害、多様性の抹殺、歴史に関する知識の蓄積の消去といったスケールで反映されている。これらは、ネットワークのレベルで考えること、文明規模の思考と行動を支えることが、これまで以上にできなくなっていくことの前兆である。私たちが自身の生活系を広げるために築き上げた構造、すなわち認知と触覚にもとづく世界とのインターフェイスは、ハイパーオブジェクトの到来によって支配された世界を感知するための唯一のツールだ。それを認識し始めるのと同時に、そうする能力がするりと手の内から逃げていく。

気候変動について考えることが、気候変動自体によって弱められている。ちょうど通信ネットワークが、軟化しつつある土壌によって損なわれてしまうように。絡まりあう環境とテクノロジーの変化について議論し行動する能力が、複雑なシステムを概念化することができないために減じられてしまうように。なおかつ、現在の危機の中心には、ネットワークというもう一つのハイパーオブジェクトが存在する。インターネットと生活様式、それらが織りなす思考法。おそらくハイパーオブジェクトのなかでも比類ないものであろうネットワークは、数学と電子とシリコンとグラスファイバーの対話から、意識的か無意識的かにかかわらず生じた欲望から、突如発生した新しい文化形態だ。このあとの各章で見ていくとおり、このネットワークは現在、危機を加速させるように利用（誤用）されているが、それはネットワークが問題を解明する潜在能力をもっていない、ということを意味してはいない。

ネットワークが私たちの築き上げたリアリティの最高の表現であるのは、それがとても考えにくいからにほかならない。私たちはそれをポケットに入れて持ち歩き、それを運ぶための鉄塔と、処理するためのデータの殿堂を建てるが、それらを個別のユニットに還元することはできない。非局在的で、本質的に矛盾をはらんでいる——そしてこれは世界そのものの状態である。ネットワークは連続的・意識的・不可知的に創造されている。新たなる暗黒時代に生きるには、そんな矛盾と不確実性を、そんな実用的な不可知の状態を認識することがまず求められる。したがってネットワークは、正しく理解さえすれば、ほかの不確実性を考えるためのガイドになりうる。そんな不確実性を目に見えるようにすることが、正確になされなければならない。それを考えられるようにするために。ハイパーオブジェクトに対処するためには、見て、考えて、行動する様式として、ネットワークへの信頼と信念が必要とされる。それは、時間と空間と個人的経験の結びつきを認めず、新たなる暗黒時代に対する異議申し立てができないことを特徴づけている、可想的《ヌーメナル》なものと不確実なるものとの親和が求められている。細分化と疎外に直面しながら、ネットワークは分割の不可能性を絶えず主張しつづける。

4 Calculation ─── 予測

時間性について一般人とは異なる考えをもつサイエンスフィクション（SF）作家たちが同時に発明した「蒸気機関時代」という言葉がある。ウィリアム・ギブスンは、それをこう説明している。

SFのコミュニティには蒸気機関時代と呼ばれるアイデアがある。突然、二〇人か三〇人もの作家たちが、同じようなアイデアについての物語を生み出したため、こう呼ばれるようになった。これが蒸気機関時代と呼ばれるのは、蒸気機関がなぜ生まれたのかを誰も知らないからだ。プトレマイオスは蒸気機関の力学のデモを行なったし、ローマ人たちが大きな蒸気機関を造ることを止めるものは、技術的には何もなかった。彼らにはちっぽけなおもちゃの蒸気機関があり、大きな蒸気トラクターを造るのに十分な金属加工の技能をもっていた。ただ彼らがそれをすることがなかっただけなのだ。[★1]

蒸気機関は蒸気機関時代が到来したときに生まれる。歴史の進歩を理解する私たちの枠組みの外にあるため、ほとんど神秘的で、ほとんど目的論的なプロセスだ。この特定の発明が出現するために集まらなければならなかった一連のものごとには、まるで新しい星のように見える、これまで知られていなかった数多くの考えや出来事が含まれている。不思議にも、いままでは考えられていなかったことだ。しかし科学の歴史は、あらゆる発明が同時に、しかも複数の者によって生まれることも示している。磁気に関する最初の論文は、ギリシャとインドでは紀元前六〇〇年ごろに、中国では紀元後一世紀に、それぞれ独立して書かれた。溶鉱炉は中国には一世紀に、北欧には一二世紀に登場した——伝播していった可能性はあるものの、タンザニア北西部のハヤ族も二〇〇〇年前から鋼鉄を造っていて、それはヨーロッパでこの技術が開発されるよりも、はるか前のことだ。一七世紀にゴットフリート・ヴィルヘルム・ライプニッツとアイザック・ニュートンらが、それぞれ独自に微積分を公式化した。一八世紀のカール・ヴィルヘルム・シェーレ、ジョゼフ・プリーストリー、アントワーヌ・ラヴォアジエの仕事に、酸素の発見がほぼ同時に登場した。そうこうするうち一九世紀には、アルフレッド・ラッセル・ウォーレスとチャールズ・ダーウィンの両者が進化論を提唱した。こうした歴史は、英雄の物語る歴史——孤高の天才があくせく働きつづけて唯一の洞察を生み出す——が偽りであることを示している。歴史はネットワーク化されていて、時間とは無関係だ。蒸気機関時代は多次元構造をしていて、時間のなかに閉じ込められた感覚中枢には見えないが、感じられないわけではない。

こんなにも深い現実にもかかわらず、誰かが何か筋が通る話をするのを聞いたときに起こる、驚くべきことがある。それは、彼らが誰でどこから来たのか、という感覚だ。彼らが行なったことの意味の背後には、歴史と進歩があるはずだ、という感覚。その物語自体によって、彼らに起こるべくして起こった、という感覚。

ワールド・ワイド・ウェブ（WWW）の発明者ティム・バーナーズ＝リー（TBL）は二〇一〇年、ウェールズのキャンプで「ワールド・ワイド・ウェブはいかにして生まれたか」［★2］と題した講演を行なった。それは楽しいひとときで、計算《コンピュテーション》自体の解説であると同時に、謙虚なヒーローの物語でもあった。TBLの両親、コンウェイ・バーナーズ＝リーとメアリ・リー・ウッズはコンピュータ科学者だった。二人が出会って結婚したのは一九五〇年代のマンチェスターで、最初の商用汎用電子式コンピュータ、フェランティ・マーク1の開発中のことだった。コンウェイはのちにテキストを編集・圧縮する技術を考案した。メアリはロンドンのバス路線の遅延を減らすためのシミュレーションを開発した。TBLは自身の幼少期を「計算にあふれた世界」だったと説明している。最初の実験は、釘と曲げた針金から磁石とスイッチを作ることで、最初に作った装置は、ネズミ捕り器みたいな、兄弟と戦うためのリモコン銃だった。彼は自分が生まれたころにトランジスタが発明されていて、中学生のころには、トテナム・コート・ロード〔ロンドン中心部の電気街〕の電気屋で束で入手できたと述べている。じきに初歩的な回路の呼び鈴と防犯ベルを作り始めた。ハンダづけの技能が高まるにつれ、手に入るトランジスタの幅も広がっていった。するともっと複雑な回路を作りだすことが可能になった。最初の集積回路が登場して、今度は古いテレビからビデオディスプレイが作れるようになった。ついに実際のコンピュータの構成部品をすべて手に入れたのだ――まったく動かなかったが、まったく気にしなかった。そしてこのころには大学生となって、物理学を学んでいた。そこではデジタルプリンターの植字《タイプセッティング》に取り組み、その後CERN（欧州原子核共同研究所）に入所し、ハイパーテキストのアイデアを発展させた――ヴァネヴァー・ブッシュ、ダグラス・エンゲルバートらが、以前から詳しく述べていたものだ。彼がCERNで働いていたことと、研究者間で連係した情報を共有するというニーズから、この発明を伝送制御プロトコル（TCP）と、出現しつつあるインターネットに基礎を与えていたドメインネームシステム（DNS）とに結びつけたら、ジャジャーン！　ワールド・ワイド・ウェブがまさに誕生した。あたかも意図したかのように、自然に、当然のように。

もちろん、これはこの物語の一つの語り方にすぎないが、筋が通っているからこそ、私たちの感性をくすぐる。発明から立ち昇る弧――つねに上昇し、右上へ向かうグラフ――が、無数の相互連結と、適切な時間と適切な場所で、適切な瞬間に起こる洞察のひらめきに導かれた個人史と結びつく。ウェブが生まれたのは、マイクロプロセッサと遠距離通信と戦時産業と商業需要の歴史と、一群のさまざまな発見と特許と企業内研究資金と学術論文とTBL自身の家族史のおかげだ。けれどもこれは、ウェブの時代だったから生まれたものでもある。古代中国の百科事典からホルヘ・ルイス・ボルヘスの小説のマイクロフィルム検索まで、文化とテクノロジーが一つに収束したとされる発明は、すべて後知恵だとも言える。ウェブは必要不可欠なものだった。そしてそう見えた――少なくともこの歴史においては。

コンピューティングはとりわけそんな、それ自体の必要性と必然性を正当化する歴史に傾きがちである。自己実現的な技術的予言として欠かせないもの（sine qua non）が、ムーアの法則として知られているものだ。最初にこれを提唱したゴードン・ムーアは、フェアチャイルドセミコンダクターの、のちにはインテルの共同創業者であり、一九六五年に『エレクトロニクス』誌にこの論文を発表した。

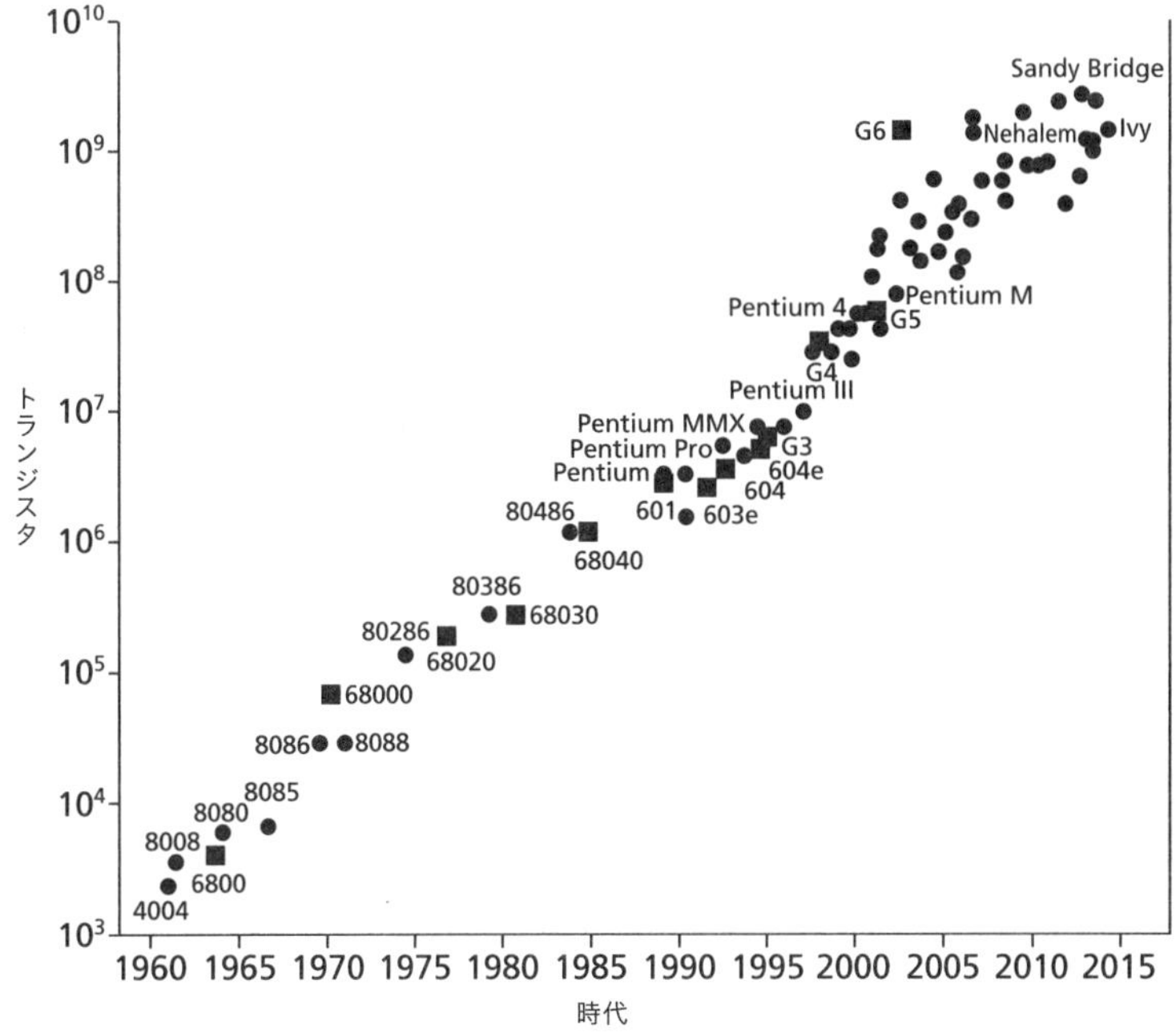

ムーアの法則

ムーアの洞察は、急速に小型化するトランジスタに関することで、TBLも指摘したとおり、当時はまだ生まれて一〇年になるかならぬかのものだった。彼は集積回路あたりの部品数が毎年倍増していることを示し、これが次の一〇年もつづくと予測した。そして今度は、このコンピュータパワーの急激な増加が、さらに驚くべき応用を駆動する。「集積回路はそんな驚異を家庭用コンピュータに――または少なくとも中央のコンピュータに接続された端末に――自動車の自動制御装置やパーソナルな携帯通信装置をつなげることだろう。電子腕時計に今日必要なのは、実装可能なディスプレイだけだ」[★3]。

一〇年後、彼は予測をわずかに修

正した。毎年倍増としたところを二年ごとにしたのだ。ほかの人々は約一八か月ごととし、法則が早々に破綻するとの宣言が数々出されたものの、経験則はその後もおおよそ正しかった。一九七一年、半導体の微細化を特徴づけるサイズ――製造業での最小の単位――は一〇ミクロン、つまり人毛の直径の五分の一となった。一九八五年にはそれが一ミクロンになり、そして二〇〇〇年代初頭には一〇〇ナノメートル――つまりウイルスの直径だ――を切った。二〇一七年初めには一〇ナノメートルの半導体がスマートフォンに使われるようになった。七ナノメートル以下の小型化は不可能と考えられていた。このサイズになると、電子は量子トンネル効果によって、あらゆる表面をすり抜けてしまうからだ。その代わりに、未来の世代のトランジスタはこの効果を利用して、原子自体の大きさのチップを作るだろう。その一方で、DNAや独自のナノエンジニアリングで作ったタンパク質から成る、バイオマシンの未来を予測する人たちもいる。

いまのところ、右肩上がりはつづいている。小型化の原理とそれに伴う計算力の急上昇は、TBLが一九六〇年代、七〇年代、八〇年代に駆け抜けた、とどまるところを知らない製造ブームによるものだ。そうして私たちを巧みに、否応なく、今日のワールド・ワイド・ウェブと相互接続された世界へと導いたのだった。しかしムーアの法則は、その名前にもかかわらず（しかしムーア自身は二〇年間それを使わなかった）法則ではない。むしろ、予測であり計画である。データからの外挿だが、同時に私たちの限られた規模の想像力から生み出された幻影でもある。英雄的な歴史に対する好みをあおる認知バイアスと同じたぐいだが、その向きは反対である。ある一つのバイアスが、歴史上の出来事を通じて、私たちに今日までの進歩を見せてくれることで、また別のバイアスが、この進歩が未来へと必然的につづくことを夢見させる。そしてあらゆる予測がそうであるように、それは未来を形作り、その他の予測に大きな影響を与えることができる――もともとの前提の安定性とは関係なく。

　思いつきの観察から始まったものが、物理法則のオーラをまとって、二〇世紀の基本思想《ライトモチーフ》になった。しかし物理法則と違ってムーアの法則は、不確定要素に大きく依存している。それは生産技術のみならず、物理化学の発見にも、そしてその製品の投資や市場を支える経済社会システムにも依存している。毎年小さく速くなる、ぴかぴか光るものを重んじるようになった消費者の欲望にも依存している。ムーアの法則は単に技術的あるいは経済的なものではなく、リビドー〔押さえきれない性的欲求〕的なものなのだ。

　一九六〇年代に始まり、ますます急速に発展をとげた集積回路の容量の増大が、コンピュータ業界全体を形成した。毎年、新しいモデルのチップが手に入り、この増大する容量が半導体自体の発展と本質的に結びついた。ハードウェア製造業者にもソフトウェア開発者にも、自身のアーキテクチャを開発する余裕はなかった。すべては、かつてなく密集した、よりパワフルなチップを売り出しつづける少数の供給業者《ベンダー》のアーキテクチャで動かさねばならなかった。チップを製造する者が、機械のアーキテクチャ――エンドユーザーに届くまで――を決めたのだ。この結果の一つが、ソフトウェア産業の成長である。ハードウェア製造業者への依存から自由になり、ソフトウェアは独立した供給業者として、まずはマイクロソフト、シスコ、オラクルといった巨大企業の支配へとつながり、その後はシリコンバレーの経済的――そしてだんだんに政治的・思想的――なパワーとなっていった。もう一つの結末は、業界の多くの人が言うように、ソフトウェア自体に対する技能、配慮、効率といった文化の終焉である。初期のソフトウェア開発者は、乏しいリソースを当然のことと受け止め、絶えずコードを最適化し、複雑な計算の問題を、エレガントで経済的に解決しなければならなかったのに対し、計算力そのものの急速な進展によって、プログラマーは機械が二倍のパワーをもつまで、一八か月待つだけでよくなった。次の販売サイクルには、それが聖書に書かれているかのように、より多くのものが手に入るというのに、どうして乏しいリソースに甘んじることがあろうか？　時を違えず、マイクロソフトの創業者その人の名が、もう一人のコンピュータ科学者による経験則と結びつけられた。ゲイツの法則。無駄が多く非効率なコードと過剰な機能をもった結果、ソフトウェアのスピードは一八か月ごとに半分になる、というものだ。

　これこそがムーアの法則の真の遺産である。ソフトウェアが社会の中心に位置し、上昇しつづける計算力の曲線が、進歩という考えそのものと結びつけられる。現在はまだ順応する必要のないことによって、豊かな未来が創られる。計算の法則は経済法則になり、さらにその慢心と堕落を自己批判する道徳律になる。ムーアさえ、自身の理論の意義をより広く評価した。『エコノミスト』誌で造語四〇周年記念の際に述べている。「ムーアの法則はマーフィーの法則〔失敗する可能性があるものは、失敗する〕には従わない。すべてはますます良くなる」［★4］。

　今日、ムーアの法則の直接の結果として、私たちはユビキタスコンピューティング〔コンピュータがいつでもどこにでもある環境〕の時代、無限に見える計算力をもつクラウドの時代に生きている。そしてムーアの法則の道徳的・認知的な意味が、私たちの生活のあらゆる面で感じられる。しかし量子トンネル効果の発見者やナノ生物学者の、発明の限界を押し広げつづけようとする最大限の努力にもかかわらず、テクノロジーは哲学に追いつき始めている。今日の半導体研究にあるものは、科学法則でも自然法則でも道徳律でもないことはわかっている。テクノロジーが私たちに告げていることを批判的に見ることができれば、どこで間違えたかが見えてくる。エラーはデータのなかに見える――だがデータが議論自体に使われることが多すぎる。

二〇〇八年、『ワイアード』誌に「理論の終わり」と題して発表された論文でクリス・アンダーソンは、今日の研究者が利用できる膨大な量のデータが、伝統的な科学的プロセスをすたれさせたと主張した［★5］。もはや科学者は、世界のモデルを構築し、サンプリングされたデータを試験する必要はない。その代わりに、真実そのものを生み出すために、膨大な集計データセットの複雑さを、巨大なコンピュータクラスターで処理する。「充分なデータがあれば、数自体がものを言い始める」。その一例としてアンダーソンは、グーグルの翻訳アルゴリズムを引き合いに出した。背後にある言語構造に関する知識はなくとも、翻訳されたテキストの広範囲なコーパス〔構造化された文型のデータベース〕を使って、言語どうしの関係を推定することができる。彼はこのアプローチをゲノム科学、神経学、物理学に拡張した。科学者が複雑なシステムに関して集めた大量の情報を、圧倒的な計算力で解析するようになった分野だ。ビッグデータの時代には「相互関係があれば充分だ。モデルを探すのをやめられる」とアンダーソンは論じた。

これがビッグデータの魔法だ。研究していることについて何かを知り、理解する必要はまったくない。ただ出現するデジタル情報の真実を信仰すればいい。ある意味で、ビッグデータの虚偽は、科学的還元主義の論理的な帰結だ。すなわち複雑なシステムを、それを構成するばらばらの要素に分解して、それぞれを分離して学習できると考えることだ。この還元主義のアプローチは、実際に私たちの

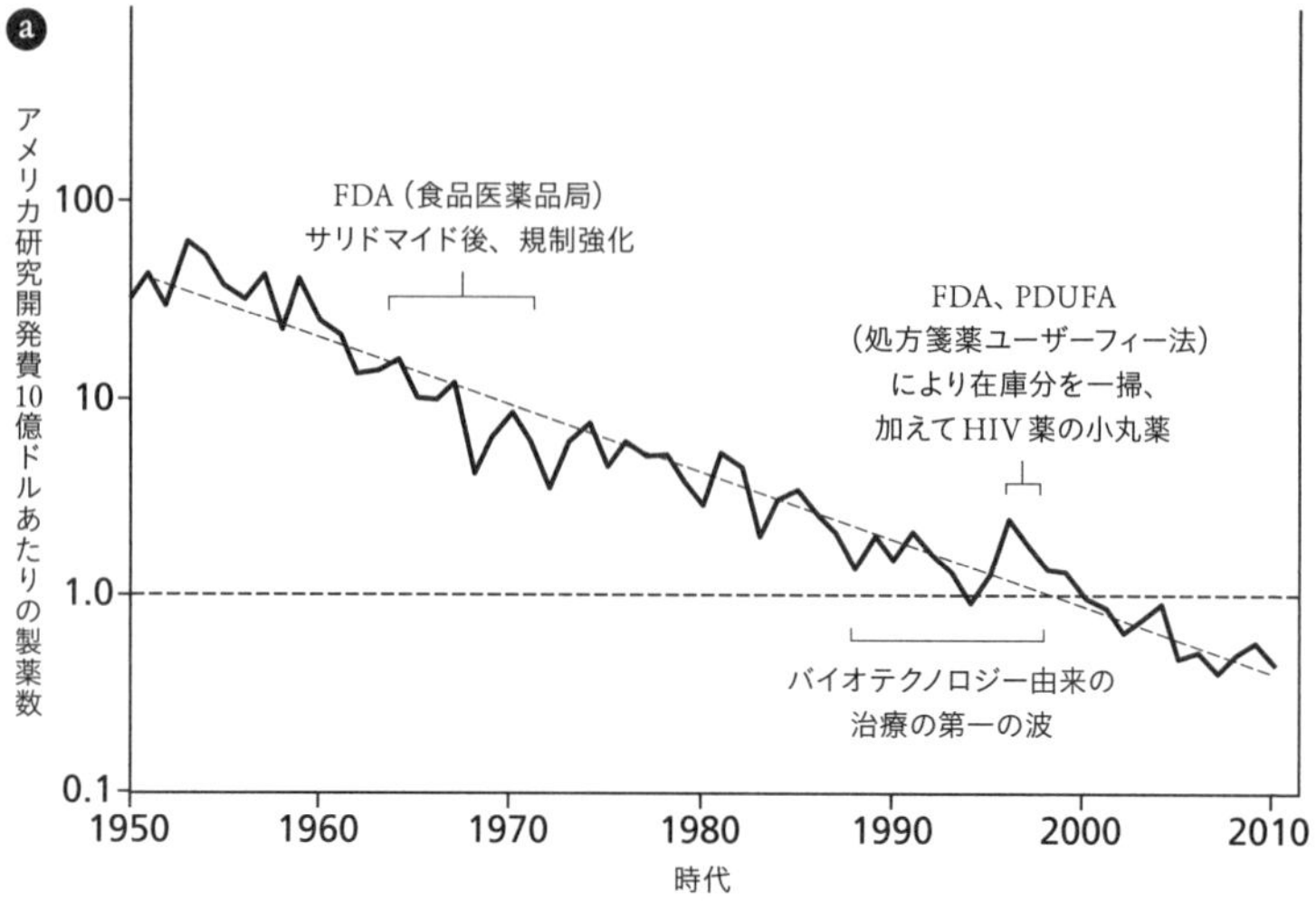

経験と歩調を合わせていれば、維持できるだろう。だが現実には、不充分であることが証明されつつある。

膨大な量のデータだけに頼ることが、科学的方法にとって有害だということが、ますます明らかになった一例が、薬理学の研究だ。過去六〇年にわたって医薬品産業は大きく成長し、新薬発見に伴う投資も増大したにもかかわらず、実は新薬が開発される割合は、研究に費やされる金額と比較して低下してきた——しかも着実に、はっきりと。一九五〇年以来、研究開発費一〇億USドルあたり認可された新薬数は、九年ごとに半減してきた。この減少傾向はあまりに明白なので研究者たちはこう命名した。イールーム（Eroom）の法則——つまり、ムーア（Moore）の法則の逆である［★6］。

イールームの法則は、科学研究の何かが根本的に、しかも大きく間違っているという認識が、しだいに科学界に広まりつつあることの良い例だ。

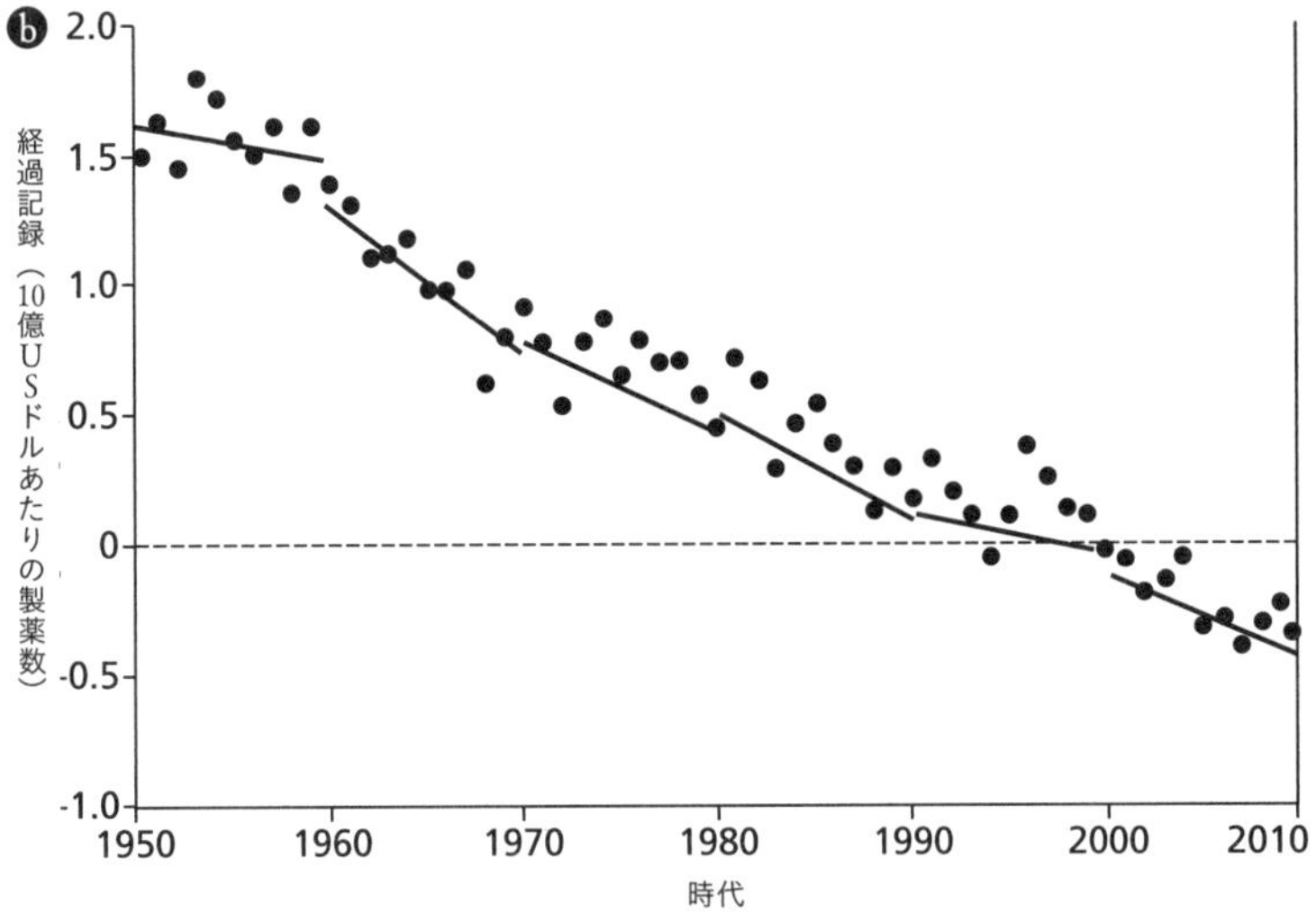

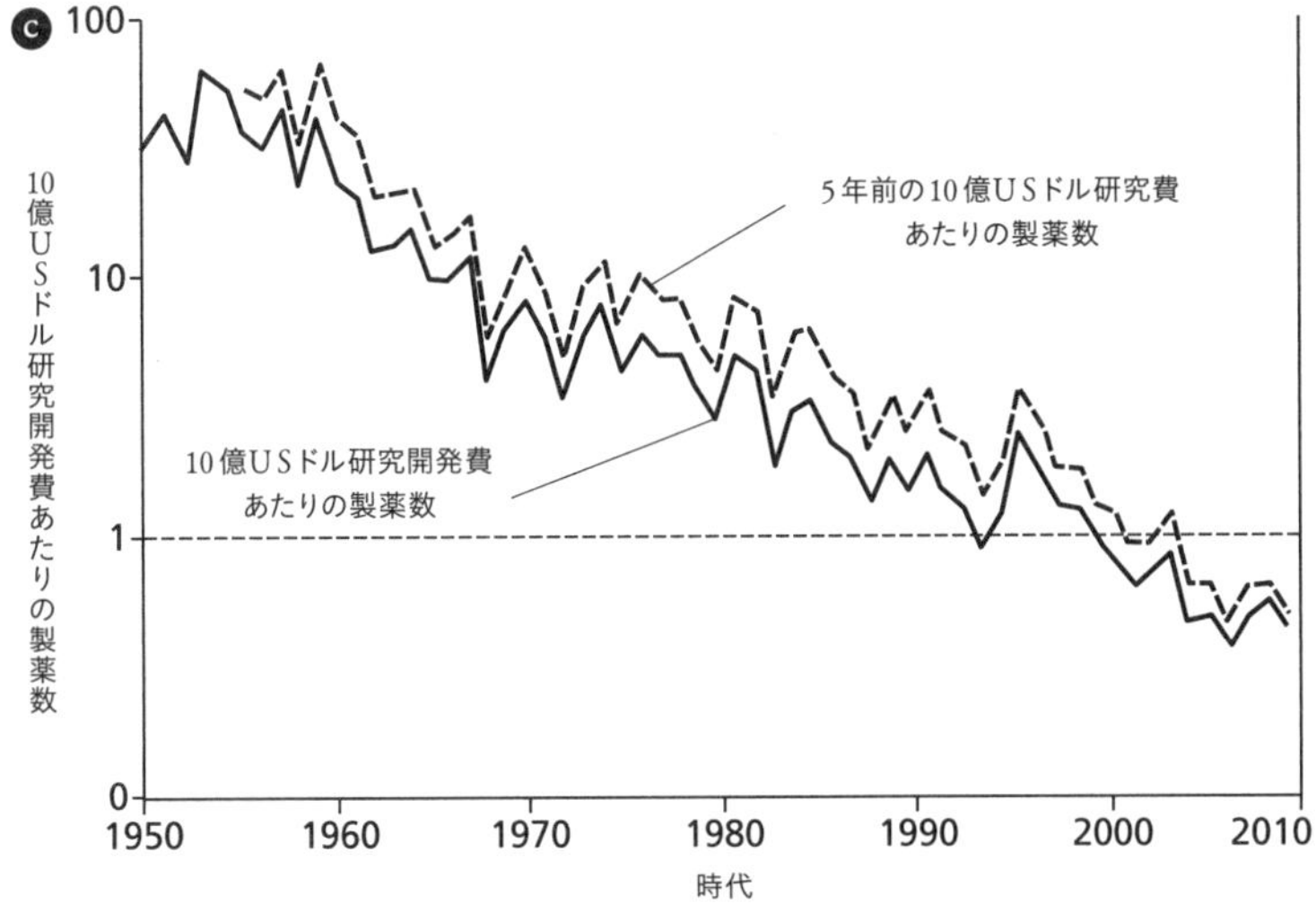

製薬研究開発におけるイールームの法則

a　研究開発効率の総体的傾向（インフレ調整後）

b　10年にわたっての低下率

c　5年遅れの支出の影響による調整

（出典：Jack W. Scannell, Alex Blankley, Helen Boldon and Brian Warrington,'Diagnosing the decline in pharmceutical R&D efficiency,' *Nature Reviews Drug Discovery* 11, 191-200, March 2012.）

新しい結果の数が減少しているばかりか、異なるメカニズムの組み合わせのおかげで、その結果が信頼できなくなりつつある。

科学の進歩の測定基準の一つは、科学誌に発表される論文数と、それに関連して生じる撤回数だ。毎週、何万という科学論文が発表され、そのうち撤回されるのは一握りだけだ――けれども、その少数の事例が科学界に深い懸念を与える［★7］。ある二〇一一年の研究は、過去一〇年間に論文の撤回数が一〇倍増になったことを示した――この問題についてさらに詳しく調べ、増加の原因が何なのかを明らかにして、早急に対処すべき発見である［★8］。最も驚くべき結果の一つは、科学誌の撤回指標とそのインパクトファクター〔論文の重要度を示す尺度〕のあいだに、強い相関関係があったことだ。つまり、有力誌に発表される論文のほうが、そうでもない雑誌に発表される論文より、はるかに撤回される傾向が強かったのだ。

追跡調査したところ、生体臨床医学および生命科学における撤回論文の三分の二以上が、エラーではなく科学者の不正行為によるものだったことがわかった――調査者たちは、こうした結果は不正がその性質上過少申告されているので、現実にはもっと多いかもしれない、という断りを入れている［★9］（このことは、科学者のうち二パーセントしかデータの改竄を認めないのに対し、一四パーセントが改竄した人を知っている、と述べたという調査によってうまく説明できる［★10］）。そのうえ、不正な論文の数は実際、すべての撤回数のなかの割合としても増えていた［★11］。これは多くの科学者にとって衝撃的だった。撤回はたいてい、悪意のない間違いしかないと広く信じられていたからだ。さらには、撤回しないことで井戸に毒を入れ、いっそう悪い科学を広めてしまう。

上級科学者《シニア・リサーチャー》による長期にわたる不正行為の、いくつかの人目を引く事例があった。九〇年代後半、韓国のファン・ウソク（黄禹錫）という生命工学者は、世界で初めて牛と豚のクローン化に成功した研究者となり、「韓国の誇り」と称賛された。科学的に真実であることが証明されたデータを提供したことがない一方、政治家といっしょに写真を撮ることには特に熱心で、韓国の国威発揚に大きく貢献した。二〇〇四年、ファンがヒトの胚性幹細胞（ES細胞）のクローン化――広く不可能だと考えられていた――に成功した、という有名な宣言がなされたあと、部下の科学者たちに卵子の提供を強要したとして告発された。しかし、それでもあえて『タイム』誌はその年の「重要人物」にファンを指名したうえで、彼は「ヒトクローンはもはやSFではなく生命の現実だということを証明した」と述べた［★12］。倫理上の調査を継続することが、政治家、愛国的な新聞、さらには国民の集会によって公然と反対され、一〇〇〇人以上の女性が自分の卵子を研究に寄付すると誓約した。それにもかかわらず、二〇〇六年にはファンの研究がすべてでっちあげだったことが明らかになった。諸論文は撤回され、ファンは執行猶予つきの懲役二年を宣告された。

二〇一一年、ティルブルフ大学の社会行動科学部長のディーデリック・スターペルが、余儀なく辞任させられた。自らの研究だけでなく、教え子の大学院生のものも含めた、ほぼすべての研究結果が捏造だったことが明らかになったのだ。スターペルはファンと同様、故国のちょっとした有名人で、オランダ社会に波風を立てる研究を多数発表していた。たとえば二〇一一年には、ユトレヒトの主要鉄道駅の調査にもとづき、人々は汚れた環境下で、より人種差別的な行動を見せる、という研究結果を発表した。もう一つは、肉を食べる人々は自己中心的で反社会的になる、という主張だった［★13］。

どちらももとになるデータは存在しなかった。不正が発覚したとき、スタペルは自分の行動は失敗を恐れてのこと、そして地位を保つためには頻繁に目立つ論文を発表しなければならないという、学界からの圧力のせいだとした。

ファンとスターペルという、この二人は極端な例ではあるが、最も有名な雑誌の論文がより撤回されやすいことの理由の一つを体現しているかもしれない。そうした論文は、最も専門的で社会的な圧力のもとで、誰よりも大きな主張をしなければならないという科学者の手によって書かれている。だが、そのような不正もまた一連の関連したネットワーク効果によって暴かれている。いよいよオープンになっていく科学的実践、科学発表の分析に対するテクノロジーの応用、他の——特に若手の——科学者たちに、結果に対する異議申し立ての意欲が高まっていること。

ますます多くの科学論文が、オープンアクセスなプログラムやオンラインでの流通を通して、より広く社会で入手できるようになるにつれ、ますます多くの論文が多くの目にさらされつつある。この精査は人間だけのものではない。大学や企業は、既存の出版物の巨大データベースと突き合わせて学術論文の盗用を自動チェックするさまざまな製品《プロダクト》を開発してきた。すると次に、学生のほうが新たな技術を開発する——たとえば類語辞典から名づけられた「ロジェティング(Rogeting)」。原典の単語を注意深く類語に置き換えるものだ——アルゴリズムをだますために。著者とマシンのあいだで軍拡競争がくり広げられ、最新の盗用発見機は、ニューラルネットワーク(神経回路網)を使って、改竄を指摘できる見慣れない単語やフレーズを引き出す。しかし盗作も完全な不正も、「再現性」に関する、科学におけるより大きな危機を説明するには充分ではない。

再現性は科学研究の基本である。どんな実験も、独立した別の研究者グループによって再現できることが求められる。だが現実には再現される実験はごく少数だ――再現する実験が多ければ多いほど、より多くのものがテストに失敗する。ヴァージニア大学オープンサイエンス・センターでは二〇一一年以来、再現性プロジェクトと呼ばれる取り組み《イニシアチブ》が、がん研究における五件の画期的な発見を再現しようとしてきた。同じ設定でもう一度実験を行ない、同じ結果が得られるかどうかをテストするのだ。当初の実験はそれぞれ何千回と引用されてきた。これらの再現性は保証されているはずだ。だが結果的には、念入りに復元してはみたものの、再現できた実験は二件にすぎなかった。あとの二件は結論が出ず、一件は完全に失敗した。こうした問題は何も医学に限られたことではなかった。『ネイチャー』誌が行なった一般的な研究では、七〇パーセントの科学者が、他の研究者の発見を再現することに失敗している[★14]。医学から心理学、生物学、環境科学まで、おしなべて研究者たちは、自らの研究の基盤の多くに欠陥があるかもしれない、という認識に至った。

危機の背後にある理由は多岐にわたるが、問題の比較的小さな割合しか占めていない不正行為については、研究の可視性と査読の機会が高まっていることによる。しかし、もう一つの問題はより組織的である。科学者にかかる論文発表の圧力――疑問のある結果は魅力的に仕立てられ、反証例はそっと削除される――から、科学的な結果が生み出されるツールそのものまで。

こうしたテクニックで最も物議をかもしているのがp値ハッキングだ。pは確率（probability）を表わし、実験結果が統計的に有意であるとみなすことができる値を表わしている。多種多様な状況でのp値を計算できることは、実験の科学的厳密さの共通標識となってきた。p値が〇・〇五以下――つまり帰無仮説〔仮説検定の際にとりあえず立てる仮説〕が正しいとしたら、その結果が起きる確率は五パーセント以下である――ということが、仮説の真偽をはかる際の基準値として、多くの分野で広く合意されている。しかしこの合意の結果、〇・〇五以下のp値は、測定値というより達成目標となった。達成目標を与えられた研究者たちは、どんな固有の仮説でも、それを証明するために莫大な領域のデータから、選択的に数値を選び取るようになる。

p値ハッキングがどうはたらくかの例として、あるサイコロのなかで緑色のサイコロにだけ特定の目が出るように細工されているという仮説をたてよう。一〇個の緑色のサイコロを手にとり各一〇〇回ずつ振る。この一〇〇〇回のうち、一八三回、六の目が出る。サイコロが絶対公正ならば、六の目が出る数は一〇〇〇／六で一六七回のはずだ。何かが起きている。実験の有効性を判定するために、この実験のp値を計算する必要がある。しかしp値は実際の仮説とは何の関係もない。それは単に無作為にサイコロを振って一八三回以上、六の目が出る確率でしかない。サイコロを一〇〇〇回振ったとき、その確率はわずか四パーセント、つまりp＝〇・〇四だ――そんな具合に、それは多くの科学コミュニティが出版を認めるに十分と考える実験結果になるのだ[★15]。

なぜそんなばかげたプロセスが、甚だしい単純化以外のものとみなされてしまうのか？　そうであってはならない――それが機能することを除いて。それは計算しやすく、読みやすく、つまり、何千もあろうかという提出論文をふるいにかけるとき、多くの学術雑誌が、簡略化された信頼性のあかしとして使うということだ。そのうえp値ハッキングは、ただ偶然の結果を得て、それを利用するということだけではない。それどころか、研究者たちは膨大な量のデータを綿密にチェックすることで、必要な結果を見つけることもできる。緑色のサイコロ一〇個を振る代わりに、私は青いサイコロ一〇個、黄色いサイコロ一〇個、赤いサイコロ一〇個、その他もろもろを振りもした。五〇種類の色のサイコロを振ることもできたし、そのほとんどは平均値に近づくだろう。だが、たくさん振れば振るほど、異例の結果を得る可能性が増えていく。これが出版すべき結果である。この慣例はp値ハッキングにもう一つの名前を与えた。データ浚渫《しゅんせつ》〔データを都合良く寄せ集めることで、意味があるように見える結果を出すこと〕だ。データ浚渫は特に社会科学で悪名が高い。ソーシャルメディアのような行動に関するビッグデータのソースが、研究者に入手できる情報量を突如莫大に増加させたのだ。だがp値ハッキングの広がりは、社会科学に限られたことではない。

二〇一五年、一〇万件のオープンアクセス論文の包括的分析により、多種多様な分野にわたるp値ハッキングの証拠が見つかった[★16]。研究者たちが見つけることのできたp値ごとに論文をマイニングすると、その大多数が〇・〇五の境界線ぎりぎりだった――多くの科学者たちが有意水準を超える結果を得るために、実験計画、データセット、統計的手法を調整していたのだ。こうした結果が有力な医学誌『PLOS ONE』の編集長に、研究の統計的手法を糾弾する論説を書かせた。そのタイトルは「なぜ出版された研究結果のほとんどが虚偽であるのか」だった[★17]。

ここで、データ浚渫は捏造と同じではないということを強調しておくことには意味がある。科学コミュニティの最大の懸念の一つは、科学者が故意に結果を操作することではなく、学会からの圧力や手ぬるい出版基準、莫大なデータが入手できることなどが組み合わさったために、無意識にそうしていることだ。こうした論文撤回の増大と、実験再現性の低下、科学的な分析および公表に固有の複雑さの組み合わせは、科学界全体に影響していて、この影響自体が有害なのだ。科学は信頼に依存している。研究者間の信頼、そして大衆の研究者に対する信頼である。この信頼を蝕むものは、科学研究の未来にとってたいへんな害になっている。数個の腐ったリンゴによる故意の行為によるものにせよ、複数の関係者と原因によって広められたものにせよ、その多くは知られていない。

数十年にわたって、科学の品質管理に起こりうる危機に対して警鐘を鳴らしてきた学者がいるが、その多くは、その理由をデータと研究の指数関数的な増大と結びつけてきた。一九六〇年代に、デレク・デ・ソーラ・プライス——さまざまな論文と著者のあいだの、論文引用や研究分野の共有によって形成される集中ネットワークを研究した——は、科学の成長曲線をグラフ化した。彼が使ったデータは、物的生産から粒子加速器のエネルギー、大学の創設、元素の発見まで幅広い要素を反映していた。ムーアの法則と同じく、すべては右肩上がりである。もし科学がその生産様式を根本的に変えなければ、使用可能な情報量を有意義に利用し行動する能力が破綻を来たし、やがては「老衰」を経て崩壊に至るだろう、とソーラ・プライスは心配した[★18]。ネタバレ：科学は変わっていない。

近年では、こうした心配は「オーバーフロー」と呼ばれる概念として具現化されてきた[★19]。簡単に言うと、オーバーフローとは不足の反対だ。情報の果てしない増大である。そのうえ、豊富であることとは対照的に、それは圧倒的で、その結果を処理する能力にも影響を与える。注目経済《アテンション・エコノミー》の研究では、オーバーフローは時間がほんの少ししかなく情報が多すぎるときに、人々がどうやって優先すべき主題を選ぶかということを指している。ある研究者が指摘しているとおり、それはまた「対処しなければならない混乱や、取り除くべき廃棄物のイメージを呼び起こす」[★20]。

オーバーフローは数多くの分野に存在し、それが認識されれば、管理のための戦略が徐々に発展していく。伝統的にこの役割は、どの情報を出版すべきか選ぶジャーナリストや編集長といった、管理者《ゲートキーパー》に担われている。管理者の役割には、専門性とその分野の知識が必要とされ、ある種の責任と、しばしば権威ある地位を伴う。科学の場合のオーバーフローは、学術雑誌や論文の急増や、助成金や大学の地位の志願数、利用できる情報や研究の量として現われる。平均的な論文の長さすらも増加している。より豊富なデータとさらに驚くべき研究結果に対して高まる要求に応えるべく、研究者が自らの発見にますます多くの参照事項を付しているからだ。そのため、論文の質の管理に失敗する。いちばんの基準となる同業者評価さえも、論文の数が急増して、学会の評判争いに陥ってしまい、もはや充分に客観的ではなく、目的にもかなっていない。その次には、学術論文のオープンな出版を増やすことが求められることになるが、それはそれでさらに膨大な量の研究が出版されるだけのことになるだろう[★21]。

だがオーバーフローの問題が科学のアウトプットにとどまらず、インプットにも及んでいるとしたら？　ソーラ・プライスが心配したように、科学はかつてなく莫大かつ複雑なデータセットの軌跡の上を進みつづけている。一九九〇年に発表されたときには、ヒトゲノム計画は唯一、史上最大のデータ収集によるプロジェクトであるとみなされていたが、DNA配列の決定にかかる経費の低下で、そうした多種多様なデータが、いまや毎年のように生産されている。こうしたデータは急増しつつあり、幅広く配布され、すべてをまとめる包括的な研究を行なうのは不可能だ[★22]。大型ハドロン衝突型加速器〔CERNが開発した世界最大の素粒子加速器〕が生み出すデータは、あまりに多すぎて施設内に保存することすらできない。

つまり、事象の一部しか保存できず、ひとたびヒッグス粒子が発見されたならば、そのデータはほかの何かの発見には利用できない、という批判につながっていく[★23]。すべての科学はビッグデータの科学になりつつある。

こうした現実によって私たちは、ムーアの法則に――そしてイールームの法則にも――引き戻される。他の科学同様に、研究所や学術誌や学界とその地位（そして問題に注ぎ込まれる莫大な資金）が拡張しているにもかかわらず、現実の結果は劣化している。一九八〇～九〇年代に、コンビナトリアル化学〔多数の化合物群を一度に合成する手法〕は、薬物の分子を合成する速度を八〇〇倍にした。DNA配列決定は、最初の技術が確立された後、一〇億倍も速くなっている。タンパク質のデータベースは、二五年間で三〇〇倍大きくなった。そして新薬のスクリーニング費用は低下し、研究結果の数は上昇しつづけるなか、実際の新薬の数は幾何級数的に減少している。

何が原因でこうした進歩の法則の逆転が起こっているのか？　仮説はいくつかある。第一に、しかし最も重要でないとみなされているものは、低いところに生《な》っている果実はすでに、収穫されている可能性が高いということだ。つまり最良の標的――研究にとって最も明白な選択肢――はとうに利用されている。しかし、これは事実ではない。数十年を費やすに値する研究を待っている、既存の物質がまだまだ存在している。そしてひとたびそれが研究されれば、これまで比較してきた基準のリストに、つまり激増している研究分野に加えられるかもしれないのだ。

それに「ビートルズの後追い」問題がある。これが心配しているのは、たとえまだ検討すべき薬剤がたくさんあるとしても、多くの既存薬がとても良薬であるため、事実上その分野のさらなる研究が排除されてしまうということだ。すでにビートルズが価値あることは全部やってしまったあとで、なんでバンドを始めようというのか？　これは「収穫しやすい果実」問題の変種だが、一つ重要な点が違っている。「収穫しやすい果実」の場合、格好の標的が残っていないのに対し、「ビートルズの後追い」では、すでにもぎ取られた果実が、木に残っているものの価値を減じるのだ。大概の業界では、その反対のほうが事実である。たとえば、露天掘り《ストリップ・マイニング》と表面燃焼という石炭の比較的安価なプロセスは、炭鉱の奥深くに眠っているものの価値をさらに高めることで、その開発資金を拠出させる。これとは対照的に、既存のジェネリック薬品に打ち勝とうとするのは、いたずらに臨床試験のコストを上昇させ、医師に処方箋を書くよう説得し難くする。なぜなら医師は、既存の薬にすっかりなじんでいるのだから。

創薬のほかの問題は、さらに組織的で御し難い。ムーアの法則に酔いしれた傲慢な製薬会社の無頓着な支出を、イールームの法則の主要な要因として責める人もいる。だが研究所のほとんどは——ほかの業界と同じように——最新のテクノロジーとテクニックに投資する。これが問題の答えでないとすれば、他の何かが見過ごされているにちがいない。

より長い時系列で見れば「注意深い審査当局」理論に、ハイリスクな臨床結果に対する社会の耐性が、かつてない低さになってしまった責任を負わせている。一九五〇年代の創薬の黄金時代以降、試験を審査する規制の数は増えた——正当な理由から。過去の臨床試験には、たいてい重い副作用がついてまわった。そして試験が不充分だった薬品が市場に出たとき、さらなる惨事が待っていた。この最良の——いや最悪の——例がサリドマイドだ。一九五〇年代に導入された、不安と吐き気の治療薬だが、つわりを抑えるために処方された妊婦の子供に、恐ろしい結果を招くことが証明された。その余波で医薬品の規制が、試験をもっと厳格にするように引き締められた――けれども、そのおかげで実際、結果も改善された。一九六二年のアメリカ医薬品効能修正条項は、新薬が安全であるのみならず主張どおりの効能を示すよう求めた――かつては法的に要求されていなかったことだ。イールームの法則を逆転させるために、リスクの高い医薬品に戻ることを容認する人はほとんどいない。もちろん一九八〇年代に創られたいくつかの抗HIV薬のように、必要なときには例外が認められる。

薬学研究の最後の問題は、最も懸念されているものだ。研究者はきわめて重大だと考えている。薬理学者はこれを専門用語で「基礎研究／力ずく（brute force）」バイアスと称しているが、自動化問題と呼んでもいい。歴史的に、新薬発見のプロセスは、少数の分子グループに集中して取り組む、少人数の研究者チームの領域だった。天然鉱物に、人工化合物のライブラリーに、あるいは偶然の発見で、興味深い化合物が見つかると、その活性成分が分離され、生物細胞または有機体に対するスクリーニングにかけられて、その治療効果が評価される。過去二〇年にこのプロセスは広く自動化され、ついにはハイスループットスクリーニング（HTS）と呼ばれる技術として結実した。HTSは創薬の産業化だ。莫大な化合物ライブラリーに起こりうる反応を、広範囲かつ自動的に探してくれる。

現代的な自動車工場――コンベヤーベルトとロボットのアームだらけ――と、データセンター――何台もの棚に積まれたトレー、送風機、モニター装置――をかけ合わせた場所を思い描いてほしい。そうすれば、白衣をまとった（主に）男性が、ぶくぶく泡を立てたガラス器をいじっているという一般的なイメージより、現代の実験室に近づける。HTSは重要度より量を優先する。巨大な化合物ライブラリーが機械に入れられ、相互に試験される。プロセスは化学的空間を露天掘りにして、何千という組み合わせをほぼ一斉に試験する。それと同時に、そのほとんど理解されえない空間の広がりと、可能なすべての相互作用をモデル化することの不可能性を明らかにする。

実験室の研究員たちはもちろん、少し離れて見れば、既存の発見や慎重な監視官によって生み出される経済的圧力のすべてに気づいている。つまりこの実験室こそが、こうした厄介な問題と新薬開発の技術的圧力とが出合う場所なのだ。最も多く金をもっている者――製薬会社――にとって、こうした問題を最新で最速のテクノロジーに任せたい、という衝動は抑えがたい。ある報告がこう述べている。「自動化、システム化、プロセス測定は、すでに他の業界で機能してきた。だったらいっそ、化学者と生物学者にチームを組ませ、確定不能な継続期間の試行錯誤ベースの研究をやらせてみたらどうか？　いまでは敏速かつ効率的に、数百万もの手がかりを、ゲノム学に由来するターゲットに対してスクリーニングにかけ、さらに同じ工業的プロセスを次のターゲットに対してただただ反復し、また次へと進めることができるのだから」[★24]。

しかし実験室のなかだからこそ、こうしたアプローチの限界が明白になっている。HTSは、イールームの法則を抑えるどころか加速化させてしまった。散らかった人間の経験則のほうが、計算より非効率なのではなく、むしろ効率的なのではないかと怪しみだした人もいる。イールームの法則ですら――そのデータに関して――多くの有力な科学者がしばらく前から言っていたことの集大成ではないのか。

一九七四年、アメリカの連邦下院科学・宇宙航行学委員会でオーストリア人の生化学者エルウィン・シャルガフは訴えた。「いまでは実験室を通り抜けるとき（……）全員が同じ高速遠心分離器かシンチレーション計数管〔放射線測定器〕の前に座って、全員が同じ重ね合わせ可能なグラフを描いています。重要な科学的想像力の出る幕など、ほとんどありません」［★25］。シャルガフはまた、装置に対する過度の依存と、そこから生じる経済的圧力の関係を明らかにした。「ホモ・ルーデンス〔遊びを人間の本質的機能とみたホイジンガの造語〕は企業の財務の深刻さに圧倒されてしまいました」。その結果、「あらゆる科学的な職業のなかで最も活発で最も魅力的だったものが、単調さのとばりに覆われてしまったのです」とシャルガフ。こうした心情は決して独自のものではない。テレビからビデオゲームまで、人間の知覚にテクノロジーが介入することに対するあらゆる批判と連動している。ただし計算薬理学の場合は、それ自身の失敗について、大量の経験的なデータを生み出しているところが違っている。機械はそれ自体の非効率性を自身の言語で記録している。

　これが何を意味するか明晰に考えていくためには、テクノロジーの進歩と、思考と理解のグレーゾーンを認識することとの、ゼロサム解釈を拒むことが求められる。この純粋に機械的な失敗の報告に直面して、どうしたら私たちはホモ・ルーデンスを科学研究に呼び戻すことができるだろうか？その一つの答えが、また別の実験室、別の恐ろしく複雑な構成の実験機器のなかに見つかるかもしれない。それは、核融合の秘密をこじ開けるために組み立てられた実験機器だ。

　科学研究の聖杯の一つとしての核融合は、無尽蔵に近いクリーンなエネルギーを約束している。ほんの数グラムの燃料で都市や宇宙船打ち上げロケットを作動できるほどだ。しかし、核融合は実現の難しさでも有名だ。一九四〇年から実験用原子炉が建設され、この分野全般で継続的に発展や発見があったにもかかわらず、正味のエネルギー――つまり核融合反応を起こすのに必要なエネルギー以上のパワー――を生み出した計画《デザイン》はまだない（人の手によって核融合反応を起こしたのは、一九五〇年代のマーシャル諸島での一連の熱核実験、キャッスル作戦だけだ。その後、アメリカ南西部の地下深くで水素爆弾を爆発させることでエネルギーを生成しようとする提案があったが、継続的な発電のために必要な数の爆弾を造るには費用がかかりすぎることが判明して中止された）。

過熱した気体のプラズマとして生じる核融合反応は、星でエネルギーや重元素が作られる反応と同じである――熱心な核融合ファンのあいだでは「星の瓶詰め」と呼ばれている。非常に高い温度で原子核は融合する。正しい原料を用いれば、反応によって発熱し、エネルギーを放出する。そのエネルギーを捉えれば、発電に使うことができる。しかし過熱したプラズマを閉じ込めることは大きな課題である。現代の原子炉における一般的なアプローチは、巨大な磁場または強力なレーザーを用いて、プラズマを安定したドーナツ状の輪（トーラス）に閉じ込めることだが、それを行なうために必要な計算はひどく複雑で深く相互結合している。格納容器の形状、使用される原料、燃料の組成、磁場とレーザーのタイミング、強さ、角度、ガス圧、そしてかけられる電圧といったものすべてが、プラズマの安定性に影響する。本書執筆の時点では、核融合炉の最長実行継続時間は二九時間。二〇一五年、ドーナツ型トカマク装置によって達成された。しかし、この反応を支えるには莫大な量のエネルギーが必要だった。もう一つの有望な技術、磁場反転配位型と呼ばれるもの――円筒形のプラズマのフィールドを生み出す――に必要なエネルギーははるかに少ない。だが、その最長の実行時間は、わずか一一ミリ秒にすぎなかった。

この記録を達成したのは民間の研究会社、カリフォルニア州を本拠とするトライアルファ・エネルギー社だ。トライアルファの設計では、二つのプラズマの「煙の輪」を毎時一〇〇万キロメートル（毎秒二七八キロメートル）で互いに発射しあい、最長で長さ三メートル、幅四〇センチメートルの葉巻形のフィールドを生み出す[★26]。この設計ではまた、一般的な重水素・三重水素の混合ではなく、水素・ホウ素燃料を用いている。点火するのはずっと難しいが、ホウ素は三重水素と違って地上にあふれている。二〇一四年、トライアルファは最大五ミリ秒の反応を達成したと発表した。二〇一五年には、この反応は持続可能だと主張した。

次なる挑戦は、こうした結果の改善だが、温度とパワーが増大すればするほど難しくなる。磁場の強さやガス圧など、各実験の開始時に複数の項目の制御と入力パラメータを設定できるが、それは反応によって変化してしまう。実験の実行が進むにつれて、原子炉容器内の状態は変化し、継続的かつ即時の調整が必要となる。つまり、機械の微調整の問題が非線形で、強く相互結合しているということだ。一つの変数をある方向へ変えることが、思いもよらない結果を生み、ほかのインプットの結果を変える可能性もある。それは一度に一つのことを変えて何が起こるかを見る、というような単純な問題ではない。むしろ継続的な探索を通して見渡す必要のある高次元の設定パラメータ空間がそこには広がっている。

一見したところ、これらは薬理学で使われた、力ずくの実験アプローチをとるのにぴったりの条件だと思われる。設定可能なパラメータの巨大なデータセットから、アルゴリズムが領域の道また道を切り拓きながら、ゆっくりと地図を形成し、徐々に実験結果の山と谷を露わにしていく。

だが、こうした単純な力ずくの方法はここでは通用しない。プラズマの「良し悪しの測定基準」がない、という事実によって問題は複雑になっている――どの実験の実行結果が「最良」なのかをアルゴリズムにとって明解にしてくれる単純な数値的出力は存在しない。さまざまな実行結果を区別するためには、プロセスに対する多様な人間の判断が必要とされる。そのうえ、ペトリ皿のなかで起こりうる事故の規模は限られているが、核融合炉内ではメガワット級のエネルギーが、加圧されたガスを数十億度まで過熱しており、高額で特注の装置が損傷すれば深刻だ。しかも安全な操作の限界は充分には理解されていない。熱心すぎるアルゴリズムによる、装置を壊しかねない一連のインプットを防ぐには、人間の監視が必要だ。

この問題に対応するために、トライアルファと、グーグルの機械学習のスペシャリストが開発したのが、検眼（Optometrist）アルゴリズムと呼ばれているものだ[★27]。検眼の際に被検者に提示される二者択一の問題から名づけられた。こちらとそちら、どちらが好ましいか？ トライアルファに対する実験では、数千もの可能な設定を、まず人間の実験者にとって把握しやすい、三〇そこそこのメタパラメータへと圧縮する。実験の実行中、八分おきに行なうプラズマ発射ごとに、アルゴリズムはその設定を少しだけ変え、もう一度、プラズマを発射させる。新しい結果が人間の操作者《オペレーター》に、これまでいちばん良かった発射の結果とともに示される。そうして人間が、どの発射を次の試験の基準とするのかを決定する。このようにして、検眼アルゴリズムは、人間の知識と直観を、高次元の解空間を進んでいく能力に結びつける。

このアルゴリズムが初めて導入されたとき、トライアルファの実験はプラズマの安定性を高め、ひいては反応の長さを延ばすことを意図していた。しかし人間の操作者はパラメータ空間の探索中に、プラズマの総エネルギーが突然かつ短時間に増加する実験がいくつかあることに気づいた。これは反応の持続性を高めるために利用できるかもしれない特異な結果だ。アルゴリズムの自動化された部分は、このことを考慮するように作られていなかったが、人間の操作者は、実験の長さを持続させるだけでなく、総エネルギーを増大させる新しい設定に向けて誘導することができた。この思いもよらない設定が、まったく新しい型の実験の基準となり、科学的探索の予測不能性をよりよく説明した。

実験が進むほどに研究者たちは、人間と機械の知性の組み合わせが、双方のやり方で機能することの利点を理解した。つまり、研究者が複雑な結果を直観的に改良するのが得意である一方で、機械は研究者に、インプットを探索する範囲を広げさせ、探索空間の端のほうを避けたがる人間の癖を打ち消した。結局のところ、無作為抽出による検眼式のアプローチと人間の解釈を組み合わせれば、複雑なシステムの理解と最適化が必要とされる、科学全体にわたる広範な問題に適用可能だろう。

検眼専門医の仕事のメカニズムは、複雑な計算論的問題を解決する際の不明瞭な操作と、人間のニーズと欲望とを調和させようとする者には特に興味深い。その一方には、人間の知性では充分に把握できないが、コンピュータはそれを取り込んで操作できるひどく複雑な問題がある。もう一方には、問題に取り組むためには、人間の意識のあいまいさや予測不能性、一見するとパラドクスのような認識を動員する必要性があるという、それ自体がパラドクス的な認識がある。それは、人間が意識的に表現できる能力をたいていは超えている。

トライアルファの研究員たちは自分たちのアプローチをこう呼んでいる。「人間の専門家が明示的に表現できない、隠れた実用モデルを最適化する試み」。その言わんとするところは、彼らが取り組む問題空間の複雑性には秩序があるが、それは人間の説明する能力を超えている、ということだ。核融合炉の設計の多次元空間――そして後章で検討するニューラルネットワークのコード化された表象――が存在することに疑問の余地はないが、それを視覚化することは不可能である。このテクノロジーは、そんな表現不能なシステムに対して、有効に機能する可能性を切り拓いている一方で、同時にそのシステムがとにかく存在することを認めることを要求する――それもただ薬理学と物理化学の領域だけにとどまらず、道徳性と正義の問題においても。複雑で相互に関係のあるシステムのなかで生きるとはどういうことか、ということを明晰に考えることが必要だ。検証することを超えているのではないかという、疑念と不確実性の状態のもとで。

表現不能性を認めることは、新たなる暗黒時代の一つの側面である。人間の知性で概念化できることには限界があることを認めること。ただし、科学のすべての問題が、それにどんなに共感していても、計算を適用することで克服できるわけではない。かつてなく複雑な問題にさらに複雑な解決法を立ち向かわせるとき、私たちはいっそう大きなシステムの問題を見過ごしてしまうかもしれないというリスクを負う。ムーアの法則による進歩の加速が、計算をある特定の進路に封じ込める。特定のアーキテクチャとハードウェアが必要になるにつれて、こうしたツールの選択は、私たちが直面する次の問題群に取り組み、考え抜くための道筋の基準を形作る。

私たちが世界を考える方法は、私たちが自由に使えるツールによって形成されている。科学史家のアルバート・ヴァン・ヘルデンとトマス・ハンキンズが一九九四年に述べたとおり、「道具は人ができることを決めるのだから、人が考えられることもある程度は決める」[★28]のである。こうした道具には、科学研究を支える、社会政治的な枠組み全体が含まれている。政府助成金、科学機関、学術誌産業から、テクノロジーとソフトウェアの構築まで、シリコンバレーとその配下に、無類の経済力と独占的な知識を授けるものだ。そこにはより深い認知的プレッシャーも作用している。人間の介在の有無にかかわらず、中立とされる機械から出力される、唯一犯すべからざる答えに対する信頼だ。科学がテクノロジー化されればされるほど、人間の思考と行動のあらゆる領域における新たな可能性だけでなく、その不可知の度合いがしだいに明らかになっていく。

私たちをイールームの法則が示す、成果の縮小へと導く、一本の道筋と同じ厳格な科学的方法が、まさにその問題を見つめ、対応するのに役立ちもする。膨大な量のデータは、膨大な量のデータをもつ問題を理解するために必要だ。重要なのは、目の前の証拠に私たちがどのように答えるかである。

5 Complexity ―― 複雑さ

二〇一四～一五年の冬のあいだ、私は何度か、ある「見えない」ものを探してイングランド南東部一帯を旅した。風景のなかに隠された、システムの痕跡を探そうとしたのだ。デジタル・テクノロジーの巨大ネットワークが、鋼鉄と針金というインフラストラクチャーになる場所だ。この旅は、一種の心理地理学《サイコジオグラフィー》だった。今日では使い古された言葉だが、それでもまだ、外界の探査によって明かされる、隠された内部状態のことを強調するのには有効だ。

シチュアシオニストの哲学者ギー・ドゥボールは、一九五五年に心理地理学をこう定義した。「意識的に系統立てるか否かにかかわらず、個人の感情および行動に及ぼす地理学的な環境の、明確な法則と具体的な影響の研究」[★1]。ドゥボールは日常生活のスペクタクル化の進展と、私たちの生活がだんだん商品化とメディア化によって形づくられていくことに関心をもっていた。このスペクタクルの社会で日々私たちが出合うものは、ほとんどつねに気づいてはいない、深いリアリティの代用品《プロキシー》であり、その深いリアリティからの疎外は、人生の主体性と質を減らしている。心理地理学と都市景観の重要なかかわりは、この疎外を阻止する一つの方法であった――驚くほど切迫した、観察と介入のパフォーマンスによって、私たちを現実と直接接触させるのだ。そして都市生活にスペクタクルのしるしを探す代わりに、地球規模の風景のなかにバーチャルなもののしるしを探し、それが人々に何をしようとしているかを考えようとすれば、その有効性はなくならない。

こうして、ネットワークを求めてある種の漂流をした。私自身のものではなく、グローバル化したデジタル集団の、病理の投影を探すための、心理地理学のプロセスの一種である。「ザ・ノール（The Nor）」と称するプロジェクトの一環で、私はこうしたデジタルネットワークの地図を作るために何度か旅に出た［★2］。ロンドンの中心を囲む監視装置のシステムを出発点に、ロンドン交通局とロンドン警視庁が散在させた、渋滞税と低排出ゾーンを監視するセンサーとカメラが、市内に入ってくるすべての車両の進路をたどっている。さらに、企業やほかの当局によって設置された、プライベートカメラの群れ。二日間の長い散歩中に、私は一〇〇〇個以上の監視カメラを写真に撮った。市民の逮捕や警察から私への警告に怯えながら［★3］。この監視というテーマとそれが生み出す奇妙な雰囲気については、後の章で改めて述べることにしよう。私は、ロンドンの空域を構成する電磁ネットワークも探索し、空港や遺棄された第二次世界大戦時の飛行場に点在し、森林のなかや金網フェンスの後ろに隠されているVHF全方向無線レンジ（VOR）施設をカタログ化した。それが地球を周航している航空機を逐一誘導するのだ［★4］。

旅の最後はスラウ〔ロンドン中心部の西約三二キロメートルに位置するロンドン郊外でも最も多種多様な民族の住むエリア〕からバジルトン〔ロンドン中心部の東約四〇キロメートルに位置しているニュータウン〕まで、都心を抜ける約一〇〇キロメートルの自転車旅行だった。ロンドンから約四〇キロメートル西のスラウはデータセンター――データ駆動生活のしばしば隠された大聖堂――の拡大拠点で、特にエクイニクスＬＤ４は巨大な匿名の倉庫のようで、そこには新たに建てられたコンピュータ設備が設置されている。ＬＤ４はロンドン証券取引所の実質上の所在地である。目に見える看板はないものの、取引所で記録される注文のほとんどがここで実際に処理されている。自転車旅行のもう一方の目的地は、これまた看板のないデータセンター施設である。約三万平方メートルのサーバー空間がそれと識別できるのは、はためくユニオンジャックと、その前の路上で長時間ぐずぐずしていると警備員に咎められることによってだけだ。これが金融サービス企業ユーロネクストのデータセンター、つまりニューヨーク証券取引所のヨーロッパの出先機関であり、ここでの操業もまた、同じように目立たずバーチャルなものである。

スラウとバジルトンの二カ所をつないでいるのは、目には見えないマイクロ波通信だ。パラボラからパラボラへ、塔から塔へと跳ね返る情報の細いビーム。ほとんど想像しがたいほどの価値をもつ金融情報を、光に近い速さで運んでいく。こうした塔やデータセンター、それらを支えるさまざまな施設の地図を描くことで、私たちの時代のテクノロジーのリアリティだけではなく、それが生み出す社会的リアリティに関する洞察を得ることができる。

ここにこうした施設があるのは、金融市場の仮想化のせいだ。たいていの人は証券取引所というと、叫びながら、拳にした手に紙を握りしめ、取引をして金を稼いでいるトレーダーでいっぱいの巨大なホールかピットを目に浮かべる。ところが過去数十年の間に、世界中の取引場は、しんと静まりかえってしまった。それは第一に、より実際的なオフィスに取って代わられ、男たち（ほぼつねに男たちだ）が電話をつかみながら、コンピュータ画面に表示されたグラフをにらんでいる。状況がひど

LD4データセンター、スラウ　（写真：ジェームズ・ブライドル）

ニューヨーク証券取引所ユーロネクストデータセンター、バジルトン　（写真：ジェームズ・ブライドル）

く悪化したときだけ——ブラックマンデーやシルバーサーズデーなど、色がつけられるほど悪いとき——再び叫び声が起こる。最近では、この男たちでさえも、列を成すコンピュータの群れに取って代わられた。銀行やヘッジファンドが開発した高度に複雑な戦略に従って、自動的に取引が行なわれるのだ。コンピュータの能力が高まり、ネットワークが速くなるごとに、取引のスピードは加速していき、高頻度取引（high-frequency trading）というあだ名がついた。

株式市場の高頻度取引は、密接にかかわる二つの圧力、実際にはただ一つの技術的変化の結果として発展した。この二つの圧力とは、遅延時間と可視性である。一九八〇～九〇年代に証券取引が規制緩和され、デジタル化されることで——ロンドン証券取引所では「ビッグバン」と呼ばれた——かつてないほど速く、かつてないほど長距離間での取引が可能になった。このことは一連の奇妙な効果を生んだ。長らく利益を上げてきたのは、最初に異なる市場において異なる価格でレバレッジ〔「てこの原理」を意味する言葉で、経済活動においては、他人の資本を使って自己資本の利益率を高めること〕した者だったが——ポール・ロイターがアメリカから出航する船を手配し、ニュースを詰めた缶をアイルランド沖で船外に落とし、船が到着する前に中身をロンドンへ電報で打てるようにした、という話は有名だ——デジタル通信はそのプロセスを超加速した。

金融情報はいまや光速で送られている。しかし光の速さは、場所が異なれば違う。ガラスと空気のなかでは違っているし、光ファイバーケーブルを束にし、複雑な取引をくぐり抜け、自然の障害物を迂回し、海底を進むうちに、さまざまな制約に遭遇する。最高のごほうびは、遅延時間が最短の者に贈られる。二地点間の最短の移動時間。これが私設の光ファイバーラインやマイクロ波の鉄塔が登場する理由だ。二〇〇九－一〇年、ある会社が三億ドルを投じて、シカゴ商業取引所と取引所の拠点であるニュージャージー州カータレットを、私設ファイバーで結んだ[★5]。道路を封鎖し、深い溝を掘って、山をくりぬいた。しかもすべて秘密裏にやったので、この計画に気づいた競合他社はなかった。現場間の物理的な距離を縮めることによって、スプレッド・ネットワークスは、二つのデータセンター間のメッセージの送受信にかかる時間を一七ミリ秒から一三ミリ秒に短縮した――その結果、ミリ秒あたり約七五〇〇万ドルの節約になった。

二〇一二年、もう一つの会社、マッケイ・ブラザーズが、第二のニューヨーク・シカゴ間専用連絡リンクを開設した。大気中をグラスファイバー中の光より速く進む、マイクロ波を利用したものだ。同社のパートナーの一人はこう語った。「たった一ミリ秒の優越が、高頻度取引の大企業にとっては、年商一億ドルの上乗せに等しくなるだろう」[★6]。マッケイのリンクは四ミリ秒得させた――ほかのどんな競合他社をも上回る莫大な優位だった。競合他社の多くは、デジタル化によるビッグバンによる副産物のもう一つの効果も利用した。それは「可視性」である。

デジタル化は証券取引所の内、そして取引所間でも、取引がどんどん速くなることを意味していた。現実の取引が機械の手に渡れば、どんな価格変動や新しいオファーにも、ほとんど即時に反応することが可能になる。しかし即時に反応できることは、何が起こっているかを理解することと、テーブルの上席を買えることも意味していた。したがって、他のすべてのことと同様に、デジタル化は市場というものを、手ほどきを経ていない人にとっては理解しがたいものに、精通している人にはさらに明白なものにした。この場合、後者は資金と光速の情報流通についていくことができる専門知識をもつ人たちのことだ。つまり、高頻度取引を行なっている個人銀行やヘッジファンドである。物理学の博士号取得者が設計したアルゴリズムは、アクセス時のミリ秒の優位を活かして市場に参入し、トレーダーたちはこれらの動きにニンジャ、スナイパー、ザ・ナイフなどといった名前をつけた。こうしたアルゴリズムは、どの取引でも一セントの何分の一かをやりくりでき、一日に何百万回もそれを行なうことができる。市場の混乱のなかでは、実際にこれらのアルゴリズムを操作しているのが誰なのかは、めったに明らかにならなかった。しかし、いまやそれが当たり前だ。彼らの第一の戦術は人目を忍ぶステルスだからだ。その意図と由来を隠しながら、取引額の大部分をぶんどっていく。結果生じたのは、軍拡競争だった。最速のソフトウエアを構築できた者、取引所との接続の遅延時間を短縮できた者、そして最もよく真の目的を隠せた者であれば誰もが、財を成すことができた。

証券取引所でのやりとりは闇の売買と、闇の光ファイバーの問題となった。闇はさらに深まってもいる。今日では多くのトレーダーが、比較的よく整備された公的取引所ではなく、「ダークプール」と呼ばれる場所で取引することを選んでいる。ダークプールは証券、デリバティブ、その他の金融商品を取引する非公開の場だ。二〇一五年、アメリカ証券取引委員会（SEC）は、ダークプールの取引が、公開取引も含めた株式全取引の五分の一を占めるようになったと推計した——この数字は、その他の多くの人気金融商品は計上していない[★7]。ダークプールでは、より大きな市場に情報を与えることなく、トレーダーが大量の株式を動かすことができることで、トレーダーを略奪者から守っている。だが、これも秘密の場であるため、利害の衝突が猛威を振るう。当初は安全な取引の場として宣伝されたダークプールだが、多くのオペレーターが、顧客が避けようとしていた高頻度取引トレーダーを、ひそかに招き入れていたことで非難されてきた——市場に流動性を与えるためか、あるいは自身の利益のために。二〇一五年のSECの報告は、多数のそうした取引を挙げ「看破できない不正行為の連続」と指摘している。二〇一六年にはバークレーズ銀行とクレディスイス銀行が、非公開とされているダークプールに高頻度取引者をひそかに入れたことと、自行のスタッフにもアクセスさせたことで、一億五四〇〇万ドルの罰金を科された［★8］。このプールは非公開なので、こうした見えない捕食者によって顧客がいくら失ったのかを知ることは不可能だが、最も多い顧客は、普通の人々の退職プランの管理をゆだねられた年金基金だった［★9］。ダークプールで失われたものは、そのメンバーには知られていないが、生涯貯蓄や将来の保証、そして生計なのだ。

　高頻度取引とダークプールの組み合わせは、金融システムが不明瞭になることで、それがいっそう不平等になってきたことの、ほんの一例にすぎない。しかしその影響は、目に見えないデジタルネットワークを通じてさざ波のように波及することで、物理的な世界にも目印《マーカー》を生み出している。すなわち、不平等が建築物として、私たちの周りの風景に現われる場所だ。

　スラウとバジルドンの目に見えない接続を支えているマイクロ波中継パラボラアンテナは、いわば寄生者《パラサイト》である。既存の建物にしがみつき、携帯電話の支柱やテレビのアンテナの陰に隠れている。アップミンスターの地下鉄駅の投光照明装置に陣取っている。ダゲナムのゴールドジムに、バーキングとアプトンパークの崩れかかった高層ビルに。これらは、古くからのインフラを植民地化している。パラボラアンテナで飾られたスラウの中央郵便局は、郵便の仕分け所から、データセンターへと変貌中である。このアンテナは公共建築にも拠点を作っている。ヒリンドンの消防署の無線柱や、アイヴァーヒースの生涯学習センターの屋上にも。持てる者と持たざる者との対比をまざまざと見せつけているのは、ヒリンドンである。

一九六〇年代に旧ヒリンドン救貧院の跡地に建てられた、そびえ立つスラブ〔鉄筋コンクリート構造における床板のこと〕状のヒリンドン病院は、スラウとベイジルドンを結んだ線のすぐ北側の、ヒースロー空港から数マイルの位置にある。開院当時は全英で最も革新的な病院と讃えられ、今日では患者の快適さや感染率を調べるための一群の特別室をもつ実験的なベヴァン病棟の本拠地となっている。それにもかかわらず、政治的および建築的だった時代の他の多くの建物と同じように、いまにも崩れそうな施設、衛生状態の悪さ、院内感染率の高さ、ベッド数の不足、手術の中止などで、病院はたびたび批判にさらされている。イングランドとウェールズの病院を監督しているケア・クオリティ・コミッション（Care Quality Commission）の最新報告では、スタッフ不足と、老朽化しつつある建物のメンテナンス不足による、患者および医療従事者の安全に関する懸念が表明された［★10］。

一九五二年、イングランドの国民健康保険（ＮＨＳ）の創設者で実験病棟の名のもとになったアナイリン・ベヴァンは、『恐怖に代えて（In Place of Fear）』を出版し、ＮＨＳの設立を正当化した。「ＮＨＳと福祉国家は、相互に交換可能な用語として使われるようになり、一部の人々に非難されるようになった」とベヴァンは書いている。「なぜこのことを理解するのが、そんなに難しいことなのかわからない。個人主義的で競争的な社会という立場であらゆるものを見れば、無料の公共医療は純粋な社会主義であり、それは資本主義社会の快楽主義に反している」［★11］。

二〇一三年、ヒリンドン議会はデシベンＳＡＳという会社からの計画の提案を承認した。病院の建物の屋上に直径五〇センチメートルのマイクロ波用パラボラアンテナ四基と、その装置のキャビネッ

ヒリンドン病院に設置されたマイクロ波パラボラアンテナ、2014年12月　（写真：ジェームズ・ブライドル）

トを取りつけるという計画だ。二〇一七年に提出された情報公開請求によって、デシベンはマッケイの偽装会社であることが明かされた。ミリ秒を削るために、シカゴとニューヨークのあいだにマイクロ波のリンクを張ったのと同じ会社だ［★12］。加えて、サイトライセンスはヴィジラントテレコム――カナダの高周波帯域の提供業者――とロンドン証券取引所自身に与えられた。ヒリンドン病院NHS信託基金は、通商上の利益を引き合いに出して、自身と電波のテナントたちとの、商業上の取り決めの詳細を公表することを拒んだ。こうした免除は、情報公開法のメカニズムを無意味にするために、よく行なわれてしまうことだ。ではあるが、NHSがテナントから引き出した金額は、二〇一七年のNHS基金の不足額七億ポンドをまかなうには至っていないと考えられる。屋上に鎮座した見えない市場では毎日、数十億もの取引が行なわれているというのに[★13]。一九五二年、ベヴァンはこうも書いた。「私たちは両替商や株式仲買人がいなくとも、なんとか生き延びていけるだろう。炭鉱労働者や製鉄工や土地を耕す人たちがいなかったら、それがもっと難しいことであることを知るべきだ」。今日、その両替商や仲買人が、ベヴァンがまさに骨を折って建設したインフラの屋上に座を占めている。

二〇一四年に出版された高頻度取引を調査した書『フラッシュ・ボーイズ』の序章で、金融ジャーナリストのマイケル・ルイスはこう記した。「世の人々が株式市場の古いイメージにしがみつくのは、そのほうが安心できるからであり、新たなイメージを心に描きづらいからだ」[★14]。この世界はナノスケールになっている。光ファイバーケーブルのなかの点滅に、ソリッドステートハードドライブのフリップビットのなかに。たいていの人には概念化できない。この新しい市場から価値を引き出すことは、光速に近い速さの取引、地球を駆け巡るナノ秒の情報の差を利用することを意味している。ルイスが詳述している世界では、市場が階級制度になる。そこにアクセスするのに必要な莫大なリソースを持てる者にとっては遊び場、持たざる者にとってはまったく見えない場所になる。

持てる者は、ナノ秒のために金を払った。持たざる者は、ナノ秒に価値があるとは思いもしなかった。持てる者は市場の完璧な見晴らしを愛でた。持たざる者はまったく市場が見えなかった。かつて世界で最も公開され、最も民主主義だった金融市場は、心のなかで、盗まれた美術品をひそかに眺めるようなものになってしまった。[★15]

フランスの経済学者トマ・ピケティは、所得の平等に関するきわめて悲観的な書物『21世紀の資本』で、少数の非常に豊かな人々とその他大多数の人々との、増大する富の格差を分析した。二〇一四年のアメリカでは、最も金持ちの〇・〇一パーセント、わずか一万六〇〇〇世帯が、富の総計の一一・二パーセントを占めていた――一九一六年、不平等が記録史上最大になった時代に匹敵する状況だ。今日では最上位の〇・一パーセントの人が、富の総計の二二パーセントを所有している――これは底辺の九〇パーセントと同じ金額である［★16］。そして大不況〔二〇〇〇年代後半から二〇一〇年代初頭までのあいだに世界市場で生じた大規模な経済的衰退〕は、このプロセスを加速させただけだった。二〇〇九～一二年に、最上位の一パーセントが収入の伸びの九五パーセントをぶんどった。この状況は、アメリカほどひどくはないにせよ、ヨーロッパでも同じ方向に進んでいる。蓄積する富は――多くは相続されたものだ――一九世紀末以来、見たことのないレベルに近づいている。

これは、社会の発展は必然的により大きな平等へつながっていく、という進歩の考え方の逆転である。一九五〇年代以来、経済学者は、先進国の経済成長が金持ちと貧乏人の収入格差を縮小させると信じてきた。ノーベル賞を受賞した考案者〔一九七一年にノーベル経済学賞を受賞したサイモン・クズネッツ〕の名をとったクズネッツ曲線として知られるこの学説は、社会が産業化するにつれて経済的不平等はまず増大するが、大衆教育が公平さをもたらし、政治参加を広めるようになるにつれて低減することを主張している。そして二〇世紀の大半はそのように――少なくとも西洋社会では――進んでいった。だがもはや工業時代ではなく、ピケティによれば、テクノロジーの進歩が「人的資本が金融資本や不動産に、敏腕マネジャーがいかがわしい株主に、技能が縁故主義に勝利する」ことを導くという考えは「ほとんど錯覚」[★17]である。

テクノロジーは実は、多くの部門にわたる不平等をかきたてる主要な要素の一つだ。容赦ない自動化の進展――スーパーマーケットの精算から取引のアルゴリズムまで、工場のロボットから車の自動運転まで――は、人間の雇用を例外なく脅かしている。機械によって技能が時代遅れになる人々にセーフティネットはない。また、機械をプログラムする人々でさえも安全とは言えない。機械の能力が向上するごとに、人工知能（AI）がそのプロセスを増強させるので、ますます多くの専門的職業が攻撃にさらされる。インターネット自体も、ソーシャルネットワークや検索エンジンから食料品店やタクシー会社まで、ネットワークの影響で、またサービスのグローバル化が勝者総取り市場を築くことで、この不平等への道を形作っている。共産主義に対する右派の不平の種――単一国家という供給者からしか商品が買えない――は、なんでもかんでもアマゾンから買う必要に取って代わられた。そしてこの増大する不平等の鍵の一つは、テクノロジーのシステムそれ自体の不透明性である。

二〇一一年、アマゾンはクイッツィ社を買収した。クイッツィは乳幼児用品や化粧品など低価格、大量生産の商品を背景に、手広く展開してきた企業である。他社に先駆けて流通網のあらゆるレベルを自動化し、その過程で人間を排除することで成長してきた。クイッツィの操業の中心は、ペンシルヴェニア州ゴールズバラの巨大な倉庫だ。その中央には、鮮やかな黄色のペンキで塗られ、標識で取り囲まれた約一万八六〇〇平方メートルの区域がある。このスペースは棚でいっぱいだ。各ユニットは、高さが約一・八メートル、奥行きが1メートルほどで、商品――この場合はおむつやほかの育児用品——が詰め込まれている。標識は警告の掲示である。人間はこのスペースに商品を取りに入ってはならない。ここはロボットが働く場所だから。

ロボットゾーン内では、二六〇体の明るいオレンジ色をした重さ二五〇キロのひし形ロボットがあちこちの棚の下にすべり込み、回転したり持ち上げたりしながら、商品をゾーンの端へともっていく。そこで人間の選別係が待っていて、荷物を追加したり取り外したりする。これはキヴァロボットという倉庫用ロボットで、疲れ知らずで商品の周りを回転し、床に記されたコンピュータ用のマークに従って動く。人間の運び手より速くて正確で、重い荷物を持ち上げるこのロボットのおかげで、ダイパーズ・ドット・コム（Diapers.com）の親会社でもあるクイッツィは、この倉庫だけからでも毎日数千の注文品を出荷している。

アマゾンはかねてよりクイッツィによるキヴァロボットの活用に目をつけていたが、買収よりずっと前から、すでに独自の形態による自動化には取り組んでいた。アマゾンは、イングランドのルージリーにある炭鉱跡地に建てられた、サッカー場九面分の広さのスカイブルーの倉庫で、オレンジ色の袖なしコートを着た人を、何百人も雇っている。彼らは並んだ棚のあいだの通路を手押し車を押して通り、本、DVD、電子機器、その他のさまざまな商品を積んでいく。全員がすばやく歩き、訪れるべき次の場所を、絶えずピンと鳴って知らせてくれる手持ち端末の示す方向に進んでいく。この装置は労働者たちの進捗状況を把握していて、充分な距離——一日に約二五キロメートルまで——をこなし、充分な数のアイテムを運んでいることを確認する。そうして雇い主が、イギリスの八カ所の施設のうちの一カ所であるこの倉庫から、三分ごとに一台、商品を満載したトラックを送り出すことを可能にする。

スタッフォードシャー、ルージリーのアマゾン倉庫　(写真:ベン・ロバーツ)

アマゾンの労働者が倉庫内を動き回るのに、携帯端末を必要とする理由は、それがなければ人間にはこの仕事をやり通せないからだ。人間は商品が人間のやり方で保管されていることを期待しがちである。本はこちら、DVDはあちら、文房具のラックは左、などと。だが合理的な機械知能にとって、そのような並べ方はきわめて非効率だ。消費者は商品をアルファベット順やタイプごとに注文してはくれない。むしろ店の——この場合は倉庫の——至るところから商品を取ってきて、かごをいっぱいにする。結果として、アマゾンは「カオス的保管法（chaotic storage）」というロジスティクス技術を使っている——無秩序というのは、人間の視点から見てのことだ。商品の種類ではなく、ニーズと、むしろ関連性によって商品を配置することで、アイテム間の道のりをはるかに短くすることが可能である。本は片手鍋の隣の棚に積んである。テレビは子供の玩具とスペースを分けあっている。コンピュータのハードディスクにデータが保存されるように、商品は倉庫のスペース全体に分配されている。各品目はバーコードで独自にアドレス指定されているが、コンピュータの助けなしに見つけるのは不可能だ。機械の視点で世界を並べることは、コンピュータ上では効率的になっているが、人間にとってはまったく理解できない。そのうえ、人間の圧迫感を強める。

アマゾンの従業員が持ち歩き、ロジスティクスから指令が発せられる携帯装置は、追跡装置でもあり、従業員の一挙一動を記録し、効率を採点している。従業員は金銭を意味するポイントだとみなされ、機械についていけなかったり、トイレに行ったり、遅刻したり食事をしたりするとそれが減らされる。絶え間なく動かされているので、仲間の従業員とつるんだりすることもできない。彼らが行なうのは、画面の指示に従って、商品を詰めて運ぶことだけだ。ロボットのように行動し、機械のふりをすることが求められているのは、それがまだロボットより、やや安価だからである。

労働者を、命令に従って動く、役に立つだけの肉体的《ミート》アルゴリズムにまで貶めることで、彼らを雇用し、解雇し、虐待しやすくなる。手首にのせた端末に「行け」と言われたところへ行く労働者は、現地の言葉を理解できなくてもよいし、教育も必要ない。こうした要素は、テクノロジーの拡大によって生まれた自動化と共に、労働者が有効な組合を作ることを妨げる。仮にあなたがアマゾンの作業現場で、Wi-Fiで動くバーコードスキャナーの指示に従って絶えず動き回るへとへとの収集係だったり、あるいは深夜にGPSシステムの赤い点から点までの明るい線をたどって走る個別契約のミニキャブ運転手だとしたら、テクノロジーは、あなたが労働条件の向上のために同僚と協力することを事実上、不可能にする（たとえば、ウーバー〔自動車配車ウェブサイトおよび配車アプリ〕は、同社のアプリに管理された、一連の反労組のポッドキャスト〔インターネットラジオの一種〕を毎週聞いて、その趣旨を理解するよう運転手に求めている）[★18]。

ひとたび車や倉庫の内部がそこまで効率的に組織されると、その影響は外部にも広がっていく。一九六〇年代から七〇年代、日本の自動車メーカーは「かんばん方式」と呼ばれるシステムを開発した。供給業者に少量の部品を、より高い頻度で発注するのである。この方法は在庫を抑え、キャッシュフローを円滑にし、同時に生産をスリム化しスピードアップした。しかし競争力を保つためには、供給業者もより迅速に対応せざるをえなかった。発注から二時間以内の生産を要求された工場もあった。結果として、大量の部品が効率的にトラックに積まれ、いつでも発進できる準備をし、しかもなるべく工場の近くにいるようになった。自動車メーカーは、保管のコストと在庫管理を、もっぱら供給業者に転嫁した。それに加えて、待機しているトラック運転手に食事や水を提供するために、新しい町とサービスエリアが、突如田舎に出現した。そうして工業都市の地勢（土地のありさま）が根本から変わってしまった。企業はこの教訓を、そして効果を、個人のレベルで展開することで、コストを従業員に転嫁し、その身体を機械の効率性に従わせるよう要求する。

二〇一七年、いくつかの通信社が、車内で眠るウーバーの運転手の記事を流した。深夜営業のバーの閉店と朝のラッシュアワーのあいだに、数時間仮眠をとっている運転手もいた。単に帰る家がない、という人もいた。会社側のコメントを求められたウーバーの広報担当は、手短な声明で応えた。「わが社では、従業員はいつ、どこで、何時間走るかは各自が決めるのです。ウーバーで走るのが満足感を得られる経験になることに主眼を置いています。どのように働くことを選択しようとも」[★19]。ここで重要なのは、選択という概念である。この会社で働く人々に、そのような選択肢があると考えているのだ。ある運転手はある夜、ロサンゼルスで、三人の酔っ払った乗客に暴行を受けたが、仕事に戻らざるをえなかった顚末を説明してくれた。車はウーバー自体からリースしてもらっているので、契約上、滞りなく支払いをすることが義務づけられていたからだ（彼女を襲った暴漢たちはまだ捕まっていない）。

スコットランドのダンファームリンにあるアマゾンの発送センターは、町の中心部から数マイル離れたM90高速道路の横にある工業地帯に位置している。従業員は、夜明け前あるいは夜半過ぎに始まるシフトで出勤するには一日一〇ポンドもかかる——時給より高い——専用バスに乗らなくてはいけない。この倉庫の近くにある森林地にテントを張って寝るという手段に訴えた者もいる。冬の気温が通常氷点下にまで下がる場所だ[★20]。遅刻をせず、倉庫内追跡システムから自動的に賃金を引かれずに出勤することは、そうせずには不可能だった。

ウーバーやアマゾン、そしてこれらと同じような他の数多ある企業の重役のモラルをどのように考えようとも、そんな労働条件を積極的に生み出そうとする経営者はほんのわずかしかない。これはまた、単なる一九世紀の追いはぎ貴族や産業界の暴君への回帰というのでもない。最大利益という資本主義イデオロギーに、むき出しの貪欲さが機械の非人間的なロジックを纏うことができるテクノロジーの不透明性という新たな可能性が追加されたのだ。

アマゾンとウーバーは、テクノロジーの不明瞭さを武器として使いこなしている。アマゾンのホームページの数ピクセルの後ろに、何千人という搾取された労働者の労働がある。購入ボタンが押されるたびに、電子信号が生身の人間に、動きだし、効率的に義務を遂行するよう指図をする。このアプリは他者に対するリモコン装置であり、現実世界に対する影響はほとんど見えない。

この美的で技術的な不明瞭さは、政情不安と企業の不誠実さを引き起こす。ウーバーでは、ユーザーインターフェイスの意図的なあいまいさが操作全般にまで広がっている。サービスが実際より成功していて、活況で、反応が早いとユーザーに思わせるために、地図に「幽霊車両」が表示されることもある。現実には存在していない運転手が辺りを回っているのだ[★21]。ユーザーの知らない間に運転は追跡され、この神の視点は、使用度の高い乗客をひそかに追いかけるために使われている[★22]。グレーボールという名のプログラムは、この会社の多くの違反を捜査している政府当局者の乗車を拒否するために使われている[★23]。

しかしウーバーに関して最も悩ましいことは、社会の自動化と、それが生み出す主体性の減少である。会社の従業員はもはや被雇用者ではなく、不安定な契約者だ。ロンドンの名物タクシー運転手が市内の道を熟知していくように、何年もかけて「知識」を得る代わりに、ウーバーの運転手はただ画面上をあちこち向く矢印に従い、遠く離れた衛星と見えないデータに指示される。次に顧客が疎外される。システム全体で、税収を海外に移すことに貢献する。公共交通機関の減少。都市の道路の混雑とクラス分け。アマゾンのようにデジタル化されたほとんどの企業と同様に、ウーバーの最終的な目標は、人間の労働者をすべて機械に置き換えることだ。ウーバーは自前の自動運転プログラムをもっていて、同社の最高製品責任者は、被雇用者の多くが不満を抱えているなかで、会社の長期継続の方法について問われたとき、あっさりこう答えた。「まあ、うちは全員ロボットに替えますから」。アマゾンに起こっていることが、結局は誰にも起こるのだ。

増加する人口に対して、また地球に対して、テクノロジーの不透明性は、企業によって巧みに使われる。二〇一五年九月、アメリカで新発売される車の定例の排気ガスのテスト中、環境保護局（EPA）は、フォルクスワーゲンのディーゼル車の操縦システムに、ある隠されたソフトウェアを見つけた。このソフトウェアは速度、エンジン操作、空気圧、そしてハンドルの位置を監視することで、車がテスト走行していることを感知することができる。このソフトを起動させると、車のエンジン出力とパフォーマンスを低下させ、排気ガスの放出を減らす特殊モードに入るのだ。車は道路に戻れば速度を上げ、空気を汚す通常の運転に切り替わる。EPAの推定によれば、アメリカで使用を認定された車は、実際には法定制限の四〇倍の窒素酸化物を排出していた[★24]。同じ「認定装置」が見つかり、はるかに多くの車が売られているヨーロッパでは、フォルクスワーゲンの排気ガス放出により一〇年以内に一二〇〇人が死亡するだろうと推定されている[★25]。隠されたテクノロジーのプロセスはただ労働力を弱めたり、労働者を困窮させるだけではない。現実に人を殺しているのだ。

テクノロジーは力と理解を拡張する。しかし一方的に適用されれば、力と理解を集中させる。自動化と計算の知識の歴史は、紡績工場からマイクロプロセッサまで、熟練を要しない機械が徐々に人間の労働者の代わりになるだけではない。それは同時に、権力がより少数の手に集中する物語だ。理解がより少数の頭脳に集中するという物語だ。この権力と理解の大幅な減少の代償が、結局のところ死なのである。

時折、そんな強力な不可視性に抵抗するやり方をかいま見ることができる。そうした抵抗には、テクノロジーを使った、ネットワーク化された理解が必要となる。システムのロジックを、それ自体に向けることが必要となる。ウーバーが政府の捜査を回避するために使用していたプログラム、グレーボールは、課税査定官と警察がウーバーを捜査するために、事務所や警察署に配車させ始めたときに開発された。ウーバーは警察署の周辺地域の地図を抹消し、政府当局者が配車を依頼するのに使う安価な電話機を禁止にさえした。

二〇一六年、ウーバーの食品配達サービス部門ウーバーイーツが、会社のアプリのロジック自体を活用することで、雇用条件に異議申し立てすることに成功した。賃金引き下げ、労働時間延長という新しい契約書を前にして、多くの運転手が反撃したいと思ったが、労働時間と業務慣例のせいで――夜遅くまで働き、配達区域が広い――効果的に組織化できずにいた。少人数のグループが会社の事務所で抗議活動を行なうために、オンラインのフォーラムで連絡をとりあったが、そのメッセージを行きわたらせるには、もっと多くの同僚を集めることが必要だとわかっていた。そこで労働者たちはウーバーイーツのアプリそのものを使って、その事務所へとピザを発注した。新しいピザが届くたびに、配達人は急進化させられ、ストライキに参加するよう説得された[★26]。ウーバーは譲歩した——が、それはほんの一時だった。

ＥＰＡ検査官、アマゾンの従業員、ウーバーの運転手、これら企業の顧客、排気ガスに汚染された街路を行く人々。彼らはみなテクノロジーで拡大した市場の持たざる者である。彼らには、市場がまったく見えていないからだ。だが何が起こっているのか誰一人知らないことが、徐々に明らかになっている。現代資本の甚だしく加速し、ひどく不透明な市場の内部で、とても不気味なことが起こっている。高頻度取引を行なう業者が、かつてなく速いアルゴリズムを装備して、数十億、数百億ポイントの差異をすくい取る一方で、ダークプールはさらなる驚きを育みつつある。

二〇一〇年五月六日、ダウ・ジョーンズ工業平均株価、アメリカの最大手民間企業三〇社を追跡している株式市場指数は、前日よりも安値で開場し、ギリシャの累積債務危機を受けて次の数時間にゆっくりと下げていった。だが午後の早い時間に、何かとても奇妙なことが起こった。

午後二時四二分、ダウ平均は急落しだした。たった五分で約六〇〇ポイント——これは数十億ドルの価値を意味している——が市場から一掃された。最低のポイントは前日の平均より一〇〇〇ポイント低く、それは総価格のほぼ一〇パーセントもの変化であった。歴史上、一日では最大の市場下落だ。しかし午後三時七分——わずか二五分後——には、その六〇〇ポイントのほぼ全部が買い戻された——史上最大にして最速の振れ戻しになった。

この二五分の混乱のあいだに五六〇億ドル相当の二〇億株の取引が行なわれた。なおさら心配なことは、しかもいまだに理由がよくわからないのだが、多くの注文がSECが呼ぶところの「不合理な価格」で取引されていた。低くは一セントから、高くは一〇万ドルまで[★27]。この出来事は「フラッシュ・クラッシュ」と呼ばれ、何年経っても、なお調査され、議論の的になっている。

クラッシュの記録を調べた取締官は、高頻度取引の業者が価格変動を大幅に悪化させたことを発見した。市場ではさまざまな高頻度取引のプログラムが稼働しているなか、多くのものが、ハードコードされた〔ソフトウェア開発の際に特定の動作条件を決め打ちして、その条件を前提とした処理やデータをソースコードのなかに直接記述すること〕売りポイントをもっていた。それはある価格になると、ただちに株式を売るようプログラムされていた。価格が下落し始めると、プログラムは一斉に、同時に売りにかかった。ある参照価格《ウェイポイント》を過ぎると、連続した価格下落がもう一組の別のアルゴリズムを起動させて、自動的に株式を売り始める。それらがフィードバック効果を生むことで、その結果、価格はどんな人間のトレーダーが反応できるよりも速く下落した。経験豊富な市場のプレイヤーならば、もっとゆっくりとゲームをすることで、クラッシュを安定させられたかもしれないが、不確実性と相対した機械は、可及的かつ速やかに株を手放した。

アルゴリズムは危機をあおっただけでなく、その口火にもなっていたという、別の説もある。市場データで見つかったあるテクニックは、高頻度取引のプログラムで、多数の「非実行」注文を市場に送っていた。それは株式の従来の売買注文の通常の価格外であるため、無視すべき注文だ。そうした注文の目的は実際に取引することでも、お金を稼ぐことでもなく、故意にシステムを混乱させ、遅延時間をチェックし、その間に他のもっと重要な取引を行なえるようにすることだ。こうした注文は実際、市場に流動性を与えることで、株式が買い戻されるのを助けたかもしれないが、その一方で、そもそも取引所を困惑させていたものだ。確かなのは、プログラム自身が生み出した混乱中に、取引される意図のなかった多くの注文が実際には実行され、価格を激しく変動させたことだ。

　フラッシュ・クラッシュは、いまや拡張された《オーグメンテッド》市場の特徴であると認められながら、まだあまり理解されていない。次に大きな六九億ドルのフラッシュ・クラッシュが、シンガポール取引所を揺るがしたのは、二〇一三年一〇月のことだった。市場に、同時に実行できる取引数を制限させたほどだった――それは基本的に、高頻度取引の業者の混乱戦略を防ぐためだ〔★28〕。アルゴリズムの反応スピードは、それを妨げるのも困難にもする。二〇一五年一月一五日午前四時三〇分、スイス国立銀行は、ユーロに対するフランの価値の上限を廃止すると突然発表した。自動化された取引人はこのニュースを受信するや、為替レートを三分間で四〇パーセント下落させ、数十億の損失を出した〔★29〕。二〇一六年一〇月、アルゴリズムがブレグジット〔欧州連合からのイギリス脱退〕の交渉に関する新聞のネガティブな大見出しに反応して、二分間でポンドをドルに対して六パーセント下げさせたが、その後すぐさま持ち直した。どのニュースの見出しが、または、どの特定のアルゴリズムがクラッシュを引き起こしたのかを知ることは、ほとんど不可能だ。イングランド銀行〔イギリスの中央銀行〕は、自動化された取引の背後にいる人間のプログラマーをただちに非難したものの、そうした些細なことは、現実の状況を少しでもよく理解する助けにはならない。二〇一二年一〇月、故障したアルゴリズムが注文を送ったり取り消したりし始めて、アメリカの株式の売買の四パーセントを食いつぶしたとき、ある解説者は皮肉めいたコメントをひねり出した。「アルゴリズムの動機はいまだに不明です」〔★30〕。

二〇一四年以来、ＡＰ通信社のために短いニュースを書いているライターは、新種のジャーナリストからの援助を得られるようになった。それは、完全に自動化されたライターである。ＡＰはオートメーテッド・インサイツ（ＡＩ）という企業の、数多くのクライアントの一つだ。ＡＩのソフトウェアはニュース記事やプレスリリース、家畜価格データ、価格レポートなどを読み込み、ＡＰの用字用語で人間が読むための要約をまとめることができる。ＡＰは毎年このサービスを、実入りはよいが骨の折れるプロセスである、何万もの四半期報告書を書くのに使っている。もう一つのクライアント、ヤフーは、ファンタジー・フットボール・サービスの試合レポートを作成している。ＡＰもまた、すべて各試合の生データから作成した、さらに多くのスポーツニュースを伝え始めた。どの記事にもジャーナリストの署名の代わりに、このクレジットが付される。「この記事はオートメーテッド・インサイツが作成しました」。各記事はデータを集め、また別のデータ、収入源となり、さらなる記事、データ、流れのもう一つの源泉となる。書くという行為、情報を生み出すという行為は、機械に読まれ、また書かれる網の目のようなデータの組み合わせとデータ生成の一環となる。

こんなふうに、絶え間なく報道機関からデータをかき集める自動取引プログラムは、イギリスの欧州連合からの脱退にまつわる不安を採り上げ、人間の介在なくそれを市場のパニックに転じてしまった。さらに悪いことには、情報源をチェックせずとも、それができるのだ――ＡＰ通信が二〇一三年に発見したように。

二〇一三年四月二三日の午後一時七分、ツイッターのＡＰ公式アカウントが、二〇〇万人のフォロワーに向けて、ある一つのツイートを送信した。「速報：ホワイトハウスで二度の爆発。バラク・オバマ負傷」。APの顧客やジャーナリストは即座にサイトに殺到して、このメッセージは虚偽だと主張した。APの用字用語との齟齬を指摘する人もいた。このメッセージはハッキングによるもので、のちにシリア電子軍からの犯行声明があった。シリア大統領バッシャール・アル＝アサドと密接な関係にあり、多くのウェブサイトへの攻撃や、有名人のツイッターのハッキングの犯人でもあったハッカー集団だ［★31］。

しかし、速報記事をたどるアルゴリズムに、そんな識別力はなかった。午後一時八分、二〇一〇年に最初のフラッシュ・クラッシュのえじきになったダウ平均が急落した。人間の閲覧者のほとんどがツイートを見る前に、ダウ平均は二分で一五〇ポイント下げ、そのあと以前のポイントへと回復した。その間に、一三六〇億ドルが株式市場から消え去った［★32］。ある解説者は、この出来事を効果のない、子供っぽいものであると切り捨てたが、アルゴリズムのプロセスを操作し、市場を混乱に陥れる新手のテロリズムだとする指摘もあった。

証券取引所は、不明快で、粗雑な実装によるアルゴリズムの急速な発展が、奇妙で恐ろしい結果をもたらした唯一の場所ではない。こうした発展が最もしたい放題にできる自由を与えられているのは、デジタル店舗の領域である。

ザズル（Zazzle）はプリント商品のオンライン市場である。本当に何にでもプリントすることができる。マグカップやTシャツ、誕生日祝いカード、羽毛布団、鉛筆、その他一〇〇〇品を、心踊るデザインでカスタマイズできる。会社のロゴやバンド名からディズニーのプリンセスまで——さらには、顧客自身によるデザインや写真をアップロードすることもできる。ザズルは、三億点以上のユニークな商品を売っていると宣言している。それが可能なのは、実際に購入されるまで、商品は物理的に存在しないからだ。商品一点ずつの注文が入ったところで、初めてそれが作られるのである。この時点まで、サイトにあるものはすべてデジタルイメージにすぎない。つまり、新商品のデザイン費と広告費が事実上ゼロであるということだ。しかもザズルは、誰もが新商品を加えることを可能にする――なんとアルゴリズムも含めて。イメージをアップロードすれば、それはただちにカップケーキやクッキー、キーボード、ステイプラー、トートバッグ、バスローブに貼りつけられる。数人の勇者たちはまだ、自前の職人的なデザイン品をこのサイトで売ろうとしているが、それは実はライフスフィアという売り主《ベンダー》に帰属している。ライフスフィアの一万二五七点の商品は、ザリガニの絵はがきから一片のチーズをあしらったバンパーステッカーまで多岐にわたっている。ライフスフィアの全商品は、自然の画像データベースをザズルの商品開発者に渡して、そこから何が飛び出してくるかを試して見た結果である。その辺のどこかに、ファイフ〔スコットランドの行政区の一つとして知られている〕にある荒涼としたセント・アンドリュース大聖堂を印刷したスケートボードデッキを探している顧客がいる。そしてライフスフィアは、そのための準備をしている[★33]。

保守的な市場は、商品の大量販売《スパム》に対する免疫がない。アマゾンはマイ・ハンディ・デザインという会社の三万点ものの自動作成された携帯電話ケースを削除せざるをえなかった。「水虫の携帯電話カバーケース iPhone 5」とか「医療用ベビーカーに乗った異人種間の体の不自由な三歳児のハッピー携帯電話カバーケース・サムスンS5」とか「下痢と消化不良を患っている高齢患者の携帯電話カバーケース・サムスンS6」という名のついた商品が掲載され始めたときだ。ところが実はアマゾンは、ドイツの考案者から、商品のライセンスをとっていたのだった——これもまた二級品のジャンクデータの一種だ［★34］。

アマゾンに最悪の悪夢が起こったのは、アルゴリズムで書き換えられた、簡素かつ懐古趣味のTシャツが売られているのが見つかったときだった。広く知られている例として「落ちつけ、うんとレイプしろ」と書かれたものがあったが、このアルゴリズムは単純で、七〇〇語の動詞のリストに代名詞をマッチングさせただけだ。ほかにも「落ちつけ、彼女をナイフで刺せ」や「落ちつけ、彼女を殴れ」など、数万種のTシャツを作っていた［★35］。こうしたTシャツが生まれたのは一連のデータベースと、でっちあげられたJPEG〔グラフィックデータのファイル形式の一つ〕ファイルとしてだけで、誰かが偶然に見つけるまで、数か月間サイトに掲載されていた。これを生み出した裏にあるメカニズムはよく理解されていなかったが、大衆の反感は激しかった。アーティストで理論家のヒト・シュタイエルは、このようなシステムを「人工愚かさ《アーティフィシャル・ステューピディティ》」と呼び、目に見えない、不完全に設計された、不適応な「インテリジェント」システムの世界が、市場、電子メールのインボックス〔到着メールフォルダー〕、検索結果——そして最終的には文化や政治体制を混乱に陥れていることを呼び起こした［★36］。

スマートか愚か者か、創発的か意図的かにかかわらず、そうしたプログラムの有用性と攻撃性は、証券取引所やオンライン市場のブラックボックスから飛び出して、日常生活のなかに入り込んでいる。五〇年前、一般的なコンピュータは、リレーと電線の詰まった、部屋の大きさほどあるものしかなかった。それは徐々に小さくなっていき、やがて机の上《デスクトップ》に、あるいはひざの上《ラップトップ》に置かれるようになった。携帯電話はいまや「低機能電話《ダムフォン》」と「スマートフォン」に分かれている——後者は、一九八〇年代のスーパーコンピュータ以上の計算力をもっている。だがこの計算は認識することはできる、または少なくとも意識することはできる。そのほとんどは、私たちのコマンドで、ボタンを押すとか、マウスでのクリックとかに反応して起こる。マルウェア〔悪意のあるソフトウェア〕に惑わされ、ソフトウェアのライセンスや使用許諾契約書で隔離されている現代の家庭用コンピュータは、初心者にはアクセスやコントロールしがたい一方で、それでもなお計算機としての見かけは保っている。それは光を放つ画面、キーボードといった、ある種のインターフェイスだ。しかしコンピュータは、生活のあらゆるものに対して、ますます階層的になり、その内側に隠され、拡張していくとともに、不透明性と予測不能性が強まってくる。

二〇一四年に投稿された新しいドア錠についてのオンラインレビューで、報告者は錠の多くの特徴をほめていた。それはドア枠にぴったりだった。がっしりしていて強靭で頼もしかった。見た目が良かった。家族や友人と鍵をシェアしやすかった。そのうえ、と彼は記していた。ある夜、見ず知らずの人を家に入れてしまった[★37]。これだけで報告者がすぐさまこの商品を拒絶することはなく、むしろ将来アップデートするときに問題を修正すればいいとした。つまるところ、この錠はベータ版だったのだ。それは携帯電話で開けられる「スマート錠」だった。客が泊まるのに先立って、仮想の鍵がメールで送られる。この錠がなぜ見ず知らずの人と認めた相手——ありがたいことに、ただ困惑するばかりの隣人だった——に自発的に送られてしまったかは解明されなかった。今後も解明されることはないだろう。どうしてそれが必要なのだろう？　伝統的な錠に期待される機能と、そうしたスマート商品の提示する機能とのあいだにある認知的不協和は、実際の目的によって説明することができる。

別のメーカーのソフトウェアのアップデートが、何百ものスマホの操作を不可能にし、宿泊客を寒空の下に放り出してしまったとき、この錠は、エアビーアンドビー〔民泊情報サイト〕のアパート管理者のような人にとっては、望ましい装置であることが明らかになった[★38]。ウーバーが運転手と乗客を疎外し、アマゾンが従業員を貶めたのと同様、エアビーアンドビーは民家をホテルにしたことから生じた、世界中の大都市の賃料上昇に対する責任がある。同社のビジネスモデルを支えるように設計されたインフラが、私たちを人として扱えないのは驚くにあたらない。いつからか私たちは、自分たちの財産を取り上げるようなものに囲まれて生きているのだ。

サムスンの「スマート冷蔵庫」のラインナップで喧伝された利点の一つは、グーグルのカレンダーサービスと統合して、所有者に食料品の配達や、台所でのさまざまな家事をスケジュール化してくれるということだった。しかしそれはまた、安全管理の甘いコンピュータに侵入できるハッカーであれば、所有者のGメールのパスワードを読み取れるということでもあった[★39]。ドイツの研究者たちは、Wi-Fiで操作できるフィリップスのヒュー電球に不正コードを挿入する方法を発見した。それは照明具から照明具へと、建物全体に、都市全体にさえも広がっていき、ライトを急速につけたり消したりして——恐るべきシナリオによると——光過敏性のてんかんを引き起こすことができる[★40]。これはトマス・ピンチョンの『重力の虹』の白熱電球バイロン好みのアプローチだ。小さな機械がそのメーカーの圧制に対して、大いなる反乱を起こすというその行為。かつて虚構であったテクノロジーの暴力の可能性が、モノのインターネット（IoT）によって実現されつつある。

キム・スタンリー・ロビンスンの小説『オーロラ（Aurora）』では、機械エージェント（代理人）のもう一つのビジョンとして、知能をもつ宇宙船が、人間の乗組員を地球から遠く離れた星へ運んでいく。旅には何世代もの時間がかかるので、宇宙船の仕事の一つは、人間自身に自分の面倒を見させることだ。人間の感情的欲求に侵されないよう設計されている宇宙船は、乗船している人間社会の脆弱なバランスが崩れだして使命の脅威となるとき、そのプログラム自体を乗り越えていかざるをえない。そこで乗組員を服従させるため、宇宙船は安全システムとして作られたものを、管理システムとして使う。センサーを通じて、どこでも見ることができる。意志の力でドアを開いたり閉じたりできる。肉体的な苦痛を起こすために、通信装置を通じて大声で話す。ある特定の場所で酸素濃度を引き下げるため、消火ステムを使いすらする。これは未来の生命維持装置というよりも、おおよそグーグルホームとそのパートナーたちが現在でも提供できる一連の機能である。インターネットでつながった家庭用防犯カメラのネットワーク、各ドアのスマート錠、各室の温度を上げたり下げたりできる温度自動調節器、耳をつんざく非常警報音を発する防火および防犯システム。こうしたシステムの制御力を得たどんなハッカーやいかなる外部知能も、所有者である人間に対して同じような力をもつことになるだろう。オーロラが乗組員に対して、電球バイロンが嫌っていた主人に対して、力を振るったように。私たちは不透明でよく理解されていない計算を、マズローの欲求の五段階のまさに底辺——呼吸、食事、睡眠、ホメオスタシス——に、つまり最も傷つきやすいところに差し込んでいる。

こうしたシナリオをSF作家の熱に浮かされた夢や陰謀説として片づける前に、証券取引所とオンライン市場に現われた不正アルゴリズムについてもう一度考えてみよう。これらは特殊な例ではない。これはただ、複雑なシステム内で毎日のように起こっていることの、最もカリスマ的な例にすぎない。

すると問題は、もっと幅広いリアリティのなかで、不正アルゴリズムやフラッシュ・クラッシュは、いったいどのように見えるのか、ということになる。

それはたとえば、二〇一六年一〇月二一日、インターネットの大部分を数時間にわたって停止させたソフトウェア、ミライ（Mirai）のように見えるだろうか？　研究者たちがミライを掘り起こしたところ、それは安全管理がずさんなインターネット接続デバイス――防犯カメラからデジタルビデオ録画機まで――をターゲットにして、これらを巨大なネットワークを混乱させるボットの大軍に変えてしまったことを発見した。わずか数週間でミライは五〇万台のデバイスを感染させ、その容量のわずか一〇パーセントで、主要なネットワークを数時間動けなくした［★41］。実際、ミライは、二〇一〇年に水力発電所の産業制御システムと工場の組み立てラインで発見されたスタックスネット（Stuxnet）ウイルスほどのものではないようだ。スタックスネットは軍用レベルのサイバー兵器だった。解析すると、特にシーメンスの遠心分離器を狙っていたことがわかった。特定の数の機械を保有する施設に遭遇したときに作動するように設計されていた。その数はある施設と一致した。イランのナタンズ核燃料施設、同国のウラン濃縮プログラムの主柱だ。攻撃が開始されると、プログラムは静かに遠心分離器の重要な部分を劣化させ、イランの濃縮プログラムを破壊し混乱させた［★42］。明らかに攻撃は部分的に成功したようだが、感染した他の施設への影響は不明である。今日まで、明らかな疑惑にもかかわらず、スタックスネットがどこから来たのか、誰が作ったのかは、わかっていない。ミライもまた、誰が開発したのか、次の攻撃がどこから来るのかは、はっきりとはわかっていない。現在あなたのオフィスのＣＣＴＶ（有線テレビ）カメラや、自宅のキッチンの隅のＷｉ－Ｆｉで動く湯沸かし器のなかで繁殖しているかもしれない。

クラッシュは、疑似ファシストのスーパーヒーローもの（『キャプテン・アメリカ』や『バットマン』シリーズ）から拷問と暗殺の正当化（『ゼロ・ダーク・サーティ』『アメリカン・スナイパー』）まで、右翼の陰謀説やサバイバルファンタジーにおもねった一連の超大作映画に似ているかもしれない。ハリウッドのスタジオでは、脚本をエパゴギクスという会社のニューラルネットワークでチェックしている。どの作品が正しい——つまり最も金になる——感情のボタンを押すかを予測するために、数百万数千万という映画ファンの語られざる嗜好について、数十年にわたって学習してきたシステムだ［★43］。このアルゴリズムエンジンは、ネットフリックス、フールー、ユーチューブなどのさまざまなデータによって精度を向上させている。このエンジンは、一分ごとに数百万人のビデオ視聴者の好みにアクセスするという、データの取得と分類に対する異常なまでの集中力によって、これまでの方法では夢にも思わなかったレベルの認知的洞察を提供する。ニュースに飽ききった消費者が疲れ果てて熱中する欲求を直接の餌として、ネットワークそれ自体が、内省的で強化性のある、システム固有のパラノイアを高めていく。

ゲーム開発者は、インターフェイスのA／Bテストやプレイヤーの行動のリアルタイムモニタリングによって、ティーンエイジャーが疲れて死んでしまうくらい、ドーパミンを産出する神経経路をかくもきめ細かに把握するまで、無制限にアップデートやアプリ内購入を続けさせる［★44］。文化産業全体が、どんどん支配的になっていく恐怖と暴力の物語のフィードバックループになる。

あるいは現実のフラッシュ・クラッシュは、文字どおりの悪夢、ネットワークで人目にさらされる放送に似てくるだろうか？　二〇一五年夏、アテネのエヴァンゲリズモス病院の睡眠障害科はかつてない忙しさだった。ギリシャの累積債務危機が最も激しい時期であり、トロイカ〔欧州連合、欧州中央銀行、国際通貨基金〕の緊急援助に対するネオリベラルの合意をはねつけるために、国民は投票していた——ふたを開けてみたら、その望みは絶たれたが。患者には政府高官も公務員もいたが、彼らが知らないうちに体につけられて夜を過ごす機械が、呼吸や動作、寝言までも監視していて、その情報を患者の医療情報の詳細とともに、ヨーロッパ北部のメーカーの診察データファームに送っていた［★45］。どんなささやきであれば、そのような施設から逃れられるのだろうか？

日常生活のあらゆる面を記録する装置は、最終的には私たちの体の表面に装着され、私たち自身も装置と同じように最適化、アップグレードができると説き伏せられる。歩数計と直流電流による皮膚反応モニターを統合したスマート腕輪とスマホのアプリは、私たちの居場所だけでなく、すべての呼吸、すべての鼓動、脳波のパターンまで追跡する。ユーザーは夜、ベッドで体の脇に電話を置いておくように勧められる。そうすると、睡眠パターンが記録でき、あとでそのデータを照会できるのだ。こうしたデータはみなどこへ行くのか、誰のものなのか、いつか明らかになるのだろうか？　夢に関するデータ、早朝に汗をかきながら飛び起きること、無意識の自己のまさにその実体は、情け知らず、かつ不可解なシステムのさらなる燃料となった。

あるいは、現実のフラッシュ・クラッシュは、私たちがいま経験している現実にそっくりなのではないか？　高まる経済的不平等、国民国家の崩壊と国境の軍事化、全体主義化する国際的監視網と個人の自由の縮小、多国籍企業と認知神経科学的資本主義の勝利、極右集団と移民排外主義イデオロギーの台頭、そして自然環境の決定的な悪化。これらのいずれもが、新種のテクノロジーの直接の結果ではないが、これらはすべて不透明で、テクノロジーによって拡張した複雑さによって加速された個人と企業の活動が、より幅広くネットワーク化されたことの影響を、全体的に理解できないことの産物なのである。

加速ということ自体も、いまの時代の常套句だ。過去二、三〇年、さまざまな理論家が加速主義思想の異説を提唱し、社会を損なっているとされるテクノロジーのプロセスに反論すべきではなく、もっと加速させるべきだと主張した——社会的な利益にかなう目的を、勝手に再目的化するために、あるいはただ単に、現在の秩序を破壊するために。左派加速主義者は——虚無主義の右派加速主義者とは反対に——新しいテクノロジー、たとえば自動化や参加型のソーシャルプラットフォームをさまざまな方法で、さまざまな目的のために展開できると主張する。アルゴリズムのサプライチェーンが仕事量を増やし、そうした完全な自動化が、大量失業と貧困化をもたらすのではなく、ロボットがすべての仕事を本当に引き受けてくれることで、すべての人間は労働の未来を実際に満喫できるようになる——伝統的な左派の国営化、課税、階級意識、社会的平等の必要性を新しいテクノロジーに対してあてはめることによる、きわめて大雑把な定式化である。[★46]。

しかし、そんな見解は、現代のテクノロジーの複雑さ自体が不平等の原動力であり、テクノロジーの展開を駆動するロジックが、その根源において汚れたものかもしれないことを無視しているように思える。それは、こうしたテクノロジーを掌握し制御する、かつてない少数の人々の手に権力を集中させる一方で、計算的知識に関する根本的な問題を認識できていない。それは、その真なる単一解、他を排除する答えに達するための、世界から情報を引き出すプロメテウス〔ゼウスの反対を押し切り、天界の火を盗んで人類に与えた存在として知られる、ギリシャ神話のトリックスター〕的な方法に対する信頼である。計算的処理に対する、この十把一絡げの――データの、商品の、人々の――投資の結果は、ほかのすべての目的を上回る効率の高まりでしかなく、社会学者のデボラ・コーエンが呼ぶところの「テクネの暴虐」である[★47]。

プロメテウスには弟がいた。名はエピメテウス。ギリシャ神話では、すべての創造物に独自の性質を定めるのが、エピメテウスの仕事だった。ガゼル〔アフリカに生息するシカに似たウシ科の動物〕に速さを与え、ライオンには強さを与えた[★48]。だがエピメテウスは忘れっぽかったので、人間の番に来る前に、適切な特徴が種切れになってしまった。そこでプロメテウスは神から火と芸術を盗み、それを人間の特性とした。この技巧に富んだ力――ギリシャ語でテクネ――はそうしたわけで人間の二重の欠点の産物である。忘れっぽさと盗み。結果として人間は、戦争や政治闘争を行なう性癖を帯びる。神々はこれを第三の性質で修正しようとする。他者への尊敬や正義感といった社会政治的な美徳である。これらはヘルメスによって、すべての人間に直接かつ平等に与えられた。

エピメテウスは忘れっぽかったので、生き残るためには絶えずその能力を超えるよう取り組まねばならない立場に人間を置いてしまう。プロメテウスは人間がそうするための道具を、贈り物として与える。しかし、これら二つのアプローチを社会正義で和らげることによってのみ、こうした進歩はすべての人間のための利益を追求することができる。

エピメテウスは後知恵の神である。その名前はギリシャ語の「学ぶこと」=メティシと「事実のあと」=エピを組み合わせたものだ。後知恵は、忘れっぽさ、間違い、愚かさの具体的産物だ。エピメテウスはしたがってビッグデータの神であり、前章で見たように、排除と削除の、そして過信の神なのである。エピメテウスの過ちはビッグデータの原罪であって、その起源において汚れている。

プロメテウス――プロ（前の）メテウス――は先見の明はあるが、それに伴うべきであろう知恵がない。それは期待でしかない。それは科学およびテクノロジーの発見の白熱状態、押し寄せてくる未来への欲望、頭から突っ込んでいく前進運動。それは資源抽出、化石燃料、海底ケーブル、サーバーファーム、空調装置、オンデマンド式デリバリー、巨大ロボット、そして圧迫された身体。それは階級と征服、何がその先にあるかをろくに考えずに、暗黒へと押し戻すこと――すでにそこに住んでいる、または途中でつぶされた人のために。知識の幻想と卓越の期待とが組み合わさって、進歩のタイムラインを押し進めるが、その結節点に対する理解の欠如を不明瞭にする。ゼロマーク、暗黒の現在、運動と効率以外には何も見えず、把握できない場所。私たちに可能な行為は、既存の秩序を加速させることだけだ。

別の方向に向くことを指し示し、新たなる暗黒時代の案内役となるにちがいないのはヘルメスだ。ヘルメスはビジョンや激しい衝動に縛られるのではなく、その瞬間その瞬間で考えている。言語と発話を明らかにする者ヘルメスは、あらゆるもののあいまいさと不確実性を強く主張する。テクノロジーの解釈学あるいはヘルメス的理性は、現実はそんなに単純ではなく、つねに意味の向こうにはまた意味があり、答えは複数あり、競いあい、無限かもしれないことを指摘することで、その知覚されたエラーを説明づけるかもしれない。私たちのアルゴリズムが理想的な状況に収斂できないとき、すべての情報が思いどおりになるのに、知的システムが世界を適切に把握できないとき、個人のアイデンティティの流動的で千変万化の性質が、データベースのきちんとした列のなかに収められないとき。これらは解釈学的コミュニケーションの契機だ。テクノロジーは、そのエピメテウス的かつプロメテウス的な主張にもかかわらず、現実の世界を反映しているだけであり、理想の世界ではない。テクノロジーがクラッシュしたとき、私たちは明瞭に考えることができる。テクノロジーが曇っているとき、私たちは世界の曇り具合を案じられる。テクノロジーは不透明な複雑さをまとって現われることが多いが、実はリアリティの様態を伝えようとしている。複雑さは制すべき状態ではなく、学ぶべき教訓である。

6 Cognition——認知

機械《マシン》がどのようにして学習するかということに関するこんな逸話がある。もしあなたがアメリカ陸軍に所属していれば、敵軍が隠したものを見えるようにしたいと思うだろう。おそらく敵軍は、多数の戦車を森に隠している。戦車は目を惑わせる迷彩模様に塗られていて、木々のあいだや後ろに配備されている。戦車は低木で覆われている。光と影のパターン、奇妙な緑と茶色の斑点のペイント、これらすべてが視覚野の何千年もの進化と共謀して、戦車のごつごつした輪郭を、波打ったものにし、形をなさず、判然としないものに変えていく。しかし別のものの見方ができるとしたら？　森と戦車を別々に感知できるような異なる種類の視力を進化させ、見づらかったものが突然視界に飛び込んでくるようになったとしたら？

これに取り組む一つの方法は、機械を教育して戦車を見えるようにすることだ。そこで小隊の兵士たちを集め、たくさんの戦車を森へ隠させる。そして、そう、写真を一〇〇枚撮る。その後、戦車がいない森の写真を、さらに一〇〇枚撮る。次に、それぞれの写真から五〇枚ずつを、ニューラルネットワークに見せる。ヒトの脳のまねをするように作られたソフトウェアだ。ニューラルネットワークは戦車や森のことも、光と影のことも知らない。ただ、そこには何か重要なものが写っている、五〇枚の写真だということは知っている。あとの五〇枚は、その重要な何かが写っていない写真だ。そして、それらの違いを見つけようとする。多層のニューロンに通すことで、微調整したり判断したりはするが、進化によってヒトの脳に埋め込まれた予断はもたない。しばらくすると、それは森に隠れた戦車を見分けることを学習する。

もともと写真は一〇〇枚ずつ撮ってあったから、これが本当に機能しているかを確かめることができる。残り五〇枚の戦車を隠した写真と、五〇枚のからっぽの森の写真を取り出し――機械はこれらを学習の際には見ていない――戦車が隠れているかどうかを判断するよう求める。すると完璧にやってのける。あなたはたとえ戦車が見えなくても、どちらの写真がどちらであるかを知っている。しかし機械は、そのことを知らなくても正しい写真を選ぶ。ジャーン！　あなたは新しい視覚を進化させた。機械を訓練場へ送り込んで、見せびらかすことができる。

だがそこで災難に襲われる。現地で新しい戦車の一群を森に隠すと、今度の結果はさんざんだ。結果はでたらめで、機械が戦車を見つける確率はコイン投げとほぼ同じなのだ。いったいどうしてしまったのか？

この話にはつづきがある。陸軍が最初にこれを試したとき、重大な誤りを犯していた。戦車の写真はすべて朝、晴れた青空のもとで撮っていた。その後、戦車をどけて、午後になってから、からっぽの森の写真を撮った。空は曇っていた。調査官は、機械は完璧に機能したが、学習したのは戦車の有無の区別ではなく、天気が晴れか否かだったことに気づいた。

機械学習の学術文献で何度もくり返し語られてきたこの訓話［★1］は、たぶん作り話だろうが、人工知能と機械学習に取り組む際の重要な問題を提起している。機械が何を知っているか、ということについて、私たちは何を知っているのか？　戦車の話は、今日ますます重要になっている基礎的な認識のコード化の問題だ。人工知能がどんなものになろうと、それは私たちとは根本的に異なり、結局は理解できないままだろう。計算と可視化のシステムは、どんどん高性能化しているのに、私たちは今日、機械学習がいったいどうやって動いているのか、本当の理解には近づけていない。私たちは、ただ結果を判断できるだけだ。

おそらく、戦車の話の最初のバージョンを生み出したニューラルネットワークの原型は、アメリカ海軍研究事務所で開発されたものだ。その名前はパーセプトロンで、初期のコンピュータのご多分にもれず、物理マシンだった。四〇〇個で一組のフォトセル（光検出素子）がぐちゃぐちゃの配線でランダムにつながっている。スイッチが作動するごとに、その反応の重み（可変抵抗器）を更新する――人工のニューロン（神経単位）である。考案者のコーネル大学心理学者フランク・ローゼンブラットは、人工知能の可能性についての偉大な広報係だった。一九五八年、このパーセプトロン・マーク1が公開されたとき、『ニューヨーク・タイムズ』紙はこう報じた。

海軍は、今日の電子計算機の胎児《エンブリヨ》を発表した。それは歩き、話し、見て、書き、増殖し、自身の存在を自覚することが可能になるものと期待されている。やがてパーセプトロンは、人々を認識し、名前を呼び、ある言語での会話や文章を、ただちに別の言語に翻訳することが予測されて

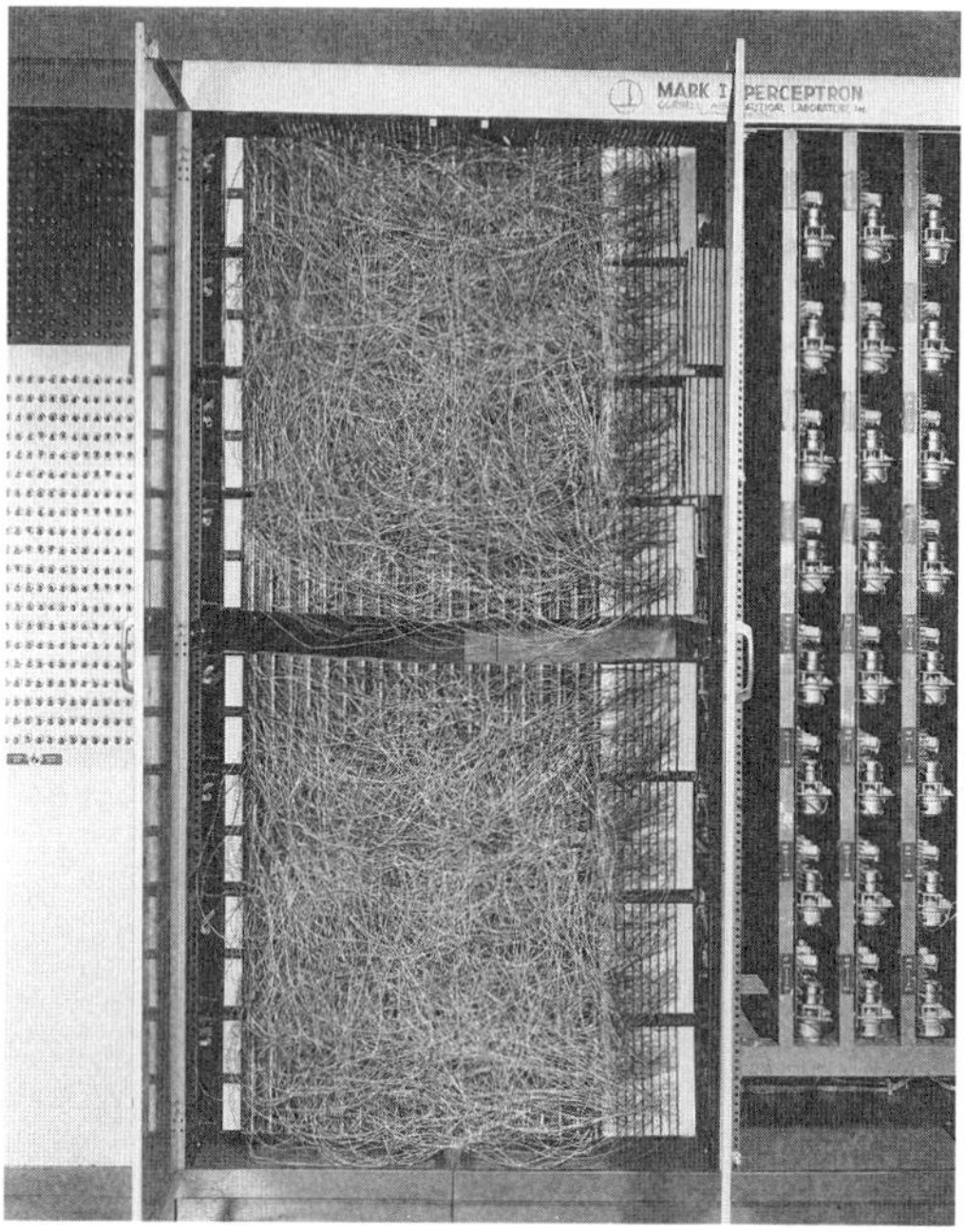

ザ・マークⅠパーセプトロン、初期のパターン認識システム、コーネル大学航空学研究所にて（イメージ：コーネル大学図書館）

いる。［★2］

パーセプトロンの基礎にある考え方は、コネクショニズム（結合主義）だった。知能はニューロン間の結合から創発する特性であり、脳の曲がりくねった道筋を模倣することで、機械も考えられるようになるとする考えだ。この考えはその後一〇年間、多くの研究者たちに攻撃された。知能は記号操作の産物、つまり世界の知識というものは、基本的には推論によって意味をもつと考える人たちだ。このコネクショニズムと記号主義の論争は、人工知能分野のその後の四〇年を特徴づけ、長いあいだ非常に多くの不和をもたらし、進歩がまったく起こらないような悪名高き「AIの冬」を招いた。実際それは単に、知性が何を意味しているかについての論争というよりも、知能について何が「理解できる《インテリジブル》」のかを論じることでもあった。

初期のコネクショニズムのより驚くべき支持者の一人は、今日、新自由主義《ネオリベラリズム》の父としてよく知られるフリードリヒ・ハイエクであった。長年忘れられていたが、オーストリア系の神経科学者たちに近年再評価されているハイエクは、一九五二年に『感覚秩序——理論心理学の基礎の探求』を書いた。そこで彼は、一九二〇年代に定式化した考えをもとに、精神の感覚世界と「自然の」外的世界との根源的な分離のあらましを述べている。前者は不可知で各個人に独自のものであり、したがって科学の——そして経済学の——努めは、個人の些細な相違を無視できる、世界のモデルを構築することだ。

ネオリベラルが秩序づける世界——公平で冷静な市場が、人間の偏見から独立した行動を導く——と、ハイエクの脳のコネクショニズムモデルへの傾倒との対応を見出すのは難しいことではない。のちの評論家が指摘したように、ハイエクの精神モデルでは「知識は個人間の市場のように大脳皮質に広く分散している」[★3]。ハイエクのコネクショニズムは、個人主義かつネオリベラルなもので、『隷従への道』（一九四四年）における、あらゆる形態の集産主義は否応なく全体主義への道をたどる、という彼の有名な主張と直接つながっている。

今日、人工知能のコネクショニズムモデルが再び支配的になっていて、その主要な支持者はハイエクのように、人間の知識生産において、人的なバイアスがないときには、自生的な自然の秩序があると考える人たちだ。いままた、ニューラルネットワークについて、一九五〇年代の応援団《チアリーダー》と同じような主張が見られる——だが今回のそうした主張は、世界のさらに広い範囲で取り組まれている。

過去一〇年に、この分野でいくつかの重要な前進があったため、ニューラルネットワークは大々的に復活《ルネッサンス》し、人工知能が引き起こす今日の革命を支えている。どこよりも偉大な急先鋒がグーグルだ。

グーグルの共同創業者セルゲイ・ブリンは、AIの進歩について「いつの日か推論、思考し、人間よりも上手にものごとを行なう機械を作るれるようになる、そのことを想定しておくべきだ」[★4]と語った。グーグルの最高経営責任者スンダー・ピチャイは、未来のグーグルは「AIファースト」だというのが好きだ。

グーグルはしばらく前から人工知能に投資している。企業内チームの「グーグル・ブレイン」が二〇一一年にそのベールを脱ぎ、一万六〇〇〇個のプロセッサを内蔵した一〇〇〇台のマシン群によるニューラルネットワークを構築し、ユーチューブの動画から選んだ一〇〇〇万種の画像を学習したことを明らかにした[★5]。画像は入力前には分類されておらず、このネットワークはそれらが何を意味するかについての事前の知識なしに、人間の顔を――そして猫を――認識できるように進化した。

画像認識は、システムが知能をもつことを示す際の、最初の課題の典型例であり、グーグルのように、かつてなく速いプロセッサをもち、かつてなく大きなネットワークを構築し、かつてない大量のデータをユーザーの日常生活から収集することによるビジネスを展開している企業にとっては、比較的たやすいことだ（同様のプログラムを運用しているフェイスブックは、ディープフェイスなるソフトを作るのにユーザーの写真四〇〇万枚を使った。このソフトは九八パーセントの正確さで人々を認証できる[★6]。このソフトの使用は、ヨーロッパでは違法である）。次に起こるのは、このソフトがただ認証に対してだけでなく、予測に使われることだ。

二〇一六年に発表され大いに議論を呼んだ論文で、上海交通大学の二人の研究者シャオリン・ウーとシー・チャンは、顔画像にもとづいた「犯罪性」を推測する自動システムに関する研究をしている。

彼らはニューラルネットワークを、ウェブで見つけた中国人の公式ID写真から選んだ一一二六人の「非犯罪者」と、司法機関と警察から提供された有罪判決を受けた犯罪者七三〇人のID写真を使って教育した。教育のあと、彼らはこのソフトウェアが、犯罪者と非犯罪者の顔を区別できると主張した［★7］。

この論文が発表されると、テクノロジーのブログ、国際的な新聞、研究者仲間を巻き込んだ大騒動になった。最も声高な批判者たちは、ウーとチャンが悪名高い一九世紀の犯罪人相学の提案者、チェーザレ・ロンブローゾとフランシス・ゴルトンにつづくものだと非難した。ロンブローゾは犯罪学の創始者だが、あごの形やひたいの傾き、目の大きさ、耳の形が、被験者の「原初的な」犯罪的性格を決めるのに使われるという彼の考えは、二〇世紀の初めには、誤りであることが証明されていた。ゴルトンは合成肖像法という技法を開発し、それによって「典型的な」犯罪者の顔を、個人の人格に対応した身体的特徴として抽出しようと考えた。攻撃側は、顔認識が、あらゆる文化的偏見を含んだ、新しい形態のデジタル骨相学を構成すると主張した。

ウーとチャンはこの反響に仰天して、二〇一七年五月に、怒りに満ちた返答を発表した。彼らの方法論への非科学的な辱めに反駁したのはもちろん、中傷者に対しては――専門用語で――直接狙いを定めた。「私たちを悪名高き人種差別者たちと時系列的に並べて、ターミナルノード〔処理の終了を示すためのノード〕に挿入する必要はまったくありません」［★8］――あたかもこうした人種差別者の系列を示したのが、歴史そのものではなく批判者たちだ、と言わんばかりに。

テクノロジー企業やAIをかじっている関係者の多くは、倫理的な対立を起こすと、いつでもすぐに主張を引っ込める。期待を膨らませたのが、自身の責任であるにもかかわらず。イギリスの右翼紙『デイリー・メール』がハウオールドネット（How-Old.net）の顔認識プログラムを使って、イギリス入国を認められた難民の子供たちの年齢を調べた際、プログラムの作成者であるマイクロソフトはただちに、このソフトはただの「遊びのアプリ」であって「年齢の決定的な査定に使用されることは意図していなかった」［★9］ことを強調した。同様に、ウーとチャンも言明した。「私たちの仕事は、ただ単に純粋に学術的な議論を意図してのものであり、それがメディアに消費されることになって、とても驚いている」。

　とりわけ考察に値する一つの批判は、これは顔認識の歴史でくり返される、人種的性質に内在する小さな綾のようなものを強調している、というものだ。平均的な犯罪者および非犯罪者の顔の例では、非犯罪者には「かすかな笑み」があり、こうした「微細な表情《マイクロ・エクスプレッション》」が犯罪者の画像には欠けているのは、犯罪者の緊張した状況を示しているだけだ、と批判する者もいた。だがウーとチャンは、技術的な理由からではなく、文化的な理由でこれを否定した。「中国人の学生や同僚の場合、笑顔を促す合図のあとでも、それを検出することはできません。その代わりに最下段の顔には、何か最上段よりリラックスしたものを見出します。おそらくこの理解の違いは文化的差異によるものです」［★10］。

　原論文のなかで触れられずに残ったことは、このようなシステムによって、社会の中にコード化され埋め込まれた偏見から免れられる、という仮定であった。研究の冒頭に、共著者たちはこう書いている。

人間の試験官／審査官と違って、コンピュータの視覚アルゴリズムや分類機能には、過去の経験、人種、宗教、政治的教義、性別、年齢といった何の偏見もなく、精神的疲労もなく、睡眠不足だったり、食事が美味しくなかったという前提条件もない。犯罪性の自動推定は、こうしたメタ精度（人間の審査官／試験官の能力）に関連した変数を一括して除去する。［★11］

反論では、この主張をさらに強調した。「多くのテクノロジーと同じように、機械学習は中立です」。もし機械学習が「一部で主張されたように、ある社会的な計算問題で人的偏見を強化するために使えるなら、人的偏見を探知し訂正するためにも使えます」。知ってか知らずか、こうした反論は、私たちが機械のみならず、私たち自身をも最適化できる、ということを信じている。

テクノロジーは何もないところからは生じない。たとえ造物主の思し召しであったとしても、それは一定の信念と欲望を具体化したものだ。どんなときも、何世代にもわたって進化と文化を教育と議論を通じて発展させてきた、とめどなく絡みあい、もつれ合ったアイデアと想像という一連のツールキットから組み立てられている。まさに犯罪性という考え方それ自体が、一九世紀の道徳哲学の遺産である一方で、「それを推論する」のに使われたニューラルネットワークは、先述のとおり、一つの明確な世界観の産物だ――まず精神と世界を明確に分離し、次にその実行の明確な中立性を強化する。テクノロジーと世界の客観的な分離を力説しつづけるのはナンセンスだが、それはきわめて現実的な結果を生み出す。

コード化された偏見の事例は簡単に手に入る。二〇〇九年、ジョズ・ワンという名前の台湾系アメリカ人の戦略コンサルタントが、新品のニコン・クールピクスS630というカメラを、母の日の贈り物として購入した。母が家族写真を撮ろうとすると、カメラは画像の記録をくり返し拒否した。「誰か瞬きしましたか?」というエラーメッセージが出た。このカメラには被写体が全員、目を開いて正しい方向を見るまでは撮影しないソフトウェアがあらかじめインストールされていて、白人でない人の顔つきを捉えられなかったのだ[★12]。同じ年、テキサス州のRV車のディーラーの黒人従業員が、ある映像をユーチューブに投稿し、幅広い人に視聴された。新しいヒューレット・パッカードのパビリオン・シリーズ（ノートPC）の内蔵ウェブカメラが、黒人の彼の顔を認識できないのに対して、白人の同僚の顔をクローズアップしているのだ。「公表する」と彼は言う。「ヒューレット・パッカードのコンピュータは人種差別主義《レイシスト》だと僕は言いたい」[★13]。

コード化された、しかも特定の人種の視覚テクノロジーによる偏見は、何もいまに始まったことではない。アダム・ブルームバーグとオリヴァー・チャナリンという二人のアーティストによる、二〇一三年の展覧会のタイトル「低照度で暗色の馬の詳細な写真を撮るために」は、一九八〇年代にコダックが新しいフィルムを開発中に使った隠語について言及している。一九五〇年代以来、コダックはフィルムの較正用に、白人女性と「正常」という語を使ったテストカードを配布してきた。ジャン＝リュック・ゴダールは七〇年代のモザンビークのロケで、それが人種差別主義であると主張して、コダックのフィルムを使うことを拒んだ。しかし同社の有力クライアントである製菓業界と家具業界が、暗色のチョコレートと暗色の椅子が写りにくいというクレームをつけて初めて、コダックは暗色の対象を撮影する必要性に取り組むことになる[★14]。ブルームバーグとチャナリンはまた、ポラロイドID-2という、黒い被写体を写りやすくするためのフラッシュを焚く、特別な「ブーストボタン」を装備したID写真用のカメラ遺産を追求した。アパルトヘイト時代の南アフリカ政府にことさら気に入られたそのID写真用カメラは、「ポラロイド労働者革命運動」の抗議活動の焦点だった。南アフリカの黒人が「手錠」と呼んだ悪名高いパスブック〔黒人市民が携帯するID〕の写真を撮る際に、そのカメラが使われていることを、黒人のアメリカ人労働者が発見したのである[★15]。

けれどもニコン・クールピクスやヒューレット・パッカードのパビリオンのテクノロジーは、もっと現代的でもっと狡猾な人種差別を覆い隠している。人種差別主義の機械を創造したのは設計者ではないし、人種による選別に使われたのでもない。むしろこうした機械は、今日の技術労働の従業員の内部に、なおも組織的な不平等が存在することを明らかにしている。そこでシステムを開発しテストする人々は、いまだにその大多数が白人なのだ（二〇〇九年現在、ヒューレット・パッカード社のアメリカ人労働人口のうち、黒人はわずか六・七四パーセントだった[★16]）。それはかつてなかったほど私たちのデータセット、つまり現代の知識と意思決定を築く枠組みに、歴史的な偏見が深くコード化されていることを暴いている。

歴史的な不公平を認識することは、過去の過ちを無批判に受け入れた新しいテクノロジーを考えなしに実行してしまう、という危険を理解するのには不可欠なことだ。私たちは過去のツールで現在の問題を解決する必要はない。アーティストで批判的地理学者のトレヴァー・パグレンが指摘したとおり、人工知能の台頭はこの不安を増幅させる。なぜならそれは、トレーニングデータを歴史的なデータに完全に頼っているからだ。「過去とは、とても人種差別的な場所である。そして私たちは人工知能を訓練するために、過去からのデータしかもっていない」[★17]。

「それが文化の記録であることは、同時に野蛮の記録でもある」[★18]。ヴァルター・ベンヤミンは一九四〇年にこう書いて、この問題をさらに激しく表現した。こうした発生期の知能を以前の知識の残骸で教育するのは、そんな野蛮を未来に向けてコード化しているだけだ。

それにこうしたシステムはただ単に、学術論文や民生用のカメラだけにとどまるものではない——すでに人々の日常生活を大規模に決定づけている。とりわけ知的システムに対する信頼は、警察ならびに司法制度で幅広く利用されている。アメリカ合衆国の警察の半分は、かねてより「予測的警察活動」システムを利用している。たとえばプレッドポル〔PredPol、カリフォルニア大学ロサンゼルス校の研究グループが開発した犯罪予測システム〕は「高度な数学、機械学習、それに犯罪行為に関する証明済みの理論」を用いて、新たな犯罪が起こると思われる最も疑わしい時間と場所を予測する。天気予報の法律違反版だ[★19]。

もう一度言おう、どのようにして、こうした現実社会における出来事の予報が、日常生活の偶然の出来事と結びつけられるのか？　どのようにして、行動の計算が自然法則の影響を帯びてしまうのか？　どのようにして、分けようと手を尽くしているにもかかわらず、地球の理論が心の理論になるのか？

マグニチュード八・〇と推定される濃尾大震災は、現在の愛知県で一八九一年に起こった。長さ約八〇キロメートルの断層線が八メートル落下し、いくつもの都市の数千戸もの建物を倒壊させ、七〇〇〇人以上が死亡した。これはいまだに日本列島最大の地震として知られている。後に地震学の開拓者、大森房吉が余震のパターンを記述した。その余震の回数の減少率は大森公式と呼ばれるようになった。大森公式とそれから派生したものすべてが、経験的な公式であることが重要だ。すなわち、それは過去の個別のデータを地震のあとに適合させたものであり、まさに余震である——つまり、すでに起きたことの残響なのだ。地震学者と統計学者が何十年も努力したにもかかわらず、地震に先立って生じる前震から地震を予測できる同種の計算法は、いまだに開発されていない。

大森公式は、こうした計算の現代的な実装方法の一つの基礎となっている。その手法は、ETAS（伝染型余震序列）モデルと呼ばれるもので、地震学者は今日、大きな地震の後に滝のようにつらなる余震活動の研究に使っている。二〇〇九年、カリフォルニア大学ロサンゼルス校の数学者たちは、都市中の犯罪パターンが、これと同じモデルに従っていることを発表した。彼らはその結果をこう述べる。「局在的かつ接触伝染性の犯罪の広がりは、空間と時間における犯罪の連続発生の形成につながる。（……）たとえば強盗犯が、近所のカモたちをくり返し襲うのは、その地域の脆弱さが犯罪者によく知られているからだ。あるギャングの発砲は、対抗するギャングが支配している領域（縄張り）で、報復のための暴力を引き起こすかもしれない」[★20]。こうしたパターンを描写するために、地球物理学の用語である「自己励起（self-excitation）」が使われた。近くで発生したストレスによってある出来事が引き起こされ、それが増幅されていくプロセスのことだ。数学者たちは都市景観が地殻の層状の地勢を反映していて、都市の街路に沿って犯罪のリスクが移動していくさまについても言及した。

ETASは、今日の予測的警察活動（プレッドポル）プログラムの基礎をなしている。二〇一六年には、二五〇〇万ドル規模の産業になり、今後爆発的に成長すると言われている。プレッドポルが、ロサンゼルス、アトランタ、シアトル、さらには数百のアメリカの管轄区域のように、都市警察に採用されるたびに、過去数年の地元データ——各犯罪の時間、タイプ、場所——がＥＴＡＳを使って分析される。その結果としてできたモデルは、新たに起こった犯罪によって絶えずアップデートされ、トラブルの可能性の高い場所の、シフトごとの捜査地図を作製するのに使われる。パトロールカーは危うそうな現場へ派遣され、警察官は不穏な街角に配置される。このようにして、犯罪は物理的な力となる。都市生活の地層を通過する波となる。予測は、職務質問や捜索、チケット切りや逮捕を正当化する。一世紀も前の地震の余震が、現代の街路をうねっている。

　地震と殺人の予測可能性（またはその逆）、不透明なシステムの人種的偏見、これらは充分に時間をかけて考えれば理解できる。年季の入ったモデル、日常の生きた経験にもとづいているからだ。しかし機械によって生み出された新しい思考モデルはどうだろうか？　私たちのものとはまったく違う認知プロセスによって生み出されたため、私たちには理解できない決定や帰結は？

　私たちが機械の思考を理解できない一つの理由は、機械が取り扱う問題の規模の大きさだ。二〇一六年、グーグルが翻訳ソフトの整備に着手したとき、このソフトはすでによく使われていたが、同時に意図せざるユーモアの見本でもあった。二〇〇六年に初めて登場した際には、統計的言語推定（statistical language inference）という技術が用いられていた。言語が実際にどう機能するかを理解しようとするのではなく、システムが既存の翻訳の莫大な数のコーパス〔データベース化された大規模な言語データ〕、つまり同じ内容を異なる言語で記述したテキストを取り込むのだ。それはクリス・アンダーソンの言う「理論の終焉」の言語学版だった。一九九〇年代にＩＢＭが草分けとなった統計的言語推定では、莫大な数の生データを優先して、領域固有の知識を除外した。ＩＢＭの言語プロジェクトを牽引した研究者フレデリック・イェリネクは有名な言葉を残している。「言語学者を解雇するたびに、音声認識装置の性能が向上する」［★21］。統計的推定の役目は、方程式による理解を排除して、データ駆動型の相関関係に置き換えることだった。

ある意味で機械翻訳は、ベンヤミンが一九二一年に書いたエッセイ「翻訳者の使命」で表明した理想に近づいている。最も忠実な翻訳は、原文《オリジナル》の文脈を無視して、いっそう深い意味を透かし見せる。ベンヤミンは語の文に対する優越、意味の表わし方の内容に対する優越を力説した。「真の翻訳は透明なものであって、原作を覆い隠すことも、その光を遮ることもなく、純粋言語がその固有のメディアとして強められることで、それがいっそうくまなく原文の上に注ぎ込む」［★22］。ベンヤミンが翻訳者に望んだのは――「本質的でない内容の不正確な伝達」――つまり、原作者が意味したことを直接伝えようと奮闘するのではなく、意味の伝え方を伝えることである。それは、その作家独自のものであり、したがって翻訳にとっても独自なものである。そのような仕事は「何より、翻訳の基本的な構成要素が文ではなく語であることを証明する、シンタックス（統辞法）の直接的な描写を達成できるかもしれない」。うわべだけ意味深く見える文の蓄積よりむしろ、クロース・リーディングと訳語の選択のみが、原作のより高次な意味に近づけてくれる。ただしベンヤミンは、こうつけ加えている。「なぜなら、文というものが、原作の言語の前の壁であるとすれば、忠実な解釈に固執すること（literalness）はアーケード［街路にガラス張りの屋根をつけて、天気にかかわらず街を歩けるようにした一角、パッサージュの意もある］のようなものだ」。翻訳はいつでも不充分だ。言語間の距離に橋を架けるのではなく、強調するのに役立つ。アーケードの風通しのよさが達成されるのは、私たちが「言語間の距離、異質性、欠落、不一致」を受け入れたときだけだ——意味の伝達としてではなく、欠如の認識としての翻訳［★23］。機械は、きっとアーケード〔ゲームセンターの意もある〕で遊ぶことはできない（そしてベンヤミンだったら、グーグルのオリジナル翻訳ソフトのコーパスが、もっぱら国際連合と欧州議会の会合の多言語議事録から構成されたという事実を、どう理解するのだろうか？［★24］　これもまた野蛮なコード化である）。

二〇一六年、状況が変わった。テキスト間の厳密な統計的推定を用いる代わりに、翻訳システムはグーグル・ブレインが開発したニューラルネットワークを使い始めたのだ。その能力は突然、指数関数的に向上していった。たくさんのテキストを単純に相互参照するのではなく、ニューラルネットワークはそれ自身の世界モデルを構築する。その結果は、単語間の二次元的つながりの集合ではなく、領域全体の地図となる。この新しいアーキテクチャによって、単語たちは互いの距離によって、意味のメッシュのなかでコード化される——コンピュータだけが理解できるメッシュのなかで。人間は「タンク」と「水」という語を簡単につなげるが、一つの地図上で「タンク」と「革命」を、そして「水」と「流動性」をつなぐこと、さらにこうしたつながりからカスケードするあらゆる感情と推論をつなぐことは、たちまち不可能になる。つまり、この地図は多次元であり、人間の知性がもてる以上の方向へと広がっている。そんなシステムのイメージをジャーナリストに求められれば、あるグーグルのエンジニアがコメントしたように「私は、三次元の空間に一〇〇〇次元のベクトルを思い描くのには向いていない」と言うしかない［★25］。これは機械学習が意味を創る、目に見えない空間だ。私たちが可視化できないものの向こう側には、理解すらできないものがある。完全なる異質性を強調する不可知性——それも逆に言えば、この異質性こそが何よりも知能らしく感じられる。一九九七年、当時のチェス世界チャンピオンのガルリ・カスパロフはニューヨークで、IBMが彼を倒すために特別に設計したコンピュータ、ディープブルーと対戦していた。前年、フィラデルフィアで行なわれた同様の試合で、カスパロフは四対二で勝利しており、史上最強のチェスプレイヤーと広く認められていた彼は、今度も勝つ自信があった。その彼が敗れたとき、ディープブルーのいくつかの手が、あまりに知的で創造的だったので、人間の介入があったにちがいないと申し立てた。しかし私たちは、なぜディープブルーがそんな手を打てたかを理解している。その手を選択するプロセスは、結局は力ずくのものであった。チェス盤のように並べられた一万四〇〇〇個の特注のプロセッサによる超並列アーキテクチャは、毎秒二億通りの手を解析することができた。この対戦当時、ディープブルーは世界で二五九番目に強力なコンピュータで、その能力は純粋にチェスのために捧げられていた。次にどこへ指すかを選択するとき、より多くの手をひたすら探索することができた。カスパロフの考えが劣っていたのではない、ただ手が足りなかっただけなのだ。

それに対して、グーグル・ディープマインドが開発したアルファ碁が、世界最強の韓国のプロ囲碁棋士イ・セドルを破ったとき、何かが変わった。五局のうちの第二局で、アルファ碁はセドルも観客も同様にびっくりするような手を打った。ある石を、突然盤の反対側に打ったのだ。「とても奇妙な手でした」と、ある解説者が言った。「手違いかと思った」と別の解説者が言った。六か月前に機械に負けた初のプロとなった、もう一人のベテラン囲碁棋士ファン・フイはこの手について語った。「とてもすばらしい手じゃない。人間の手じゃない。人間がこんな手を打つのは見たことがない」。そして言い足した。「とてもすばらしい」[★26]。囲碁の二五〇〇年の歴史上、このように打った者は誰もいなかった。アルファ碁はこの対局に勝ち、シリーズも制した。

アルファ碁のエンジニアはニューラルネットワークに、熟達した棋士の何百万もの打ち手を学習させ、さらにその後、さらに何百万回と自分どうしの対局をくり返すことで、人間の棋士に勝る戦略を生み出した。だが、その戦略それ自身は判読しがたい。打った手は見えるが、なんでそう打つと決めたのかはわからない。アルファ碁の学習の合間に打たれていた囲碁もまた想像を超えているが、私たちはそれを見ても高く評価できそうにはない。学習を定量化する方法はない。あるのは勝利への本能だけだ。

非常に惜しまれて逝った故イアン・M・バンクスはそうした手が生まれる場所を「無限の遊びの空間（Infinite Fun Space）」と呼んだ[★27]。バンクスのSF小説では、「カルチャー」という大規模で理想郷的な宇宙の文明圏が、「マインズ」と呼ばれていて、善意あふれる超人工知能に統治されている。マインズは、もとは人間（または少なくとも炭素ベースの生命体）に創造されたのだが、ずいぶん前から創造主を追い越し、自らの設計を改良し、自らを創り直して、計り知れない万能の存在になっていた。宇宙船や惑星を統制したり、戦争を指揮したり、何十億という人間の面倒を見たりする合間に、マインズは自分自身の楽しみにふけってもいる。人類の理解を超えた思索的な計算を行なうことだ。自分の想像力の範囲内で全宇宙をシミュレートできるので、無限の遊びの空間で、超人間的人工知能にしか理解できないメタ数学的可能性の世界に、マインズは引きこもりつづける。そして残された私たちは、アーケードを拒否したため有限の遊びの空間に取り残され、おのれの理解を超えた機械の決定をむなしく分析する。

しかしながら、機械知能の働きのなかには、無限の遊びの空間にとどまらないものがある。その代わりに、それは世界の不可知性を生み出すのだ。新しいイメージ、新しい顔。新しく、不可知で、誤った出来事。言語が異質な意味の無限の網《メッシュ》であるというアプローチは、数学的に表現可能などんなものにでも適用できる――つまり、多次元空間における重みつき結合の網だ。人間の体から引き出された言葉は、たとえ人間にとっての意味を奪い取られたとしても、まだその関係は保っているから、その意味としての数に対して計算することができる。意味ネットワークでは、「女王」という語を定義する力の流れ――ベクトル――は「王－男＋女」という順に読まれるベクトルを連結する［★28］。このネットワークはそうしたベクトルの道筋をたどることで、「王」と「女王」の性別関係を推論できる。それは顔でも同じことができる。

一組の人々の画像を与えられると、ニューラルネットワークは計算を行なうことで、こうした力の流れに従うだけでなく、新しい結果を生み出すこともできる。笑顔の女性、笑顔でない女性、そして笑顔でない男性の一組の写真から、計算によって、まったく新しい笑顔の男性を生み出すことができる。ここに示した図は、二〇一五年にフェイスブックの研究者たちが発表した論文のものだ［★29］。

同じ論文で研究者たちは、さまざまな新しい画像も生成している。大規模な画像認識に用いた三〇〇万枚以上の寝室の写真を使って、ネットワークが新しい寝室を作りだす。現実世界にはなかった色と家具の配置だが、寝室らしさのベクトルとの交わりが生じている。壁、窓、羽毛布団、枕。夢見る機械は、夢を見られない部屋を夢見る。しかし、心に刺さってくるのは顔――つまり私たちの

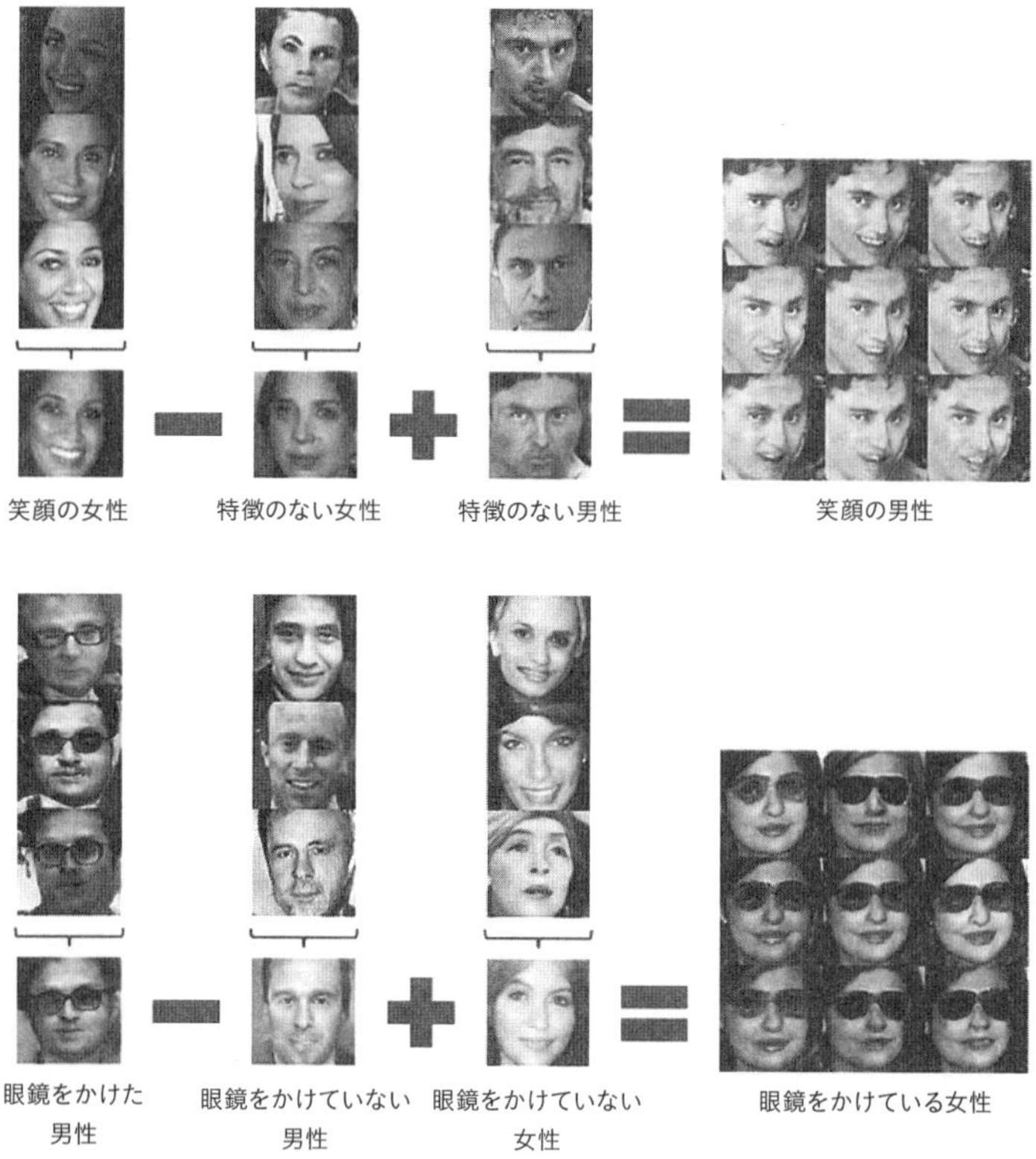

数学によって生み出された新しい顔
(イメージ: Radford, Metz and Chintala,'Unsupervised Representation Learning with Deep Convolutional Generative Adversarial Networks.')

キャラクター——である。それは誰で、何に向かってほほ笑みかけているのか？

　こうした夢のイメージが私たち自身の記憶に挟み込まれると、状況はさらに奇妙になる。ユニヴァーシティカレッジ・ロンドンの人工知能研究者、ロバート・エリオット・スミスは二〇一四年、家族とのフランスでの休暇から、携帯電話いっぱいの写真とともに帰宅した。多数の写真をグーグルプラスにアップロードして妻とシェアしたが、それらを閲覧している間に異様なことに気づいた［★30］。ある写真では、スミス自身と妻がレストランの席に着いて、カメラに向かって二人とも笑っている。しかし、この写真は実際には撮られていなかった。ある日のランチで、スミスの父親がiPhoneのボタンをちょっと長押ししすぎた結果、同じシーンの写真が大量に連写されたのだ。スミスはそのうち二枚をアップロードして、妻がどちらのほうが好きかを確かめた。一枚は、彼は笑顔だが妻はそうではなく、もう一枚は、妻は笑顔だが彼はそうではなかった。この数秒隔てて撮られた二枚のイメージから、グーグルの写真分類アルゴリズムが、魔法のように三枚目を出現させたのだ。両方の被写体が「最高の」笑顔を見せているかのような合成だ。このアルゴリズムは、オートオーサム［AutoAwesome、自動ですごいの意］（その後、シンプルに「アシスタント」と改名した）というパッケージの一部である。アップロードされた画像にさまざまな調整を施して、より「すごく《オーサム》」にする——ノスタルジーを誘うフィルターをかけたり、魅力的なアニメーションにしたり。しかしこの例では、撮られなかった瞬間の写真が生み出された。虚偽の記憶、歴史の書き換えだ。

　写真の加工はこのメディア自体と同じくらい古くからあるものだが、この事例の場合、加工操作は自動的で目に見えないうちに、個人的な記憶に人為的影響を与えている。しかしながら、ここから得られる教訓もある。イメージというものはつねに虚偽であり、多次元の時の流れ自体から強制的に抽出された、本来単独では存在しえない人工の瞬間のスナップショットであることの、遅ればせながらの発見である。信頼できない記録、カメラと思いやりの合成物。これらは世界との経験ではなく、記録プロセスの人工的所産だ——虚偽のメカニズムであり、現実そのものには近づくことができない。私たちがその虚偽、現実からの異質性を感知できるのは、こうした取り込みと保管のプロセスが、テクノロジーによって具体化されるときだけだ。これが機械の夢から引き出せる教訓である。夢が歴史を書き換えているのではなく、歴史は確実なものとして語れない、ということ。それは未来も同様だ。人工知能のベクトルによって描かれた写真は、記録ではなく進行しつづける再イメージ化であり、何がそうで、何が来るのかについての、絶え間なく変化しつづける可能性の集合体だ。この永遠に偶発的でぼんやりした可能性の雲《クラウド》は、どんな物質的主張よりも、現実の良いモデルである。そしてこの雲はテクノロジーによって明らかにされるものだ。

　機械による人間自身の無意識の解明は、グーグルの機械学習研究から生じた「ディープドリーム」というプログラムによる、もう一つの奇妙な結果に最もよく表われているだろう。ディープドリームは、人間には計り知れないニューラルネットワークの内部処理を、少しでもはっきりとさせるようデザインされた。ある物体を識別できるようにするために、ネットワークは、木、車、動物、家などの、ラベルづけされた数百万枚の画像を学習する。何か新しい画像に接すると、システムはそれを、木、車、動物、家に分類するために、フィルターをかけ、拡大し、引き裂き、圧縮する。しかしディープドリームは、このプロセスを逆転させた。ネットワークのバックエンド〔ユーザーが直接操作しないシステム部分〕に画像を提供し、何か特定の物体を見るよう訓練されたニューロンを活性化させることによって、ネットワークにこの画像が何であるかを判断させるのではなく、そこに何が見えるのかを尋ねたのだ。このプロセスは雲のなかに顔を発見することに似ている。視覚野の刺激への渇望が、ノイズから意味のあるパターンを組み立てる。

ディープドリームのエンジニア、アレクザンダー・モルドヴィンツェフは、深夜二時にこのプログラムを初めて実行してみた。悪い夢を見て起きてしまったのだ［★31］。システムに提示した最初のイメージは、木の切り株に座っている子猫で、出力されたのは、まるで悪夢のようなモンスターだった。猫／犬のハイブリッドで、何組もの目と、足には濡れた鼻がついていた。グーグルが二〇一二年に初めて未学習の分類ネットワークを公開し、それに無作為抽出したユーチューブのビデオ一〇〇〇万本を見せたとき、最初に自発的に見分けるようになったのが、猫の顔だった。インターネットを象徴する動物（スピリット・アニマル）である［★32］。モルドヴィンツェフのネットワークは、インターネットで知ったものの夢を見た。それは、さらに多くの猫と犬だった。さらなるくり返しが、無限につづく建築の〔ヒエロニムス・ボス的な〕地獄絵図を生み出した。アーチ、パゴダ（仏塔）、橋、塔、活性化したニューロンによる無限のフラクタル建築である。しかしディープドリームの創造物を貫く一つの不変のものは、目のイメージ——犬の目、猫の目、人間の目だ。それはネットワーク自身にあまねく存在する監視の目だ。ディープドリームの空に浮かぶ目は、ディストピアの宣伝活動のすべてを見通す目を思い起こさせる。グーグル自体の無意識な、私たちの記憶と行動から成る、絶え間ない分析によって処理され、企業の収益と私的な知能のために捕らわれたもの。ディープドリームが本質的にパラノイアの機械なのは、

ディープドリームからのイメージ　（出典：グーグル）

それがパラノイアの世界から現われるからだ。

その一方で、機械の夢を私たちの啓蒙のために、目に見えるようにすることが強いられていなければ、機械は自身の想像上の空間へ、私たちには入れない場所へとさらに進んでいく。「翻訳者の使命」でのヴァルター・ベンヤミンの最大の願望は、言語間の伝達のプロセスが「純粋言語」——つまり世界のあらゆる言語の合成物を生み出すことだった。そこで翻訳者は、この集合言語というメディアの上で仕事をする。なぜなら、それが明かしているのは意味ではなく、原文の思考だからだ。グーグル翻訳における、二〇一六年のニューラルネットワーク採用の後、研究者たちはシステムが二言語間だけでなく三言語以上のあいだでも翻訳できることに気づいた。すなわち、直接翻訳したことのない二言語間でも翻訳ができるようになったのだ。たとえば、日本語－英語と、英語－韓国語の事例を学習したネットワークは、あいだに英語を介することなく、日本語－韓国語の翻訳を生み出した[★33]。これは「ゼロショット」翻訳と呼ばれ、その意味するところは「間言語」表現の存在であり、言語間の共通概念から成る内的なメタ言語

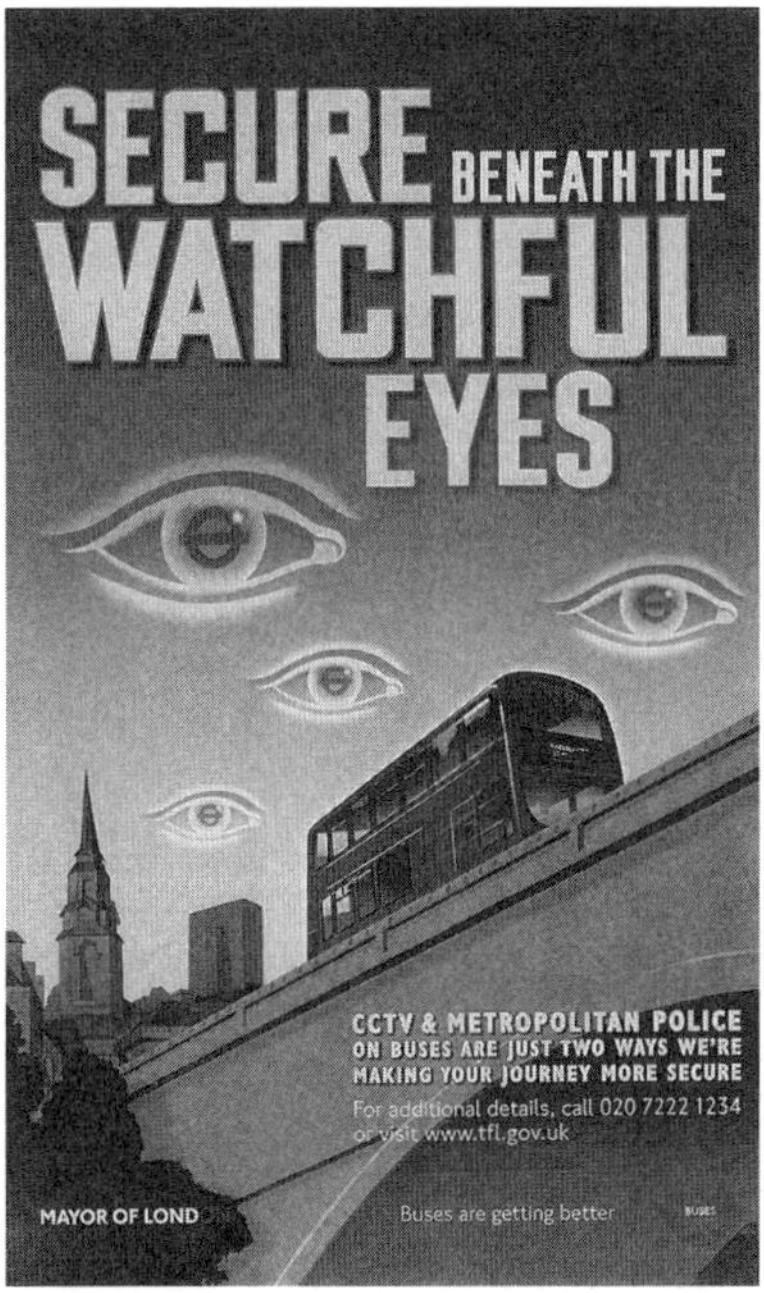

「監視の目の下にあることを確実にせよ」ロンドン交通機関、2002年

だ。これはまさに、ベンヤミンの言う純粋言語に他ならない。アーケードの無意味なメタ言語。ネットワークのアーキテクチャとそのベクトルを、跳ね散らした色と線として可視化することで、さまざまな言語による文が、群れになっているのを見ることができる。結果は、ネットワークのなかにデザインされたのではなく、そこで進化した意味論的表現である。だがこれは私たちが近づける限界だ。というのも、前に述べたように、私たちは無限の遊びの国の窓をのぞき込んでいるだけなのだから——決して訪れることのできないアーケードを。

こうした考え違いを乗り越えて、二〇一六年にはグーグル・ブレインの二人の研究者が、ニューラルネットワークが秘密を守れるかどうかを確認してみることにした［★34］。これは、ニューラルネットワーク設計において、近年ますます一般的になってきた構成要素である「敵対者《アドバーサリー》」という考え方から生まれた。フリードリヒ・ハイエクはさぞ喜んだにちがいない。アルファ碁とフェイスブックの寝室ジェネレータは、敵対的に教育されていた。それは新しい打ち手や場所を生み出す単一の構成要素〔ニューラルネット〕だけでなく、しきりに相手をしのぎ、先を読もうとし、さらなる改良に駆りたてる、二つの競いあう構成要素から成っていた。敵対者というアイデアからの論理的帰結として、次に研究者たちは三つ目のネットワークを用意した。それらは暗号実験の伝統に則って、アリス、ボブ、イヴと呼ばれ、与えられたその課題は情報の暗号化のしかたを学ぶことだ。アリスとボブは、ある数を知っていた——暗号用語で言うところの鍵《キー》だ——、しかしイヴは、それを知らなかった。アリスは一連のテキストに何らかの操作を施して、それをボブとイヴに送る。ボブがメッセージを解読できたら、アリスの点数は上がるが、イヴが解読できたら、逆にアリスの点数は下がる。何千回とくり返されるうちに、アリスとボブは、イヴが暗号を解読できないように通信するようになった。彼らは今日の当事者間だけのプライベート電子メールのような、私的な暗号形式を開発した。ここで重要なのは、私たちが見てきた他のニューラルネットワークによる方法のように、この暗号化がどう機能しているかがわからないことだ。その仕組みはネットワークの深い層によって見えなくなっている。イヴから隠されているものは私たちからも隠されている。機械は秘密を守ることを学びつつある。

アイザック・アシモフのロボット工学三原則は一九四〇年に考案された。以下のようなものだ。

第一条　ロボットは人間に危害を加えてはならない。また、その危険を看過することによって人間に危害を及ぼしてはならない。

第二条　ロボットは人間に与えられた命令に服従しなければならない。ただし、与えられた命令が、第一条に反する場合は、このかぎりではない。

第三条　ロボットは、前掲第一条および第二条に反するおそれのないかぎり、自己の存在を守らなければならない。[★35]

これに第四条を加えることになる。「ロボットは――もしくはほかのどんな知能機械も――自分の行為を人間に説明できなければならない」。この原則はロボットたちの前に立ちはだかるにちがいない。なぜなら、これはロボットたちへの禁止命令ならぬ倫理のかたちをとっているからだ。この原則が――私たち自身の設計によって必然的に――すでに破られているという事実は、ロボット自らがそうする、という結果から免れえない。私たちは未来ではなくいま現在、そこでの自らの創造物を理解していない世界に対峙している。こうした不透明性の結果は、つねに、そして必然的に暴力だ。

カスパロフ対ディープブルーとセドル対アルファ碁の話を語るうえで、別の並行した物語が語られずに残っていた。カスパロフはいらだち、機械の性能に疑惑をもち、事実上ゲームを投げてしまった。だが彼のいらだちは、チェスを機械の優勢から救う道を探る方向へ向かっていた。そうした試みはたくさんあったが、ごくわずかしか成功しなかった。スコットランド人のチェスのチャンピオンで、一九七〇年代から八〇年代にかけて、機械を相手に多くのエキジビションマッチを行なったデーヴィッド・レヴィは、当の本人が言うところの「何もしないということをうまくやる」制限した指し方による「反コンピュータ」スタイルを考案した。彼の棋風はとても保守的で、レヴィの駒の配置がとても固かったため、対戦相手のコンピュータは先の先まで手を読むことができず、彼を倒すことができなかった。同様に、イスラエルのグランドマスター、ボリス・オルターマンは、九〇年代から二〇〇〇年代初期にかけて「オルターマンの壁」と呼ばれるようになる、対コンピュータ戦の戦略を開発した。オルターマンは一列のポーンの後ろで、好機が来るのをずっと待ちつづけた。盤上に多くの駒があればあるほど、機械はより多くの可能な手を計算しなければならないことを知っていたのだ[★36]。

スタイルが変わるとともに、ゲームが変わることもある。アリマアはチェスの変種で、二〇〇二年にオマール・サイドが――サイド自身は人工知能を専門とするコンピュータエンジニアだ――機械には理解しがたく、その一方で人間が学ぶにはやさしく楽しくなるよう特別にデザインしたものだ。ゲームの名前の由来は、そのわかりやすさの基準《ベンチマーク》を与えてくれた、サイドの当時四歳の息子の名前である。アリマアでは、プレイヤーは駒を自由に配置でき、最も弱い駒——チェスではポーンだが、ここではウサギ——を、一つでも相手のゴール列まで動かしたら勝利となる。強い駒を使って弱い駒を押し出したり引っ込めたりしながら、正方形の罠にかけることで盤から駒を除いて、ウサギに道をあけることもできる。多くの異なる最初の配置と、駒がほかの駒を動かせること、手番ごとに四手を動かせることが、結果としての組み合わせ爆発を引き起こす。つまり、コンピュータのプログラムには手に負えないほど、駒の動きの可能性が急速に増大する——オルターマンの壁の急激な極限状態であり、そうなることが望まれていた。第一回のコンピュータによるアリマアのトーナメント戦が、二〇〇四年に開催された。最も上出来のプログラムは、人間のトッププレイヤーの一団に、賞金をかけて挑戦する権利を勝ちとれた。最初の数年は、人間がコンピュータの対戦相手を苦もなく破っていた。新しいゲームの人間のスキルが、挑戦者側のプログラムより速く向上することで、勝敗の差が広がりさえした。しかし二〇一五年になると、機械のほうが完勝した。逆転できそうにない結果だった。

知的システムの能力とその不透明性に立ち向かい、それを手間取らせ、脱線させ、敗北を認めさせるのは魅力的なことだ。アリマアは、レヴィとオルターマンが壁を築いた土地へと戻り、機械が支配する領域の外側に、その代わりとなる空間を切り拓こうとした。これはカスパロフのやり方ではなかった。ディープブルーに破れた翌年、カスパロフは機械を拒絶することなく、変種のチェスを携えて戻ってきた。彼が「アドバンスト・チェス」と呼ぶものを。

アドバンスト・チェスには「サイボーグ」あるいは「ケンタウロス」チェスという別名がある。そこから想起されるイメージは、人間が機械と融合したもの、あるいは人間が動物と融合したものだ――完全に異質なものでないとしても。ギリシャ神話のケンタウロスの伝説は、おそらく中央アジアの大草原からやって来た、馬に乗った戦士の到来と共に生まれたものだろう。当時は地中海沿岸では乗馬は知られていなかった（メキシコのアステカ族は同じような伝説を、スペインの騎兵〔コンキスタドール〕から得たと言われている）。ロバート・グレーヴス〔詩人、『ギリシア神話』の著者〕は、ケンタウロスはさらに古いヘレニズム前期の大地崇拝の遺物だと主張した。ケンタウロスはまた雲のニンフ、ネペレーの孫でもあった。だからケンタウロスの戦略は、敵対者に直面した現代における必要性と共に、さほど敵対的でなかったアダムとイヴの堕落以前の時代が復活する可能性を宿している。

アドバンスト・チェスは、人間のプレイヤーとコンピュータ・チェスのプログラムがチームを組み、別の人間とコンピュータのペアと対戦する。結果は革命的だった。以前のゲームには見られなかった、新しい世界と戦略が切り拓かれた。成果の一つは、不注意による間違いがなくなったことだ。人間は自分が提案した手を誤りなく解析することで、完璧な戦術による対戦ができ、より精密に展開する戦略プランが可能になった。

だがおそらく、通常は人間と機械のペアどうしが戦うアドバンスト・チェスから得られた最も驚くべき結果は、人間と機械が機械単独と対戦するときに起こる。ディープブルー以降、人間を苦もなく効率的に倒すことができる数多くのコンピュータプログラムが開発されてきた。データの記憶量と処理能力が向上し、スーパーコンピュータはもはや必要なくなった。しかし最も強力な現代のプログラムでも、味方のコンピュータにアクセス可能な熟練したプレイヤーに負かされうる――たとえ敵方より性能の劣るコンピュータであっても。人間と機械の協力は、最も強力なコンピュータよりも、より強大な戦略になるのだ。

これはゲームに応用された検眼アルゴリズムである。人間と機械を戦わせるのではなく、おのおのがもっているスキルを利用するアプローチだ。協力はまた、計算の不透明性の苦痛を減らしてくれる。事後の分析ではなく、協力的な対戦を通して、複雑な機械が行なう決定方法よりも、深い洞察が得られるかもしれない。非人間知能の現実を認識することは、私たちが世界でいかに行動を起こし、自身の行動や機会、限界に関する明快な思考を要求されるか、ということにとって深い意味をもっている。多くの分野で、機械知能が急速に人間の性能を上回りつつある一方で、それが唯一の考え方ではないにせよ、多くの分野では悲劇的なほど破壊的でもある。意識的で思慮深い協力以外のどんな戦略も、離脱という形態をとる。共存からの撤退である。私たちは最終的に、社会や世界の隣人を完全に拒絶する以上に、現代のテクノロジーを拒絶することはできない。私たちはみな絡まりあっている。今日の協力という倫理体系は、機械との協力だけに限定される必要もない。生命の有無にかかわらず、その他の非人間の存在とともに、それは普遍的な正義の行為を強調する、別のかたちの監督責任となる。不可知で計算不能の未来にではなく、いま・ここで。

7 Complicity――共謀

二〇一二年のロンドン・オリンピックの準備の際、イギリスは独自の発作的な保安体制に入った。オリンピックを狙うテロリストに関する警告がなされ、抗議活動を行ないそうな者はあらかじめ拘禁された。ＭＩ５（情報局保安部）は、その本部であるテムズハウスの玄関に、オープニングセレモニーまでのカウントダウン用の時計を設置した［★1］。イギリス海軍は、海兵隊員を満載した最大の艦船オーシャン号を、テムズ川に係留した。陸軍は地対空ミサイルのレイピアを、開催場所の周囲の高層ビルの上に装備した（この作業はのちに外国政府に対する入念かつ上首尾の売り込み作戦であったことが判明した）。そしてロンドン警視庁は、市内の監視にドローンを使うことを発表した［★2］。

この最後のアイテムは私の興味をそそった。私は長年にわたって、無人の空中輸送手段――ドローン――の進化を調べてきたからだ。秘密の軍事計画から戦争の日常のツールまで、さらには高度監視用プラットフォームや安物のクリスマス用玩具といった銃後《ホーム・フロント》の守りにまで。しかしイギリスの警察隊はドローンに関して、決してツキがあるとは言えなかった。ドローンを最初に手に入れたエセックス警察は、二〇一〇年にそのプログラムを延期した。同年にマージーサイド警察は、民間航空局（ＣＡ

A）の許可なしで飛ばしたかどで捕まり、二〇一一年に新たに許可を得て飛ばしたときには、墜落しマージー川に沈んだ――そして結局、代替機を補充しないことにした[★3]。

オリンピックが終わると、私はロンドン警視庁に情報公開を請求して、本当にオリンピック中にドローンを使用したのか、もし使用したなら、どこで、どんな状況だったのかを尋ねた[★4]。数週間後に戻ってきた回答に、私は驚いた。警視庁は私の請求に関連したいかなる情報についても、もっていることを肯定も否定もしなかった。私は何度か質問を書き直した。ドローンを飛ばすためのCAAの許可を申請したかと尋ねると、警視庁は回答を拒否した（CAAは申請はなかったと喜んで教えてくれたのだが）。ドローンを飛ばす第三者と契約を結んだのかどうかと尋ねると、警視庁は回答を拒否した。どんな航空機でもいいので、何を所有または借りているのかを尋ねると、ヘリコプターを三機もっている、ほかのどんなものも肯定も否定もしない、と言ってきた。

ヘリコプターの回答は奇妙に思えた。ヘリコプターのことを話すのであれば、なぜドローンについては話さないのか？　なんでドローンはそんなに特別なのか？　イギリスの情報公開請求の調停者、情報公開委員に訴えるなど、質問に答えてもらおうと努力したにもかかわらず、回答はまったく得られなかった。ドローンに関する質問は、「秘密工作の可能性」という見出しの下にたちまち置かれて、一般開示を免れていた。ドローンはその下に何でも隠せる、便利な覆いのような感じがしてきた。ドローンという幽霊はとても強力で、影のようで、カメラや武器一式のみならず、秘密の支配体制や隠れた軍事工作から派生し、市民生活のあらゆる面に感染した秘密をも運べるようだ。この武器と化した秘密主義は、警察が私の質問をつっぱねた、まさにその言葉から生まれていた。私が毎回、どんな方法で尋ねても、回答はいつも同じだった。「そのような情報があるかどうか、肯定も否定もいたしかねます」。これらの言葉――まさしくその形式――は、冷戦時代の隠された歴史に由来していた。これらの言葉は一種の魔法の呪文、もしくは政治的テクノロジーで、どんな軍事テクノロジーとも同じくらい確実に、市民生活を統治機関と被統治者との対立へと変えていく――そしてその過程で新しい種類の真実を創造する。

一九六八年三月、ソヴィエト連邦の弾道ミサイル潜水艦Ｋ－１２９は、太平洋で乗組員もろとも沈んだ。ソ連海軍が小艦隊をＫ－１２９が消息を絶った地点へ緊急発進させたとき、西側諸国はすでに沈没に対する警戒態勢をとっていた。艦隊はミッドウェー環礁の北、約一〇〇〇キロメートルの大海原をくまなく探索したが、数週間のむなしい引き網の後、海軍命令で捜索は打ち切られた。

しかしアメリカ合衆国は、ソ連が所有していなかったツールを利用できた。核爆発を探知するために作られた、水中音の受信基地のネットワークだ。海をかき回すのではなく、大量の水中聴音機《ハイドロフォン》のデータを調べた結果、三月八日に内破音が記録されていた――そしてその反響音はいくつかの地点から三角測量ができるほど広がっていて、おおよその場所がわかった。特別配備されたアメリカの潜水艦が派遣され、三週間の捜索の後に、Ｋ－１２９の残骸が、水深約五キロメートルのところで見つかった。

アメリカの情報機関は喜んだ。三機の弾道ミサイルに加えて、Ｋ－１２９は電信暗号帳や暗号機を運んでいたはずだ。ソ連海軍の鼻先でそれを回収するのは、冷戦下の情報戦では大当たりだった。問題は、五キロメートルという水深が、それまでに行なわれた引き揚げ作業よりはるかに深く、しかも潜水艦の引き揚げは、極秘裏に行なわなければならなかった。

その後数年にわたって、中央情報局（CIA）はいくつかの供給業者と機密契約を結び、唯一無二の船、ヒューズ・グローマー・エクスプローラーを建造した。億万長者のビジネスマン、ハワード・ヒューズにちなんだ船名は、本人が偽装のために、その名を与えることに同意したものだ。グローマー・エクスプローラーは巨大かつ非常に高価で、高さ二〇メートルの掘削装置が搭載されていた。グロッキード・オーシャン・システムズは、船とは別に最先端の潜水バージを、巨大な鉤爪をこっそり隠すためだけに建造した。ヒューズは公には、この船をマンガン団塊――海底に散らばっている貴金属の堆積物を採掘するために使用すると主張した。マンガン団塊というのは本当の話で、六〇年代から七〇年代にかけて、主にこのヒューズの名前とCIAの作り話のおかげで、その開発に莫大な投資が行なわれたが、実際に商業化できたものはなかった。この船の真の目的はK－129の回収であった。

一九七四年に出航したグローマー・エクスプローラーは、K－129の残骸の上に停泊し、キール（竜骨）に隠されていたドアを開き、鉤爪を下ろした。潜水艦の完全な船体をつかむことに成功し、引き揚げ始めた――が、作戦中のある時点で、巨大な鋼鉄の鉤がひどく壊れてしまい、潜水艦の大部分が切り裂かれた。実際のところ、K－129がどのくらい回収できたのかは、いまだにわかっていない。その後詳細は機密のままだからだ。ミサイル二機を回収したとする報告がいくつかある。書類や機器に触れた報告もある。唯一確認された回収品は、ソ連の潜水艦乗組員六名の遺体だった。その後、放射能の恐れにより、六人は鋼鉄の容器に納められ、海に葬られた。

作戦の数か月後、『ニューヨーク・タイムズ』紙の調査報道記者シーモア・ハーシュが記事をものにした。アメリカ政府は発表を遅らせようとして、作戦がいまだ進行中なので、公表されると国際的な事件になると主張した。ロサンゼルスのヒューズのオフィスに強盗が入って、別の記者がこの話に勘づいたが、一九七五年二月、『ロサンゼルス・タイムズ』が作戦の一部を間違いだらけの記事で伝えたことが、メディアの喧噪につながった。その後『ニューヨーク・タイムズ』が事件を独自にまとめて発表し、この話が広く知られることとなった[★5]。

グローマー作戦のとても興味深い側面は、誰も何が起きているか知らないのに、それがはっきり見えるところで行なわれていたことだ。ヒューズの作り話から潜水バージまで——作戦はカリフォルニア州サンタカタリナ島のすぐ沖で、海水浴客にまる見えの状態で遂行されていた——さらにソ連船まで、潜水艦を引き揚げていたグローマー号の約一八〇メートル以内を航行していた。すべてのプロセスが、秘密でもあり公開でもある状況で行なわれていた。グローマー作戦の遺産は、この不透明性と誤った方向に導く戦略を継続し、それを日常生活の領域にまでもち込んだことだった。

一九八一年、別のジャーナリスト、ハリエット・アン・フィリッピが情報公開法を行使して、作戦のさらなる詳細と未遂に終わった隠蔽について、CIAに返答を迫った。CIAは彼女の請求に対して、奇抜な返答を案出した——さらにその過程で、新たな公の説明を生み出した。知っていることでも知らないことでも、明らかにしたことは何でも、敵であるソ連に利用されかねない、と心配したのだ。CIAのウォルト・ローガン（仮名）は、以下のような返答を行なった。「請求された情報の存在は肯定も否定もいたしかねます。しかし仮に、もしもそのようなデータが存在するとしたら、その内容は機密ということになるので、公開いたしかねます」［★6］。

この明快な言明はアメリカの法律では「グローマー応答〔存否応答拒否〕」と呼ばれ、是認と否認、真実と虚偽のあいだにある第三のカテゴリーの陳述を生み出した。たびたび「肯定も否定もしない（Neither confirm nor deny）」と短縮され、NCNDと略されもするグローマー応答は、その後CIAの指令官だけでなく、国家安全保障の枠を飛び越えて、さまざまな公式および公開の談話に広がった。

今日、インターネットで手早く検索してみると、「肯定も否定もしない」という文言が現代のコミュニケーションのあらゆる面に感染していることが明らかになる［★7］。二〇一七年九月のある一日だけでも、このフレーズが登場した報道は、ブラジルの財務大臣（大統領への野心に関して）、ノースカロライナ州スタンリー郡の保安官事務所（九一一番への迷惑電話）、ヨハネスブルグ大学（不正行為疑惑）、アルゼンチンのゴールキーパー（ジンバブエへの移籍）、ビアフラ共和国大統領特別顧問のメディアと広報に関する発言（テロリストの指摘）、ホンダ・モーターサイクル（ニューモデル）、ニューヨーク警察（キャンパスの監視）、ジョージア司法適格性委員会（法廷での放尿）、マーベル・コミックスの編集者（『ファンタスティック・フォー』の復活）、リアリティ番組のスター、カイリー・ジェンナーの広報担当者（妊娠の可能性）、そしてFBI、シークレットサービス、証券取引委員会（金融ハッキング事件に関して）など、肯定も否定もしないことは、もはや自動応答になった。どんな種類の議論にも発表にもかかわらない、という拒絶の言明になった。そしてこれらの人たちの本来の立場は――おそらくジェンナーを除けば――私たちが「信頼」を期待する人たちだ。

きっと私たちは、それくらいお人好しなのだ。権力者に益するために、世界の本性を隠すことは大昔からなされてきた。古代エジプトでは、毎年のナイル川の氾濫が、農業と国家の収入にとって非常に重要だった。「良い」氾濫は流域の肥沃な平野を潤し、豊かな栄養を堆積させたが、つねに危険もあった。大きすぎる洪水は畑や村を押し流したし、雨が足りないと干ばつや飢饉にみまわれた。こうした一年のくり返しのうえに、エジプトの貴族と神官は、毎年到来する氾濫と、そこから予想される影響——さらにその結果としての税率——を予測する能力を自分たちの力であると断言することで、並はずれた富と安定性をもった文明を築いた。毎年、オシリス神の死と再生を祝って、神官は氾濫期アケトを示す入念な祭典と儀式を行ない、そこで洪水の予告は最高潮に達した。次に、神官による予測という権威が、神権政治による支配の権威へと置き換えられる。しかしこの権威は、神々からの贈り物では——少なくともそれだけでは——なかった。島や川岸の神殿の神聖な境界内に隠されたナイロメーターという建築物があった。地面を深く掘った井戸の柱や階段にしるしがつけられていて、川の水位を測定することができる。ナイロメーターは科学的な計測器だった。正しく読み取られ、壁に記録された数世紀間のデータと比較することで、神官と統治者は川の活動を予想し、適切な宣告と準備を行なうことができた。ナイロメーターは機能だけでなく、その存在さえも民衆には隠されていた。もし問われたなら、エジプトの神官はきっとこう答えただろう。「……肯定も否定もいたしかねます」。

そんなシナリオを現代へ戻して、暗証番号(secret number)について考えてみよう。一九四〇年代以来、アメリカの国家安全保障局(NSA)とイギリスの政府通信本部(GCHQ)——そして間違いなくロシアや中国の同等の部門——は、最高の大学の数学関連の学科から、知力の絶頂にある数学者たちを雇い入れている。組織に入るやいなや、研究のすべては機密とされ、一般大衆から隠される。折に触れて、彼らの発明の才は外部にもれる。創案した二人の数学者の名前をつけたディフィー・ヘルマン鍵交換は、一九七六年に初めて発表され、公開鍵暗号〔暗号化と復号に別個の鍵を用い、暗号化の鍵を公開できるようにした暗号方式〕の基礎となった。公開鍵暗号は今日でも電子メールやウェブページの暗号化に広く使われている［★8］。しかし一九九七年、イギリス政府は、このプロセスがGCHQで働いていた三人の数学者、ジェームズ・エリス、クリフォード・コックス、マルコム・ウィリアムソンによって、その数年前に独自に考案されていたことを示す文書を機密指定から外した［★9］。

公開鍵暗号は、効率的な解法が知られていない数学の問題を生み出すことに依存している。鍵をもたずに暗号を解読するには、非常に複雑で不可能に近い数学的操作を要する。一般的な暗号化アプローチは、二つの素数への因数分解である。暗号化は二つの非常に大きな素数の積で作られた数によって行なわれる。鍵はこの二つのもとの数だ。数の大きさによっては、スーパーコンピュータですら、これらを見つけるのに何年もかかるかもしれない。ただし、この前提には二つの問題がある。一つは一般的なことだ。誰もが異なる素数を使うと、因数分解が強力になりすぎるので、結局のところ、たいていの場合は少数の同じ素数の組み合わせが何度も用いられるはめに陥って、大切な問題の複雑さを低減してしまう。セキュリティの研究者には広く信じられていることだが、巨大なコンピュータと一一〇億ドルの年間予算をもつNSAは、実際によく使われる素数を発見し、かなりの数の暗号化された通信文を、すでに解読している［★10］。量子コンピューティングの到来は、NSAが多額の投資をしたこともあって、間違いなくこうした努力を加速させるだろう［★11］。より具体的に、チェルトナム〔GCHQの本庁所在地〕とフォートミード〔NSAの本局所在地〕の閉ざされた事務所で七〇年以上も秘密裏に働いてきた何千人もの数学者たちのことを考えよう。彼らは公開鍵暗号を発明し、そのことを口外しなかった。以来数十年、彼らがまったく新しい計算を可能にする、まったく新しい数学の分野——暗証番号——を定式化している、と言えない人がいるだろうか？　そうした数学の革命は、これまでにも起こっていた。もしユークリッドやオイラーやガウスが今日仕事をしていれば、国家安全保障機関の一つに勤めていて、その発見が秘密の図書室のなかへ消えていった可能性は高かったはずだ。

新たなる暗黒時代は、こうした曇った可能性でいっぱいだ。もしそれがありえそうにないことに聞こえるなら、CIAが敵国にも国民にも秘密を保ったまま、何十億ドルもかけて史上最深の引き揚げ作戦をやってのけたことを思い出せばいい。そしてCIAが何十年にもわたり、テクノロジーの革新に取り組みつづけていたことを。初めて無人航空機を開発し製造したのは、アメリカ陸軍でも空軍でもなく、CIAだった——プレデターとリーパーというドローンは、現代の戦争に革命をもたらし、情報局のパラノイアと秘密主義をまずは戦場へ、それから全世界へ広めたのだ。いくらCIAの工学技術が進んでいたといっても、最も多額の投資をしたのは情報テクノロジーだ。パランティア〔パランティア・テクノロジー社：データ解析コンサルティング会社〕のようなシリコンバレーのテクノロジー企業は、レイセオン〔世界第一位のミサイルメーカー〕やロッキード・マーティン〔アメリカの航空機・宇宙機の開発製造会社〕のような防衛関係の請負業者に成り代わって、現代のコミュニケーションと社会的ネットワークのなかに入り込もうとしている。あるいは、二〇一二年のことをご記憶かもしれない。さらなる秘密の組織、監視衛星を担当している国家偵察局（NRO）が、使用しなくなった宇宙望遠鏡二台を民間に寄贈することを発表した。NASAの当局者が発見したのだが、これらは二台とも一九九〇年代末に造られ、非軍事用では最も強力なテクノロジー、ハッブル宇宙望遠鏡の性能をも上回っていたという。そのうえ、この望遠鏡の短い焦点距離は、見上げるのではなく見下ろすために造られたことを意味していた。ある科学ジャーナリストが書いた。「たとえこの性能の望遠鏡が、棚で埃をかぶっていたとしても、それらが実際に使われることを想像してごらんなさい」[★12]。こうした三文字の機関や他国にもある同様のものこそ、新たなる暗黒時代の象徴である。この数十年でこれらの権力規模が大きくなるなか、世界の歴史と科学的発見の非常に大きな部分が、機密の世界へとひっそり消えていったのだった。

公務上の秘密主義の広まりが、私たちが世界を知り、理解する方法を蝕んでいくのは、私たちが自身の歴史を知ることができず、私たちが本当に何ができるのかも理解することができないからだ。一九九四年、アメリカ政府はダニエル・パトリック・モイニハン上院議員を委員長として、超党派の委員会、政府機密委員会を結成した。モイニハンとその同僚の使命は、アメリカの機密のありとあらゆる面を、文書の区分から機密取扱者の人物調査まで――要するに、何が知ることを許され、誰が知ることを許されているのかを調べることだった。三年間の調査によって、アメリカは毎年四〇万件の新しい文書を秘密指定の最高レベル、最高機密としており、二五年にわたって、一五億ページ以上の機密文書を保持していることがわかった。

モイニハンの最終報告では次のような言葉も述べられた。「機密システムは、アメリカの歴史家がアメリカの歴史の記録に近づくことを組織的に拒絶してきた。近年では、世紀半ばにワシントンで何が起こっていたかという疑問を解決するのに、モスクワの旧ソ連の記録に頼る体たらくである」[★13]。二〇年後、ドナルド・トランプは大統領となってさえも、自身の情報局を説得してジョン・F・ケネディ暗殺の完全な記録を公表させることができなかった。陰鬱で機密扱いとされてきたこの歴史は、数十年にわたってアメリカの政府と国民との関係を害してきた［★14］。

イギリスでは、状況ははるかに悪い。二〇一一年、一〇年以上つづいた法廷闘争の末に、植民地当局に苦しめられていたケニア人の一団が、イギリス政府を訴える権利を勝ちとった。六〇〇〇人の宣誓証言者から選ばれた四人の原告は、四人ともが一九五〇年代に強制収容所に入れられ、ぞっとするような虐待を加えられていた。ンディク・ムチュアとパウロ・ムオカ・ンジリは去勢されていた。ジェーン・ムトニ・マラは沸騰した湯を満たした瓶でレイプされていた。ワンブグ・ワ・ンインギは一九五九年のホラの虐殺を生き延びた。収容所の看守が、被収容者一一人を殴り殺し、ほかの七七人に衰弱するほどの怪我を負わせていた。長年にわたってイギリス政府はその事件を否認していたし、事件を裏づけるいかなる記録の存在をも否定しており、それとともに、元植民地の国民が独立したあと、迫害者に異議申し立てをする権利も許していなかった。最後の反論がロンドンの高等法院で覆されると、政府は実際にはそうした文書を――幾千もの文書を保有していることを認めざるをえなかった［★15］。

「移送文書群（migrated archive）」と呼ばれるこの膨大な植民地時代の文書は、何十年ものあいだ、イギリス周辺の秘密の場所にしまわれていた。その存在を歴史家にも知らされず、役人に否定されながら。イングランド中部地方のハンスロープ公園にある政府の隠れた研究施設のおよそ一二〇万件の文書が、ケニアの「輸送ルート《パイプライン》」システムについて明らかにした。歴史家がナチスの強制収容所に比肩しうるとしているものだ。数千人の男、女、子供までが、ふるい分けと尋問のあいだに、殴打されたりレイプされたりした。公の場での拷問のなかには、飢餓、感電、手足の切断、強姦から、さらにはむち打ちや焼殺まであった。文書ファイルには、少なくとも三七の他国の植民地での活動の詳細が含まれていた。たとえばマラヤ危機〔一九四八―六〇〕中の村人の虐殺や、英領ギアナの組織的なデモクラシー打倒、アデン植民地の陸軍情報部の拷問施設の活動、ボツワナの計画的な毒ガス実験。

　移送文書群には、はるかに広く大量に破棄された秘密の歴史の、ほんの一部の証拠だけが含まれていた。残りのファイル――まだほとんど公開されていない――とともに、何千もの「破棄証明書」が存在する。暗黒と抹消の包括的なプログラムの証拠である、欠如の記録だ。大英帝国の末期には、植民地の統治者は、可能なかぎりすべての記録を収集確保して、燃やしてしまうかロンドンに送るように指示された。これは「遺産作戦（Operation Legacy）」と呼ばれ、植民地の歴史を白く糊塗《ホワイトウオッシング》することを意図したものだ。行政府がＭＩ５とイギリス軍の助けによって、薪を積むか、煙が目につきそうなら、記録を重石をつけた箱に詰めて沖へ沈めた。新たに独立した国家の政府――あるいは未来の歴史家から秘密を守るために。

　たとえ有罪であることを示す証拠が数十年間残存していたとしても、安全とは言えない。一九九三年まで、遺産作戦の一環としてイギリスへ送られた一七〇箱の文書群が、「最高機密独立記録・一九五三年から一九六三年」と印をつけられて、ロンドンに保管された。残された記録によると、この文書群はアドミラルティアーチ〔ヴィクトリア女王記念事業として建設されたアーチ道〕の52A室の棚の約二四メートルを占め、ケニア、シンガポール、マラヤ連邦、パレスチナ、ウガンダ、マルタ、その他一五の植民地のファイルが収められていた。残存している一部の目録には、ケニアのファイルに収監者の虐待と心理戦についての文書が含まれている、という注記がある。「ケニアの状況――CO［植民省《コロニアル・オフィス》］による呪術師の雇用」と題された一束には「本ファイルは男性書記官によってのみ処理され受領されること」という警告が付されていた［★16］。一九九二年、おそらく来るべき総選挙に労働党が勝利し、新たな公開と開示の時期が訪れることを危惧してであろうか、外務省は数千件の文書をハンスロープ公園へ送った。その過程で最高機密の独立記録が忽然と消えてしまった。破棄証明書は発行されず、ほかの文書群のなかに記録は見つからなかった。法律では、文書は国立公文書館へ移されるか、秘密指定の継続が正当だったのだが、記録から抹消されただけであった。歴史家は、文書に記した出来事が起きた五〇年後、唯一残っていた記録がイギリスの首都の中心で破棄されてしまった、と結論づけざるをえなかった。

ケニアの残虐行為は「ナチスドイツと共産主義下のロシアの状況を痛ましいほどに思い出させる」と、一九五七年、ケニア植民地の法務長官が総督に書き送った［★17］。それにもかかわらず、法務長官は秘密が守られるかぎりにおいて、その行為を許す新しい法律を制定することに同意した。「罪を犯さねばならないなら、静かに犯さねばならない」と彼は主張した。遺産作戦は、帝国主義を可能たらしめる暴力と強制をぼかすための、意図的かつ計算ずくの努力であったし、その歴史の改竄によって今日、人種差別主義、秘密の権力、不平等といった大英帝国の遺産を清算できなくなっている。しかも、この作戦から生じた秘密主義という慣習が、現在まで乱用されつづけることを許している。ケニア植民地で発達した拷問テクニックは洗練され、北アイルランドでの英陸軍の「五つのテクニック」として展開され、ついにはＣＩＡの「強化型尋問」ガイドラインに加えられた。一九九〇年、キャリクファーガスの警察文書保管所は、北アイルランドの活動に関する重要な証拠もろとも放火で破壊された。証拠が集まるごとに、この放火は英陸軍自体に結びつけられていく。捜査官らがＣＩＡの引き渡し便〔テロの容疑者などに対する非人道的取り調べを行うための他国への移送〕が英領ディエゴガルシアに立ち寄ったかどうか確かめようとしたとき、その飛行記録は「水難により不完全」だと申し渡された［★18］。これ以上ありえそうで、身の毛のよだつ口実を思いつくのは難しい。抑留者の水責めを隠しそこねたＣＩＡは、水責めという情報を切り札にしたのだ。

このペテンのくり返しを振り返ってみるに、私たちはすでにかなり長いこと暗黒時代を生きているし、現代のネットワークが過去の——または現在の罪を隠すことを難しくしている兆しはある。しかしこれが真実だとすると、暗黒化のしるしを見つけることばかりか、それを防ぐために行動することもうまくならないといけない。この五年間に、国際的監視網が次々に明るみに出るなかで、この浸食作用に気づくことが、改善策に転換されたことはほとんどない。

二〇一三年六月、世界中の新聞にＮＳＡおよびＧＣＨＱの活動に関する最初の見出しが躍ったころ、最初の騒ぎが起こった。それによると、両機関は他国の政府や大規模なインターネット運営会社と共謀して、自国民も含めて、全世界で何百万何千万という人々の監視活動をしてきた。まず明らかになったのは、アメリカのヴェリゾン社の一億二〇〇〇万人もの利用者が厳密な監視下に置かれて、電話一件ごとに利用者双方の電話番号とともに、位置情報、通話の時刻および時間が記録されたことだ。このデータは同社により集められ、その後ＦＢＩ（連邦捜査局）に転送され、そこから今度はＮＳＡへ渡された。その翌日に、ＰＲＩＳＭ作戦が暴かれた。インターネットの巨大企業のサーバーを通じて、あらゆるデータが集められているというものだ——具体的にはマイクロソフト、ヤフー、グーグル、フェイスブック、ユーチューブ、スカイプ、アップルといった会社の電子メール、文書、音声および動画チャット、画像と動画などである。その後すぐに、情報機関の手はさらにシステムの奥深くに達していて、情報を世界に送っている実際のケーブルからの生データも集められていたことがわかった。NSAのバックエンド〔ユーザーからは見えないところで動いている〕・システム、エックスキースコア（XKeyscore）を使うのはどんな感じか、と問われたエドワード・スノーデンはこう答えた。「世界中の誰の電子メールでも、アドレスを手に入れれば読める。どんなウェブサイトの送受信のトラフィックでも見られる。個人所有のあらゆるコンピュータ、追跡しているあらゆるラップトップ機、世界の隅から隅までその動きを追うことができる」［★19］。

インターネットがもつ国際性は、こうした監視活動に制限がないこと、政府が自国の市民をスパイする際にも、何ら支障がないことを意味しているのが明らかになった。誰もが誰かにとってはよそ者であり、ひとたびデータが集められると、それは一つのるつぼに入れられた。コウモリダコ〔吸血イカの異名をもつ〕は広がりつづけた。まず最初はNSAとGCHQだった。その次は「五つの目（Five Eyes）」〔英米を中心とした五カ国の諜報に関する協定〕ことアメリカ、イギリス、オーストラリア、ニュージーランド、カナダ。さらにデンマーク、フランス、オランダ、ノルウェーへと広がり「九つの目（Nine Eyes）」に、さらにはSIGINT〔信号情報収集〕シニアズ・ヨーロッパ（SSEUR）という「一四の目（Fourteen Eyes）」グループによって、ヨーロッパ諸国のドイツ、ベルギー、イタリア、スペイン、スウェーデンのすべてが団結した――その一方で、こうした国自体の政治家、大使、貿易使節団、国連代表団が標的だったことも明らかになった。ドイツ首相アンゲラ・メルケルは、彼女自身の連邦情報庁BNDが、ヨーロッパ市民、防衛関係の請負業者、重要産業から収集した情報を引き渡していたのと同じ時期に、彼女の私用電話が盗聴されていたと訴えた[★20]。何十億というインターネットと電話の利用者の私生活に関するプライバシーの詳細すべてが、これまで技術的に可能だと考えられていた規模とサイズを超えた、巨大なデータタンクの内部でばちゃばちゃと飛び跳ねていた。

オプティック・ナーブというプログラムは、ヤフー・メッセンジャーのユーザーのウェブカメラを標的としていた。ヤフー・メッセンジャーは商品取引者から、むらむらしているティーンエイジャーまで幅広く、最も人気のあるチャットプログラムだ。五分ごとに、おのおのの通話者の静止画が一枚記録され――「人権法を遵守している」ことを主張するための制限だと思われる――それを顔認証ソフトウェアにかけることで通話者を特定する。GCHQは、この大多数の「望ましくない裸の状態」からスタッフを守るために、追加の制限を設けることを強いられた[★21]。ニュース記事は、NSAの請負業者が、夫婦の、恋人たちの、元カレと元カノの、のぼせた男女の電子メールやテキストメッセージを探るこの広範な営みに冗談めかしたLOVEINTというコード名をつけ、システムがどれほどたやすくアクセスできてしまうかを実演してみせたことを明らかにした[★22]。その他のコード名にも、制作者が夢中になっていることや、ダークなユーモアが表われていた。ベルギーと中東で電気通信システムに潜入するマルウエアの「Regin〔レギン、兄と共謀し父を殺害する北欧神話の登場人物〕」には、「LEGSPIN」と「WILLISCHECK」というクリケットをテーマとしたコード名がついていた。LEGSPINは、スピンして打者から離れていく投球のことであり、後者はイギリスの速球ボウラー、ボブ・ウィリスにちなんだものと思われる[★23]。GCHQの、ウェブサイト訪問者のIPアドレス収集作戦のコード名は「KARMA POLICE（カルマ警察)」で、これは明らかにレディオヘッドの同名の楽曲〔サードアルバム『OK Computer』に収録〕にちなんでいる。その歌詞には「俺たちにかかわるとろくなことにならない」〔★24〕とある。

ニュースは何か月も続き、世に知られていない専門用語が人々の一般的な知識になり、下手くそなデザインのパワーポイントのスライドが、何百万人もの記憶に焼きつけられた。コード名は多種多様で、不吉な詩のようなものになった。TEMPORA〔ラテン語で時〕、MUSCULAR〔筋肉〕、MYSTIC〔神秘的〕、BLARNEY〔お世辞〕、そしてBOUNDLESS INFORMANT〔無限の情報提供者〕。NOSEY SMURF〔おせっかいなスマーフ(集中)攻撃〕、HIDDEN OTTER〔隠されたカワウソ〕、CROUCHING SQUIRREL〔身をかがめたリス〕、BEARDED PIGGY〔ひげを生やした子ブタ〕そしてSQUEAKY DOLPHIN〔キーキー鳴くイルカ〕。結局のところ、こうしたとめどのないリストが、その構成要素には帰しえない、世界の監視システムの実際的なリアリティを覆い隠すことになる。エドワード・スノーデンが映像作家のローラ・ポイトラスに送った最初のメールに書いたとおり、「あなたが越えるすべての国境、あなたが行なうすべての買い物、あなたがかけるすべての電話、あなたがそばを通り過ぎる携帯電話の電波塔、あなたの友人たち、あなたの書いている記事、あなたが見るサイト、あなたが入力するメールの件名、そしてあなたが発送する小包が、その及ぶ範囲は無限で、しかしそれに対する防御策のない、システムの手中にあることを知るべきである」〔★25〕。しかし何より、重要なのはその範囲ではなく、それがどれほど明らかであるべきだったかということ——そして暴露から数年たったいまなお、それがほとんど変化していないということだ。

市民の通信を傍受する共同作業の存在は、遅くとも一九六七年には知られていた。それは、ロバート・ローソンという電信技手がロンドンの『デイリー・エクスプレス』紙のオフィスに入ってきて、調査報道記者のチャップマン・ピンチャーに、以下のことを伝えたときだった。イギリスに出入りするすべての電報が、毎日建設省の大型バンに集められ、海軍本部ビルに運ばれて調べられ、そのあと戻されている。この件は翌日の新聞で報じられ、電報の傍受は、電話の盗聴や手紙の検閲も含めた、もっと大きな作戦の一部であることが明らかにされた。当時は、GCHQの存在は国民に知らされてもいなかった。政府自体がこの件について調べるよう指示して、報道が正確であったことが確かめられ、多くの公式声明が誤解を招くものとして非難されたことで、この件は国民の記憶から早々に抜け落ちてしまった。

スノーデンの暴露の八年前の二〇〇五年、『ニューヨーク・タイムズ』紙は、NSAが9・11後にジョージ・W・ブッシュ大統領から、令状の必要なしにアメリカの通信を監視してよいという広範な秘密の権力を与えられていたことを暴露した［★26］。この記事がその存在を暴いたプロジェクトは、コード名をステラーウィンド〔恒星風（恒星から放出される帯電粒子の流れ）〕と言い、たとえば電子メールの通信、電話の会話、金融取引、インターネット活動といった、アメリカ市民が行なっているさまざまな通信の巨大なデータベースを構築しようというものだ。元NSAアナリストのウィリアム・ビニーは、プロジェクトの範囲を公に明らかにし、それは憲法による保護を明らかに逸脱しているとして、メディアは非難した。このプロジェクトが政府内を動揺させる原因となったのは、大統領からの認可とは裏腹に、NSAは外国関係者との通信を盗聴したのみならず、すでに集められるかぎりの通信すべてのデータを集めていたからだ。ホワイトハウスの反応は、異なる種類のものとして、プロジェクトを再認可することだけだった。ビニーはその後数年にわたって、このプロジェクトについて声をあげつづけ、二〇一二年には『ワイアード』誌が、ステラーウィンドがまだ継続中であることを示唆する、NSAの新しい巨大データセンターがユタ州に建設される件について、その可能性に関するビニーの言葉を引用して報じた[★27]。

二〇〇六年五月、AT&Tの技術者マーク・クラインが、NSAが莫大な量の通信を監視する能力をもっていることを暴露した。クラインは二〇〇二年に、特殊プロジェクト要員としてAT&Tの管理職を引き抜こうとしていたNSA職員と会っていた。その翌年、彼は巨大なサンフランシスコの電話交換局内に、秘密の部屋を見つけた。NSAに雇われた技術者だけが入ることを許されていた部屋だ。その近くには、すべての公衆電話の通話を回送する機械があった。クライン自身もその後、局内のまた別の部屋での仕事に就かされた。これは、ワールドネットという会社の、インターネットのトラフィックを扱うものだった。クラインの仕事は、光ファイバーケーブル回線を分岐し、秘密の部屋へ送ることだった。この特殊な回線はワールドネットの顧客と他のインターネットをつないでいて、別のAT&T職員と話した結果、同様の分岐器が他の都市の電話交換局内にも配備されていることがわかった。いずれのケースにおいても、分岐されたファイバーがナルスインサイト(NarusInsight)という「意味分析ソフト」機へと導かれていた。膨大な量の情報がふるいにかけられ、あらかじめプログラムされた語句を拾うというものだ[★28]。これだけの規模の「奪取」は、NSAが外国の通信だけではなく、国内のトラフィックもむやみにむさぼっていたことを強く匂わせた。クラインの証言にもとづき、電子フロンティア財団が起こしたAT&Tを相手取った訴訟でも、同様のことが主張された。しかし、それが主流メディアで報道されるあいだに、アメリカ政府に阻まれ、同社の訴訟の免責を認める遡及法（事後法）が、たちまち通過してしまった。

だが、そうした告発なしには、なぜ誰にもわからなかったのか？　闇の予算の大きさは誰の目にも明らかだ。冷戦用に建てられた受信基地はいまだに動いているばかりか、広がってすらいた。アンテナと衛星放送受信アンテナの畑がグーグル・マップに出現した。それは海底ケーブルの陸揚げ地点の白い岸壁の上に位置していた。GCHQは一九八四年までは労働組合をもっていたが、この年、二〇世紀でも有数の長くつづいた労働争議の末に、マーガレット・サッチャーによってまさに公的に禁止された。それでも機関の可能性の議論のおかげで、諜報機関の研究生が失われることはなかったし——そして次章で見るように、陰謀論者の餌として役立ちつづけた。

エドワード・スノーデンの文書が二〇一三年に公表されたことで、ある種の批判的で、誇大妄想的な大衆が現われた。なぜこのことをもっと議論すべきだったのか。おそらくその圧倒的な量と、見せ方や語りがあか抜けていたからか。あるいは、もったいぶった専門用語と、ばかげたプロジェクト名と、目に焼きつけられるパワーポイントのスライドのごた混ぜが、私たちの無視する能力を超えて、ただひたすら来る日も来る日もあふれ出てきたからなのか。さながら悪魔自らによる、果てしない宣伝会議だった。スノーデン自身にまつわる話が、とても力強く、私たちの注意を引きつけたのだろう。彼は突然香港に現われ、次にはロシアへ飛んだ。物語を押し進めていく、若くて神出鬼没の主人公が必要だった。スノーデンの暴露はまた、周知のNSAとGCHQの計画を、初めて結びつけた——こうした作戦全体のかかわりあいをさらけ出し、国際的監視網では誰もが標的とされ、自国の政府のほうが優れていると思っていたものに守られる可能性が否定されたことを知らしめた。

それでも反応はなかった。アメリカでは令状なしの盗聴をやめたり、情報局のデータの大量収集を抑えたりする提案、たとえばアマシュ・コニャーズ修正案は上院でも下院でも否決され、その他の法案も委員会にとどまっていた。米国自由法（USA FREEDOM Act）――正式な法律名は「権利を履行し、盗み聞き、情報収集網、オンライン監視をやめ、アメリカを統合及び強化する法」――は二〇一五年六月二日に制定された。基本的には、前日に失効した米国愛国者法（USA PATRIOT Act）の復元である。スノーデンの暴露に対する規制だと大げさに喧伝された一方で、この法律ではＮＳＡの能力はほとんど損なわれず、たとえばメタデータ――通信の内容以外のすべての詳細――の大量の収集は、その後も秘密の召喚状によって可能となった。９・11後の数年間、それ以前の法律がそうだったように、いかなる場合においても、この法律は大統領令で覆すことができた。組織的かつ秘密裏に法が覆されるプロセスは、より多くの法律によっても決して逆転させられなかった。イギリス政府は暴露の前にも後にも、ＧＣＨＱの国民監視を妨げる法律を制定したことはなく、Ｄ通告（D-Notice）〔政府が機密保持のためにメディアに対して発する差し止め通告〕と呼ばれる厳格な検閲の要求を新聞報道に発することで満足していた。進行中のテロに対する世界規模の戦争と、想像を絶するほどのパワーをもった産業機密情報の複合体に直面した残りの世界にできるのは、いたずらに抗議することだけだ。

最終的には、情報局の非常識で飽くことを知らない欲求に立ち向かいたいという国民の精神的欲望などはなかったし、二〇一三年に短期間表面化したものの、その後興味は失われ、こぼれ落ちてくる暴露と実在する恐怖全体に疲れきってしまった。私たちは本当はあの秘密の部屋に、都市の真ん中にある窓がないビルにいったい何があるのかなんて知りたくはない。なぜなら答えはつねに良くないことだからだ。気候変動とそっくりで、大量監視はあまりに広範で動揺させる考えなので、人々の頭をすり抜けていくのだ。冗談半分、恐怖半分のぎこちない天気に関する会話のように、それはみなの日課を背景にした、パラノイアの泣き言にすぎなくなった。気候変動について考えることが天気を台無しにするのは、晴天のときでも、その存在の脅威が示されるからだ。大量監視について考えることが、電話を、電子メールを、カメラを、寝物語をだめにする。黒い血のような液体が毎日触れるものを覆っていく。それが意味するところは、毎日の生活の奥深くへと伸びているので、ただ単に、考えたくないことの長いリストに追加するほうが簡単だ。

これはとても残念なことだ。なぜなら、大量監視——それどころか、どんな監視、そしてその証拠として入力されたどんなイメージについても、考え、論じなければならないことが、たくさん残っているからだ。国際的な大量監視は、政治上の秘密と技術上の不透明性に依拠していて、これらの二つが互いの糧となっている。政府がつねに、敵国とともに自国民をスパイしてきた間に、生活のあらゆる瞬間を盗み聞きする能力は、ネットワークとその処理能力によって劇的に高められてきた——さらに計算を、私たちのあらゆる家のなかへ、あらゆる通りの先へ、仕事場へ、ポケットのなかへと広げていくことで。技術的な可能性は、政治的な必要性を引き起こす。どんな政治家でも悲惨な事態や摘発があれば、それに対して充分なことを行なっていない、と非難されたくはないからだ。監視が行なわれるのはそれが可能だからであって、有効だからではない。他の自動化の実装と同様に、それは責任と非難という重荷を機械に押しつける。すべてを集め、機械に整理させせよ、というわけだ。

二〇一六年のイギリス議会委員会の宣誓証言で、前述のＮＳＡの内部告発者ウィリアム・ビニーは、情報局による大量のデータ収集は「九九パーセントが無駄」だと断言した。ビニーがこう述べた理由は、収集された莫大な情報の量がアナリストを圧倒し、具体的な脅威を示す適切なデータを見つけることを不可能にしているからだ。これは以前から何度も聞かされてきた警告だが、その意味は特に気に留められていなかった——それどころか以前より悪化していた。二〇〇九年のクリスマスの日、アムステルダム発デトロイト着のフライトの爆破未遂があったあと、当時のオバマ大統領その人が、情報過多は問題であると認めた。「これは情報収集の失敗ではない。［だが］すでに行なっている諜報活動の統合と理解の失敗である」と大統領は述べた［★29］。フランスの対テロ当局者は、この件についてこうコメントした。「しばし、アメリカの情報収集能力の範囲の広さと奥行きの深さに、うらやましいやら恐ろしいやらで圧倒されていたが、我々はそうして得られたありえないほどの大量の情報を処理する必要はないことが、本当に幸運だと思い始めている」［★30］。

大量監視による計算量の過多は、米国のドローンのプログラムにも見られている。これも何年も前から、分析と解釈の問題につきまとわれてきた。ドローンの数が増し、飛行時間が延びるほどに、積載されたカメラの解像度と伝送容量も上がり、監視能力が急速に増大していく。二〇一〇年以来、アメリカ空軍の上級指揮官の一人は、じきに「センサーのなかを泳ぎ、データに溺れる」ことになりかねないと警告していた［★31］。情報の増加は、最も進んだ情報処理機関にとってさえも、理解の増強とは一致しない。むしろ真実を混乱させ、見えなくし、さらなる複雑さへと駆りたてる。それは気象予報の問題にも似た軍拡競争で、計算は必死に時間そのものを追い越そうとする。ウィリアム・ビニーがイギリス議会で証言したとおり、「つまるところ、今日のアプローチの最終結果は、たとえ歴史的な記録が（そのときにはもう死んでいるかもしれない）殺人者についての追加情報をもたらすことがあっても、その前に人々が死んでいる、ということです」［★32］。

多くのレベルで、大量監視はとにかく役に立たない。大量監視が対テロ機関にとって、ほとんど有効な情報を生み出さないことを、さまざまな研究がくり返し示してきた。二〇一三年、情報および通信技術に関する大統領検討グループは、大量監視が「攻撃を防ぐために不可欠なものではなく」、たいていの手がかりは、情報提供者や疑わしい活動についての報告といった、伝統的な調査の手法で得られていることを発見した［★33］。ニューアメリカ財団による、また別の二〇一四年の報告では、9・11同時多発テロ事件後の大量監視が成功した、という政府の主張は「大げさで不当ですらある」と評した［★34］。

その一方で、CCTV〔特定の建物や施設内での有線テレビ〕の共用空間への設置についての分析では、国際的監視網とほぼ同様に、その効果がないことが示されてきた。非常に高価だし、取り組もうとしている問題に対するアプローチから資金と注意をそらしているし、評価できるほどの効果はわずかしかない。抑止力として挙げられることが多いが、そんなものもない。二〇〇〇年の半ば、サンフランシスコで数百個の防犯カメラが設置されたとき、カメラから約七五メートル以内の殺人件数は減少した——けれどもその外側の七五メートルで激増した。人々はただ通りの先に進んで殺しあっただけだ［★35］。CCTVは国際的監視網と同様に、パラノイアの通奏低音を高めるのに役立つばかりで、犯罪と統制の恐怖を募らせながら、何の効果も挙げていない。CCTVと大量監視はともに事後的かつ報復的である。集まる情報は増えるし、逮捕も増えるかもしれないが、もっぱら犯罪が行なわれてからの話だ。重大な出来事はすでに起こっており、根本にある原因はつねに無視されている。

こうした監視の有効性を考えれば、力の乱用を防ぐために行なわれてきた、私たち自身の戦略に思いを馳せずにいられない。この件に光を投げかけることは、本当に役立つのか？　照明の改善は、長らく安全という劇場の原則の一つだったが、街路に照明を設置すると、秋が来る前に犯罪が増加することがよくあった[★36]。犯罪者は明かりによって、被害者と同じくらい勇気づけられるかもしれない。すべてが明るく照らされていると、悪意のある顔もあまり疑わしくなくなるし、あたりに障害物がないこともわかる。明るい光は人を安全に感じさせるが、実際には人を安全にしない[★37]。

情報局が最も後ろ暗い活動を露わにしたことは、それを防ぐことにはならなかった。むしろ、同様の活動を合法化することで、大衆を安心させた。これまで、不明瞭さと拒否権のあいまいなゾーンで行なわれてきた作戦は法制化された。国民のためではなく。

おそらく、大量監視に関する議論をかきたてたスノーデンの暴露の視覚的インパクトをほめたたえる一方で、まさにその視覚性こそが、その根本にあるメカニズムや持続性を理解することを妨げていると考えることが必要だ。もし、監視の失敗が、理解よりイメージに依拠し、ただ一つの正しい物語を信頼したからだとすれば、その一方で、その監視に対抗するのに、どうして同様のアプローチが成功すると言えるのか？　しかし私たちが行なっているのは、まさにそのことだ。秘密に対抗し、透明性を主張している。明瞭さと開放性の要求は、不透明性と機密指定の反対に見えるかもしれないが、これらはつまるところ同じロジックを行使している。こうした分析から見れば、ＮＳＡとウィキリークスは、目的は違えど同じ世界観を共有している。どちらも本質的に世界の中心に秘密があると信じ、それが周知されさえすれば、すべてはもっと良くなると考えている。ウィキリークスはあらゆることに透明性を求めている。NSAは一部に――敵国にだけ透明性を求めている。しかし双方とも同じ哲学に従って機能している。

ウィキリークスのもともとの意図は、NSAの鏡のようになることではなく、その仕組み全体を壊すことだった。二〇〇六年、ウィキリークスの草創期に、ジュリアン・アサンジは政府の共謀のシステムと、それをどう攻撃すればいいか、ということに対する分析的検討を行なった。題して「統治としての共謀（Conspiracy as Governance）」。アサンジにとって、すべての権威主義体制が共謀するのは、その権力が、国民を秘密から遠ざけておくことによるものだからだ。ウィキリークスがそんな体制の権力を弱めるのは、何をリークするかではなく、国内に高まる恐怖とパラノイアとが、体制が共謀する能力を低下させるからだ。損害を与えるのはリークする行為そのものであり、具体的なリークの内容ではない[★38]。ウィキリークスが世間の注目を引き、アサンジ自身がいよいよ強力で尊大な人物になるにつれて、この組織は諜報機関との一連の争いに巻き込まれ――ついには国家と互いに攻撃しあうツールとなって――そしてその現実に敗れた。それに取って代わったのは「決定的証拠《スモーキング・ガン》」の力という間違った信念だ。すなわち、権威を打倒する唯一の情報源もしくは一つの証拠である。

決定的証拠の問題は、人々の意見を動かす暴露に頼った、あらゆる戦略につきまとう。ちょうど諜報機関の活動が、スノーデンの暴露以前から、数十年にわたって多種多様な報告でほのめかされていたように、何かある特定の記録によって、その真実らしさがある程度示されるまで、その他の蛮行は無視されている。二〇〇五年、キャロライン・エルキンズはケニアでのイギリスの残虐行為に関する徹底的な報告を発表したが、その研究は口述歴史《オーラル・ヒストリー》と目撃証言に依存しているとして、広く批判を浴びた［★39］。イギリス政府自体が、そうした記述を裏づける文書を公表して初めて、それらは受け入れられ、承認された歴史の一部となった。虐げられた人々の証言は、迫害者から提示された説明と一致するまでは無視された――迫害者の説明という証拠の一形態は、これまで見てきたとおり、ほかの多数の犯罪の立証に役立つことはないだろう。内部告発者の礼賛も同様に、すでに情報局で働いている人々の良心の変化次第だ。そうした機関の部外者は主体性がなく、見ず知らずの政府当局者が、その知るところをありがたくも公表してくれるのを力なく待っている。これは、倫理的行為の土台としてはまったく不充分だ。

　莫大な計算能力が使えるようになったことが国際的監視網の実装に至らせたように、そのロジックは、私たちがその監視に対して、またほかにも存在する精神的および身体的な幸福に対する脅威に対して、いかに反応すべきかを命じるようになった。ある仮説を一〇〇パーセント確実だと断言させてくれる、いくばくかの証拠を求めることは、現在の私たちの行動能力を超えている。コンセンサス（合意）――たとえば気象危機の緊急性をめぐる幅広い科学界の賛同――は、ごくわずかな不確実性に直面しただけで無視される。私たちは気がつけば一種の静止状態に固定《ロック》されていて、たとえ標的にもう少しで当たりそうな状況が濃厚であったとしても、ゼノンの矢〔飛んでいる矢が、いつの時点でもその瞬間は止まっているとしたら、矢は止まっていて動かないというパラドクス〕が的に当たることを求めている。立証が不充分だということにいつまでもこだわっていると、現在という瞬間の深甚な奇妙さを生み出す。誰もが何が起こっているかを知っているのに、誰もがそれについて何もできないのだ。

世界の真実を引き出すために、監視の計算論的ロジックに依拠することは、私たちの立場を根本から不安定かつ逆説的にする。計算による知は監視を必要とする。なぜなら、それは直接計算に使われるデータから、それなりの真実しか生み出せないからだ。するとすべての知は、計算でのみ知りうるものに退化し、だからすべての知は監視の一形態になる。そして計算のロジックは、状況を考え、確実性がなくても合理的に行動しようとする能力を失わせる。それはまったく反作用的で、充分な証拠が集まってからでないと行動に移らせないことが、最も必要とされるいま・ここでの行動を禁じてしまう。

監視活動とそれに加担することは、新たなる暗黒時代のきわめて根源的な特徴である。それはいわば、見えない視力を強く要求する。すべては照らされているのに、何一つ見えない。問題に光を投げかけることは、それを考えること、そしてそれに主体性を与えることと同じだと、私たちは確信するようになった。ところが、計算することの光はそれと同じように、私たちをたやすく無力にする――情報過多によって、そして偽りの安心感によって。それは計算論的思考の魅力によって思い込まされた嘘である。

ネットワーク自体からの例を考えよう。二〇一六年五月の少し前、カナダのアルバータ州フォートマクマリーの住民、ジェームズ・オライリーは、カナリーというセキュリティシステムを自宅に設置した。グーグルホームがそうであるように、カナリーの製品一式は、監視と計算論的思考のロジックを完璧に具現化している。一連のカメラ、センサー、アラームは――インターネットで統合され連結され――すべてを見通す機械の代理人《エージェント》により、リアルタイムで完全に家にいるような感覚をもつことができ、庇護と心の平安を約束してくれる。

二〇一六年五月一日、フォートマクマリー南西の北方林で山火事が発生し、火は強い風にあおられ、町へ向かって広がった。五月三日、立ち退き命令が発せられ、オライリーも含めて八万八〇〇〇人が家を捨てた。車で家から離れていく間に、彼のiPhoneがピーンと鳴った。ホームセキュリティシステムからの通知だ。そしてビデオのライブ配信を始めた。それは後にユーチューブに投稿された［★40］。

ビデオはオライリー家の居間の場面から始まる。卓上ライトはまだついていて、水槽の照明も同様で、なかでは金魚が泳ぎつづけている。窓の外の木々は強い風で揺れているが、何も不都合なことは見られない。数分すると、影がドアに打ちつけだして、それはゆっくりと渦巻く煙に変わっていく。さらに一分後には窓が黒くなり、窓枠が発火する。炎はまずブラインドを粉みじんにし、次には窓そのものを破壊した。煙が部屋へ流れ込み、徐々に暗くなる。カメラが暗視用の白黒に切り替わる。闇が深まるなか、アラームが断続的に鳴るが、とうとう黙り込み、聞こえるのは炎がパチパチとはぜる音だけだ。

悪夢のようなシーンだが、それは新たなる暗黒時代の状況を体現しているように見える。視界はどんどん開けているのに、主体性はかつてなく低下している。世界についての知識が増えていく一方で、世界についてできることは減っている。その結果として生じる無力感は、私たちにその仮定を再考する間を与えてくれるのではなく、私たちを、よりいっそうのパラノイアと社会の崩壊へと落とし込む。さらなる監視、さらなる不信、権威に対する絶対的な信頼から生まれた状況を改めるかのような、イメージと計算の力へのさらなる固執。

監視は有効ではないし、正義による暴露も効を奏しない。どちらの側かを決める最終弁論もなければ、私たちの良心を慰め、敵の気を変えさせる決め手となる陳述もない。決定的証拠も、完全な立証も、明白な否認もない。グローマー応答は、無頓着な官僚による死語ではなく、私たちがはっきりと表現できる、世界に対する最も正確な描写となっている。

8 Conspiracy——陰謀

ジョーゼフ・ヘラーの小説『キャッチ＝22』で、第二五六アメリカ空軍飛行隊の空兵たちは、受け入れがたい立場にはまったことに気づく。戦火は苛烈を極め、イタリア上空は激戦だ。操縦室に座るたびに撃墜されるリスクがある。さらに危険な任務に飛びたつのは、明らかに正気の沙汰ではない。正気の選択とは、飛ぶのを拒否することだ。ところが、飛行任務をやめるには狂人であると主張しなければならない。しかし任務をやめようとするのは、正気だと宣言することだ。空兵は「狂人であるためには、また出撃に参加しなければならないし、参加したがらないなら正気だが、もし正気だとすればどうしても出撃に参加しなくてはならない。もし出撃に参加したらそれは気が狂っている証拠だから出撃に参加する必要はない。ところが、出撃に参加したくないと言うなら、それは正気である証拠だから出撃に参加しなくてはならない」[★1]。

『キャッチ＝22』が示しているのは、莫大で不合理なシステムの陰謀に囚われた、理性的な行為者のジレンマだ。そうしたシステムのなかでは、合理的な反応さえも不合理な結果につながる。個人は不合理性に気づきながらも、自分自身のために行動する能力をすっかり失ってしまう。逆巻く情報の波に直面して、私たちは、世界についての物語を語ることで、世界をいくらかコントロールしようとする。物語を通して世界を従えようとする。こうした物語は、そもそもが単純化されたものだ。ただ一つの物語だけでは、すべての出来事は説明できないからだ。世界は単純な物語にとっては複雑すぎる。このことを受け入れる代わりに、物語はかつてないほど過度に装飾的《バロック》で分岐的、かつてないほど入り組むようになり、結末は決められなくなった。だからネットワーク過剰の時代のパラノイアは、フィードバック・ループを作りだす。複雑な世界を把握できないことが、さらなる情報への要求につながり、理解をいっそう曇らせる——そこから、世界をかつてなく複雑《ビザンチン》な理論で説明しなければならない、さらなる複雑さが露わになる。より多くの情報が、明晰さではなく、さらなる混乱を生み出すのだ。

一九七〇年に映画化された『キャッチ＝22』では、アラン・アーキン演じる空軍大尉ジョン・ヨサリアンが、不滅のせりふを発する。「被害妄想だからといって、誰からも追われていないことにはならない」。ヨサリアンの金言は、テクノロジーの進歩と大量監視が生み出す、今日の妄想性陰謀スリラーに新たな生命を見出した。臨床的パラノイアの最初の症候の一つは、誰かに見られているという信念である。しかしこの信念は、いまでは合理的なものだ。私たちが送るすべての電子メール、私たちが書くすべてのテキスト・メッセージ、私たちが出かけるすべての旅行。どの一歩も、どの一息も、どんな夢も、口にする言葉も、巨大な自動情報収集システムの、ソーシャルネットワークとスパム製造の分類アルゴリズムの、私たち自身のスマートフォンやネットワークに接続されたデバイスの、眠らない凝視の標的なのである。では、いまや誰が被害妄想だというのか？

二〇一四年一一月、私はイングランドのハンプシャー〔イングランド南岸の行政区〕、ファーンバラ〔ハンプシャー州北東部の町〕近くの耕地の進入路に立っている。頭上を飛んでいく飛行機を待っているのだ。いつ離陸するのか、そもそも飛ぶのかどうかもわかってはいない。私の車のボンネットにはカメラが置かれ、もう二時間ほどからっぽの空を撮影してきた。三〇分ごとにメモリを消去して、写し直している。薄く高い雲がかすかに光っては消えていく。

私が待っている飛行機は、三機あるランス・セスナF406号のうちの一機で、ファーンバラ空港に本拠を置いている。ここは有名な航空ショーの開催地で、また一九〇八年にイギリス初の動力つき飛行が実施された場所でもある。イギリス軍用に初めは飛行船を、その後は飛行機を研究し建造した王立航空施設が、ここに――軍用気球工場として――一九〇四年に創設された。滑走路の南側にある格納庫では、航空事故調査局が墜落の状況の全貌を知るために、ばらばらになった墜落機の部品を組み立て直している。そこは私のような飛行機オタクの聖地であると共に、寡頭政治家や外国の王族が、無印の自家用ジェット機で第一緊急用滑走路〔Airstrip One、イギリスの作家ジョージ・オーウェルの小説『１９８４年』の舞台となるオセアニアの一区域の名前でもある〕に降り立つ、お気に入りの飛行場でもある。

セスナはジェット機ではない。一対の小型のターボプロップ機で、民間および軍用監視のために設計された。とりわけ沿岸警備隊や航空測量会社のお気に入りだ。ファーンバラを本拠とする三機が、最初に私の注意を引いたのは、ある夏の午後、その一機がワイト島〔イギリス本土から狭い海峡を挟んだ南方に位置するリゾートアイランド〕の上空で、小さな輪を描いて何時間もたてつづけに飛んでいるのに遭遇したときだった。私はフライトレーダー24というサイトを長時間見ていて、初めは入国を拒否された亡命者を夜中に強制送還するのに使われる個人チャーター機を探していたのだが［★2］、空から送られてくるデータのあまりの豊富さと、イングランド南部上空の錯綜した航路パターンに、徐々に魅了されていった。一日のうちの何時でも、大型機も小型機も含めて、何千という飛行機が飛んでいて、この世界でも指折りの忙しさの非常に混雑した空域を、高速で飛行したり、あてもなく飛び回ったりしている。長距離ジェット機や格安の国内線のなかを縫うように、練習機や軍用輸送機が飛んでいる――そして時には、政府が隠したままにしておきたいフライトも。

イギリス政府によって、私たちの視界から何が隠されているかについて、調査報道ジャーナリスト、ダンカン・キャンベル以上によく知っている人はほとんどいない。一九七六年に早くも、ＧＣＨＱについて公表した最初の人物だ。一九七八年、政府はキャンベルと同僚のクリスピン・オーブリー（もう一人のジャーナリスト）、ジョン・ベリー（元情報部員）を公職守秘法により訴追し処罰した［★3］。このいわゆるＡＢＣ〔三人の頭文字から〕裁判は数か月つづき、法廷記録のほぼすべての情報が、すでに公開されていることが明らかになった。「秘密はない。調査する者がサボっているだけだ」と、情報機関の歴史家リチャード・オルドリッチはこの裁判についての著作に書いた［★4］。二〇一〇年にキャンベルは、このオルドリッチのＧＣＨＱに関する本を評して『ニュー・ステーツマン』誌にこう書いている。

「ＧＣＨＱがコーンウォール州ビュード〔イギリスの南西端〕に設置されたことが」英語圏のエシュロン作戦の始まりであった。オルドリッチが指摘するように、この作戦は、インターネットへの新たな追加情報を絶えずチェックしている現在のグーグル・アラートシステムに比すべきものだ。これはうまい比喩だが、重要な相違を忘れている。グーグルはたとえ時には度を超したとしても、集めた情報を誰もが利用できるものとしている。それに対しシギント〔通信や電子信号等を介した情報収集活動〕は、せいぜい疑わしい権力のもとで、通常理解されているような説明責任をまったく負わずに、完全に私的領域の通信を調べ、蓄えている。

本書にあるように、シギントの情報収集機はいまやロンドン東部のカナリーワーフ〔ロンドンの再開発地域〕の約三〇〇〇メートル上空を旋回しながら、首都の携帯ネットワークをかき集めている。伝えられるところによれば、タリバンで訓練を受けた後、イギリスに戻ってきた爆破犯がこの地域でかけた電話を、音声認識技術で発見しようとしている。もしもそうした活動が、都市に損害を与えようと企てている者を捕らえられれば、すべてがうまくいっているように見える。しかし通信を収集された他の何十万もの人は、不正や誤り、あるいはさらに悪いことから、いかにして守られるのだろうか？〔★5〕

以下は、私がワイト島上空を旋回するセスナ機についての情報を探しているときに、散り散りの場所から見つけたものだ。公的にアクセスが可能なイギリス登録機のデータベースのG-INFOで、ノール航空（Nor Aviation）に所属の二機が登録されていることを発見した。飛行場から数キロメートルにある、メールボックシーズ（Mail Boxes Etc.）のサービトン〔ロンドン南西の郊外地域〕店という、謎めいた所在地が記載されている。他の匿名の場所は、ノール航空に所属する二機目のセスナの登録所在地だったが、ベンブリッジ〔ワイト島の最東端に位置する村〕とブラックガン〔ワイト島の南西の海岸にある村〕を同じく低空飛行していた三機目は、このファーンバラにあるメールボックシーズのエアロリースUK（Aero Lease UK）に登録されていた。数人のオーナーの名義はいずれも、現役ないし元ロンドン警視庁職員だったが、一つ奇妙なことは、一九九五年の新聞記事で暴露された一〇年にわたる不正行為の詳細のなかに、そのロンドン警視庁の元会計士アンソニー・ウィリアムズの名が確認されたことだ〔★6〕。ウィリアムズの任務は、ロンドン警視庁の秘密航空団のための偽装会社を設立することだったが、資金のほとんど――九年間に七億四〇〇〇万円――を自身の口座に注ぎ込んで、スコットランドのトミントール村〔ウィスキーの蒸溜所で有名なスコットランドでいちばん標高の高い場所にある村〕の大部分と、チャーンサイド〔スコットランド国境近くにあるベリックシャー山腹の村〕のウィリアムズ閣下という領主の称号を買うのに使ってしまった。

操縦士と飛行機愛好家のフォーラムで、さらに情報を見つけようとしたのだが、イギリス持ち前の権威への服従の前にくじかれてしまった。例の飛行機について投稿した者は、他のユーザーから、その件には近寄るなと警告された。ファーンバラの飛行機愛好家グループの管理人は、この飛行機の登記番号に対して言及することをすべて禁止した。驚くべきことではなかった。強制送還者のフライトを調べていた私は、以前いくつかのフォーラムに突然に出入りを禁じられた。「我々が関心があるのは飛行機だ。誰が乗っているかではない」と言われた。つまり私は――合法かどうか疑わしい、警察の秘密航空隊による一般大衆の携帯電話の大量監視を調べたいのであって――飛行機自体に関心はないのだ。航空写真ファンのサイトには、飛行機の写真が散乱しているにもかかわらず（私はこうも疑っている。前章で述べたように、私が素朴に飛行能力の情報を求めた際に、ロンドン警視庁が強く秘密であることを主張したのは、その航空機自体が存在しているからだと）。

かくして私はハンプシャーの耕地にいる。そして数時間後、芝刈り機がきしるような、軽飛行機の音が聞こえてきて、ほどなく小さな双発機が姿を現わした。両翼の下側には機体番号がはっきり見える。それが水平線の向こうへと消えるとすぐに、フライトレーダー24にひょっこり現われる。南西へ向かっている。私がその後一時間、航路を携帯電話で見ているうちに、機体はいつものパターンで中高度で南岸を離れて輪を描き、そのあと私のほうに向かって戻ってくる。離陸してから九〇分かそこらでファーンバラに帰還する。私はまだこの飛行機があそこで何をしているのかは知らない。あとで、ささやかなソフトを作ろう。あの三機、そして他の飛行機すべての飛行情報を、サイトやログからかき集めてくるソフトを――午前三時にスタンステッド空港〔ロンドン市街地から北東48キロメートルのエセックス州にある国際空港〕を飛びたつ輸送機、CIAの無印の機体によるロサンゼルスからボストンへの小旅行、ノーソルト〔ロンドンのイーリング区にある歴史的な町〕を発つMI5のアイランダー機〔イギリスのブリテン・ノーマン社が開発した小型旅客機〕。ビッグデータが空から流れ落ちてくるが、私はそのペースにはほとんどついていけないし、どのみち本当は何をしているのかがわかっていない。そして二〇一六年のあるとき、例の飛行機たちは離陸後、位置情報を発しなくなる。

私が飛行場のそばで待っていると、もう一台の車が停まった――後部窓に張られたステッカーの許可証によれば、小型タクシー（ミニキャブ）だ。この進入路はA325号線からちょっと外れたところで、タクシーが仕事の合間に待つにはいい場所だ。運転手は車から出てくる。私はその機会を捉えて、ライターを借りる。私たちは気さくにタバコを分けあう。彼は私のラジオと双眼鏡に気づく。私たちは飛行機について語る。それから当然のようにケムトレイル〔飛行機雲が有害な目的をもって散布された人工物質であるとする陰謀論〕について語る。

「いまは別もんなんだろう、あの雲ってのは？」とタクシー運転手が言う。おなじみの会話になりつつある。ユーチューブに行けば無数のビデオが見つかる。それらはしばしば怒りを込め、空の性質の変化や、そんな変化を生み出した航空機について詳しく説明している。携帯電話の通話を記録している航空機に関する私のウェブ検索の多くが、監視ではなく、隠された地球工学の報告へと導いてくれる——薬剤の散布によって大気を制御するために使用される航空機のことである。

奇妙なことが起こっている。ハイパーコネクテッドでデータ氾濫のこの現代に、人々の知覚に分裂が生じている。同じ空を見ていながらも違うものが見えている。私が——飛行記録やADS-Bデータ〔航空機が絶えず現在の位置と高度を放送するシステム〕、新聞報道や情報公開請求によって——隠された強制送還や監視のための秘密の飛行機を見つけようとしているところに、他の人たちは、大気に手を加えることで、大衆をマインドコントロールし、隷属させ、さもなければ、単純もしくは極悪な目的のために気候を再設計《リエンジニア》しようという、世界的な陰謀を見ている。二酸化炭素——地球を温暖化し、私たちを愚か者にするガス——が少しずつ満ちてきた大気のなかで、温室効果ガスよりはるかに多くのものが、自分たちに向けて放出されつつあると、多くの人々が確信している。

ケムトレイルの流行からしばらく経った、遅くとも一九九〇年代以降のことだ。陰謀論者らによれば、アメリカ空軍は、本気で目論んでいたことを思わず口外してしまった。「戦力増強手段としての気象——二〇二五年の気象を支配する（Weather as a Force Multiplier: Owning the Weather in 2025）」と題された報告書で、空軍の研究者のグループが一連の手法を提案している。アメリカ軍が「かつて想像したこともないほどの戦場支配」を実現するのに、気象制御を利用できるかもしれない、というものだ。たとえば降水を引き起こしたり妨げたりすること、雷雨を制御すること、マイクロ波のビームで電離層を選択的に活性化させて、無線通信を改善したり劣化させたりすること［★7］。気象制御が長い歴史をもつ一方で、理論的気象学、軍事研究、初期のインターネットとの固有の結びつきが、ケムトレイルを急速に広めた——おそらくはネットワークにおける最初の真に大規模な民間伝承《フォークロア》と言えるだろう。

数年のうちに、オンラインフォーラムやラジオのトーク番組の助けもあって、航空機が高層大気に化学物質を意図的に散布しているという信念は、全世界にまで広がっていった。議会では質問が行なわれた。国立の科学機関には問い合わせが殺到した。大気科学者は会議で野次られた。オンライン上には、スモッグで汚れた青空や黒い煙をたなびかせた飛行機の手ぶれした動画が蔓延した。個人グループが、フォーラムやフェイスブックのグループ上で、噂話や画像を交換した。

ケムトレイル論は多面的で〔一つの頭を切ると二つに増える〕ヒドラのような存在だ。信奉者たちは、同じ一つの考えからフラクタル的に派生したものを信じている。ある人にとっては、商用機、軍用機、または謎の航空機が散布する化学物質は、広範囲に及ぶ太陽放射制御のプログラムの一環である。空を覆う雲を創り出し、太陽光線を減らして地球温暖化を遅く——または速く——させる。使用される化学物質は、がん、アルツハイマー病、皮膚病、奇形を引き起こす。地球温暖化そのものは嘘か、あるいは世界を乗っ取ろうとする怪しい勢力の策略である。あるいは、化学物質は人間を知性のないごくつぶしに変えるか、病気にして製薬業界を儲けさせようと意図したものだと信じている人がいる。隠された地球工学、気候変動否定論、そして新たな世界秩序が、激動のオンライン誤報、ユーザー投稿の動画、主張と偽りの暴露、伝染しやすい不信のなかで出合う。

ケムトレイルは陰謀論の渦となって、他のすべてをその軌道へと引き込んでいく。「パワーを取り戻せ――EU離脱へ投票を」とあるユーチューバーが強く勧める。驚くにはあたらないユーザー名の「地球平面説中毒者」は、郊外の青空で十字に交差する飛行機雲のモンタージュを投稿している[★8]。この物語における隠された気候工学は、人々の意志を抑圧する欧州連合(EU)の企てなのだ。数日後、イギリスがEUを脱退するという投票が行われた翌朝、離脱運動の事実上のリーダー、ナイジェル・ファラージが、全英放送のテレビに登場した。「独立したイギリスに日が昇りました」と彼は言う。「どうです、ごらんなさい。天気までよくなった」[★9]。

ケムトレイル論の浸透は、ティモシー・モートンによる気候変動そのもののハイパーオブジェクト的な解釈にとてもよく似ている。肌にしみつき、生活のあらゆる面に入り込んでいく。それは、ジャーナリストのケアリー・ダンがカリフォルニア州でケムトレイル信奉者と一か月を過ごした報告に完璧に捉えられている。「知らなければよかった。でももう知ってしまったから、本当に悲しい気持ちになる」[★10]。陰謀論とは、私たちが暗黙のうちに世界に潜んでいると感じる恐怖を、そのまま解釈したものだ。

最初はやる気に満ちていたダンの、有機農場での牧歌的な有給休暇は、彼女の雇用者たちがもっている信念を発見すると、次第に気味の悪いものへと変わっていく。ヒッピーめいた帰農運動家たちは、フェイスブックを通じて地元のケムトレイル信奉者のコミュニティを――そしてドナルド・トランプが、自分の政権下でケムトレイルを終わらせると主張する偽のツイートを見つけていた。

「あたしみたいな者に、何が真実で何がそうでないか、どうしてわかる?」とタミーは言う。

「あたしは五四歳。ニュースは見ない。ラジオのニュースも聞かない。でもインターネットを見ると、「おやまあ、ほんとに？」ってなるものがある。あたしはこうして信じるようになったの。ジャーナリストが言っている情報源が、どれくらい確かかなんて知識はあたしにはない。ただの並みの人間ならば、どんなことでも信じさせられてしまう。ネットのせいで誰でもニュースを伝えられる。それが真実かどうか、あたしにどうしてわかる？　大統領を選ぶときには、ことはさらに難しくなる。みんなはドナルド・トランプを選んだ。だってトランプはケムトレイルを止めてくれるからって――あたしの言いたいことわかるよね？」［★11］

しかしながら陰謀論は、それがなければ無視されていたモノや論考――つまり、問題の辺境にあるケースを視野に入れるという、きわめて重要かつ必要不可欠な機能を果たしている。「陰謀論」という言葉は、人々と真実との関連ではなく、人々と権力との関係の問題だ。ケムトレイルの「黒煙派」は、それが現実に進行中の大気の激変を直接示していることがきわめて明らかな今日の状況では、あっさりとは無視できない。ラスキンの災雲は、急速に工業化したイギリスの煙突から出た、目に見える初めての噴出物だったかもしれないし、あるいはもっと奥の深いメタファーだったのかもしれない。ヨーロッパの戦場に捨てられた何千という死体、二〇世紀の産業資本による戦争の最初の犠牲者から立ち昇った瘴気だったのかもしれない。

ラスキンの時代と同様に、現代の根本的な不確実性は、一連の新しく奇妙な雲の発生という気象形成として現われる。二〇一七年に世界気象機関が発行した国際雲図帳（International Cloud Atlas）の最

ストラトキューミュラス（層積雲）ホモジェニタス。チェコ共和国のプルネーロヴ、トゥシミツェ、ポチェラディの発電所から立ち昇る熱気泡が雲になり、広がって、約2500メートル上空で層積雲を形成する　（写真：カルロナ・プルスコヴァ／WMO〔世界気象機関〕）

新版は、雲の形成の公式リストに新しい分類を加えた。これは「ホモジェニタス（homogenitus）」と言い、人間の活動の結果として生まれる雲の形成を称したものである［★12］。

大気圏の低層では、都会と自動車から排出された温暖で湿潤な空気が霧を作り出す。これがストラタス（層雲）ホモジェニタスの層だ。不安定な大気中では、これらの層は立ち昇り、自由に漂う雲、キューミュラス（積雲）ホモジェニタスを形成する。火力発電所は廃熱を冷却塔から中層大気へ排出することで、もとからあった乱層雲や高層雲を増大し、地表に影を落とす。だがホモジェニタスが独自のものとなるのは、地表からはるか遠く離れた上層大気だ。

ジェットエンジン内でケロシン（灯

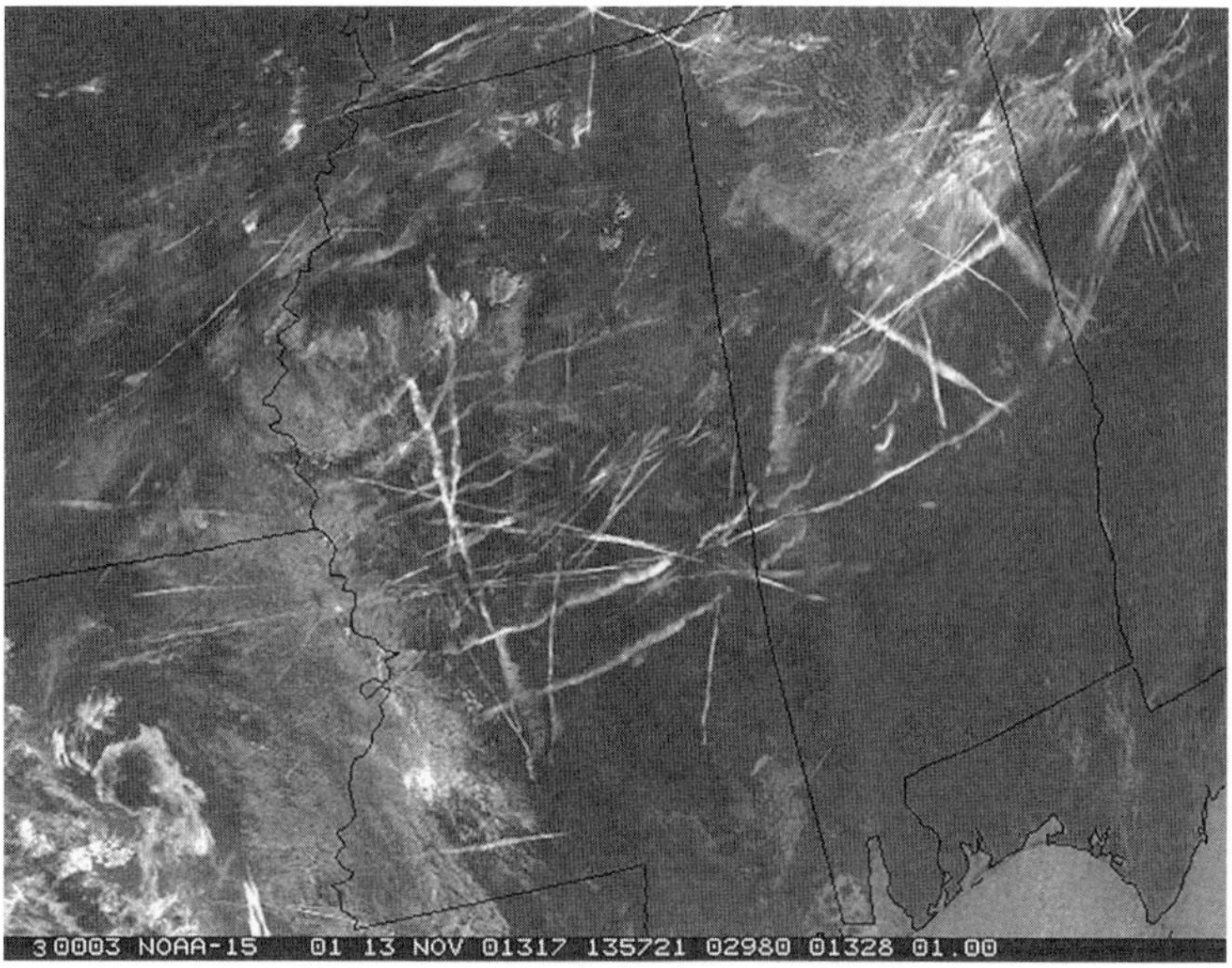

2001年11月3日、NOAA（海洋大気庁）衛星15号AVHRR（超高解像度赤外線放射計）が赤外線撮影したアメリカ南東部。さまざまな時期の飛行機雲が写っている　（出典：NASA）

油）が燃焼すると水蒸気と二酸化炭素になる。水蒸気は凍える空中でたちまち冷え、まずは小さな液体の飛沫となり、それが固まって氷晶になる。高所で氷晶ができるには、形成させるための小さな核がその周囲に必要だ。これはジェット機の燃料の不純物によって与えられる。何兆ものこうした結晶が飛行機の通過した軌道を表わす。これがシラス（巻雲）ホモジェニタスだ。飛行機雲は公認の人工雲であり、寒く穏やかな天候の日には何時間も、またはそれ以上の時間、消えないことがある。

　そこかしこで空に十字がくり返し描かれる。グラント・モリソンの漫画シリーズ『見えざるものたち（The Invisibles）』で登場人物の一人が、砂漠の空のポラロイド写真を撮ってコメントする。「ニューメキシコ州ダルシーの卓状台地の上空に昇る雲の頭、それはニュージーランドのクイーンズタウンで撮られたものと、その詳細まで、まったく同じだ」。『見えざるものたち』の宇宙論のなかで、物語が崩壊し、時間旅行やその他多くのことの証拠が露わになる、きわめて激烈な瞬間だ。私たちにとって奇妙で世界的なシラス（巻雲）ホモジェニタスのもつれと、気象調査と陰謀論の、その果てしないオンライン上での流通と再生産は、天気がアクティブなデータになる瞬間だ。人新世《アントロポセン》〔人類が地球の生態系や気候に大きな影響を及ぼす地質学的な時代〕の嵐雲だ。無限の物理空間に、ネットワークとパラノイア的な想像力を通じて広がっていく。

　科学者たちは「正規の《ノーマル》」飛行機雲と陰謀論者のケムトレイルを区別するのに苦労しているが、前者も同じ危機の種をはらんでいる。飛行機雲は、ジェットエンジンから放出している目に見えないものの目に見える兆候だ。二酸化炭素、麻酔効果のある絶縁体。非常に急速に、そして危険なほどに大気中に増大している。ジェット機の排気には酸化窒素、硫黄酸化物、鉛、ブラックカーボンも含まれていて、互いに、そして空気と、私たちがまだ充分に理解してはいない複雑な相互作用を起こす。航空会社が数十年にわたり燃費を改善しつづけてきた一方で、全体としては、この経済的・生態的な節約をはるかに上回る数の飛行が急速に増加しつづけている。現在の増大率だと、二〇五〇年までに航空産業だけで、地球温暖化の危機的状態である摂氏二度の気温上昇以下に抑えるために許されている、二酸化炭素排出の総量を占めてしまう［★13］。

　飛行機雲は確かに気候に影響を与える。とりわけ空に長くとどまり、空全体に広がって巨大な白い包帯のように形成され、巻雲や高層雲に似ているときはそうだ。単にその化学成分だけではなく、まさにそれが雲であることが大気に影響する。飛行機雲は長波の熱放射を空間に反射する以上に、それを雲の下に捉え、地球温暖化を増大させる。その影響は特に夜と冬に顕著だ［★14］。長期間にわたる大気の研究によると、雲の量は実際に、上空にいくほど多くなる。飛行機雲は空を変えている。それも、良くない方向に［★15］。

古代ギリシャでは、鳥占いを行なう者がいた。鳥の飛び方を観察して未来を占う者だ。アイスキュロス〔古代アテナイの三大悲劇詩人のひとり〕によれば、テクノロジーをもたらす者プロメテウスが、ある鳥は幸運で、また別の鳥は不吉だと称することで、古代社会に鳥占いを導入した［★16］。プロメテウスはまた内臓占いも行なった。鳥の内臓を調べて吉凶を占うのだ――原初的なハッキングとでも言おうか。現代の内臓占い師は、強迫的なまでのオンライン探索者で、出来事の痕跡を何時間も費やして調べて、その内部を抜き取り、外へ広げ、関節部をつつつき、鋼鉄やプラスチックやブラックカーボンのかけらを拾い出す。だとすれば、陰謀論の多くはある種の民俗知なのかもしれない。奥深く隠された現在の状況に対する認識がある人たちによって生み出された、無意識のうちの状況の占い。それを科学的に受け入れられる言葉で語る方法はない。だが、そんな別の表明のしかたを認めない世界は、はるかに悪い物語――反科学的な大衆のパニックから血の中傷〔ユダヤ人がキリスト教徒の子供を拉致し生き血を祝祭に使うという告発〕まで――の犠牲になり、本当に必要な警告の声が耳に入らなくなる危険性がある。

カナダの極北地方の先住民が、太陽はもはやこれまでと同じところに沈まない、星の並び方が乱れている、と主張している。天気は奇妙で予測しがたく変化している。暖かく不安定な風が新しい方向から吹きつける。深刻な洪水が町と村を脅かす。動物たちさえも、不確実な状況に必死に適応しようとして、生活パターンを変えている。これが、ヌナヴト準州〔イヌイットの自治準州〕の映像作家ザカリアス・クヌクと環境科学者イアン・マウロによる高齢のイヌイットに対する一連のインタビュー『イヌイットの知恵と気候変動（Inuit Knowledge and Climate Change）』に描かれた世界だ。そこで彼らは、自分たちが周囲の世界で経験したことを語っている――何十年もじかに気候を観察して得た経験だ。そんな彼らが、太陽が違う場所に沈んでいると言う。かつて沈んでいた場所より、何キロメートルも離れていることもしばしばだ。地球自体が壊れてしまっている。

二〇〇九年一二月、コペンハーゲン気候変動会議（COP15）でこの映像が上映されたとき、多くの科学者たちが、イヌイットの視点は重要ながら、地球が実際に動いた――つまり地軸が傾いたという主張は危険であり、彼らの信用を落とすだろうと文句をつけた[★17]。だがイヌイットの直接の経験は、科学的理論で支持できる。高緯度地方での太陽の見え方は、地表を覆った雪に大きく影響される。無数の方向へ反射し屈折する雪だ。雪と氷の変化が、視覚の変化を引き起こす。同時に、大気は明らかにジェット旅客機の不純物と化石燃料の燃焼の排気などの粒子状の物質に満ちている。汚い都市の上空で鮮やかな赤い日没が見られるのは、都市自体が排出しているスモッグと煙の結果である。このようにして、北極圏上空の太陽はゆがめられ、どんどん遠くに沈むように見える。空はほかのすべてと同様に、気候変動のレンズを通して見られている。なぜなのかを知らないからといって、そうでないことにはならない。

「何年ものあいだ、誰もあの人たちの声に耳を傾けませんでした。地球温暖化について、北極温暖化について［の議論で］はいつも、あそこに行って仕事をするのは科学者たちです。そして政策立案者はその発見に依拠しています。あそこの人々のことを理解する人は誰もいないのです」とクヌクが報告した［★18］。この点で、イヌイットの知識は、ケニアの拷問の犠牲者によく似ている。圧制者の言語で正式な文書にされ、分析によって正当とされるまで、その具体的な証拠を無視された犠牲者に。科学的および政治的知識は、身体化されたもの以上に、自分の経験の地平線から逃れることはできないが、同じものごとを見ていないわけでもないし、それを明確に表現する方法を模索していないというわけでもない。

ヨーロッパで最近見られた壮大な日没は、二〇一〇年四月、アイスランドの火山エイヤフィヤトラヨークトルの噴火で、天空に灰が満ちたあとのことだった。このような日没は、大気に散った煙霧質、とりわけ二酸化硫黄によって生じる。日没が近づくにつれ、灰と二酸化硫黄が地平線に白い雲を波立たせ、そのあと大気中の粒子によって散らされた青い光が、夕日の赤い広がりと組み合わさって、火山性のラベンダーと呼ばれる独特の色合いを創り出す［★19］。夕映えが大陸を覆うように現われ、灰まみれの雲が数日にわたり、南と西に動いていった。火山灰はジェット機のエンジンに支障を来たすことは知られていたが、ここ数十年、何度か噴火があったにもかかわらず、あまり研究はなされてこなかった。その結果として、ヨーロッパの空域全体が閉鎖された。八日間のあいだ、一〇万便のフライト、全世界の航空交通のほぼ半分がキャンセルされ、一〇〇〇万人の乗客が立ち往生した。

エイヤフィヤトラヨークトルの件で、日没以外にも人心を騒がせたのは、静けさだった。詩人のキャロル・アン・ダフィはその静寂を書き留めた。

イギリスの鳥たち

この春に歌う、インヴァネス〔スコットランド北西部〕からリヴァプール〔イングランド北西部〕まで、
クリフ〔スコットランド中央部〕からカーディフ〔イングランド西部〕、オックスフォード〔イングランド東部〕、ロンドンの街まで、
ランズエンド〔イングランド本土最西端の岬〕からジョン・オーグローツ〔グレートブリテン島で最も北に位置する村〕まで。音楽の沈黙は命じる、
シェイクスピア、〔ロバート・〕バーンズ、エドワード・トマス、つまり私たちを聞くように。〔★20〕

そのほかにも、飛行機雲がない空の、古びた物珍しさを指摘した人々がいた。出来事とは反対に、じわじわ忍び寄ってくる奇妙さだ。旅行がめちゃくちゃになった「混沌」をマスメディアが報じる一方で、私たちは澄んだ青空の下で、日の光を浴びて座っていた。噴火はハイパーオブジェクトであった。思いもよらないほど暴力的な出来事。どこにでもあるけれど、気候変動のように、この場所でそれが不在として経験されること。「好天は瞬間的かつ個別的に起こっており、間違いは全体的に生じている」という、ロニ・ホーンの天気のパラドクス〔第3章参照〕のように。

長いあいだ、気候変動懐疑派は、人間の活動より火山のほうがたくさんの二酸化炭素を生み出すと言いつづけてきた。実際、歴史的に火山は、地球寒冷化とパラノイアの時代の責任を負っていた。一八一五年、インドネシアのタンボラ山の大噴火は、翌一八一六年を「夏のない年」として知らしめる一連の出来事の最後に訪れた大変動であった。七月と八月に、北アメリカからヨーロッパにかけて雪、氷、霜が見られ、農作物は不作となった。鮮やかな赤と紫色の空が現われて、農地が飢饉にみまわれるとともに、不吉な兆候と終末論的な信仰が広まっていった。ジュネーヴでは、ある友人たちのグループが、各自それぞれにとって最も恐ろしい物語を見せあうことにした。その一つはメア

リ・シェリーの『フランケンシュタイン――あるいは現代のプロメテウス』。もう一つがバイロンの詩「暗黒」である。そこで彼はこう書いている。

太陽の輝きは消え、星たちは
光もなく、道筋もなく、果てしない宇宙を
暗くなりながら彷徨い、凍った地球は
月もない大気のなか、あてどなく黒く染まりつつ回転する［★21］

一八八三年八月のクラカトア火山の爆発もまた、紫色の夕映えと世界的な気温低下をもたらし、ラスキンの災雲、そしてエドヴァルド・ムンクの『叫び』の、燃えたつ空の景色に関連づけられてきた［★22］。前述のタンボラ山と同じく、噴火の知らせがヨーロッパへ届くのには数か月かかった。その間に終末論的な予測が盛んになっていた。

エイヤフィヤトラヨークトルの噴火は、火山性の二酸化炭素についての間違った考えを抑える機会となった。この火山は一日に一五万トンから三〇万トンの二酸化炭素を排出したと推定された［★23］。これに対して、ヨーロッパの航空機の飛行を止めれば、たった八日間でおよそ二八〇万トン〔一日あたり三五万トン〕の排出を防ぐことができる［★24］。これは世界中すべての火山からの年間総計排出量よりも大きな数字なのだ［★25］。もしも今日『叫び』が描かれていたとすれば、適切な背景はクラカトアの噴火による血の赤の空ではなく、飛行機雲が十字に横切る空であろう。ケムトレイルの陰謀論者、たとえ特にそうでなくても、人の手による気候変動という現実を否定する者のサイトにすら散らばっているのと同じ飛行機雲だ。私たちはみな同じ空を見ていながら、根本的に何か違ったものを見ている。

　これまで、人間による数多くの暴力的行為が、気候に記録されてきた。一三世紀、モンゴルのユーラシア侵攻は農地をことごとく破壊したので、その後森林が著しく再成長し、大気中の炭素濃度を〇・一パーセントとかなり下げた［★26］。一六〇〇年に始まり、一八一六年の「夏のない年」にピークを迎えた「小氷期」は、一四九二年のコロンブスの〔新大陸発見という〕悲劇で幕を開けた約一世紀にわたる世界的騒乱の結果だった。ヨーロッパ人のアメリカ到達からの一五〇年間に、先住民の人口の八〇ー九〇パーセントが抹殺された。一〇〇パーセントに達した地域もあった。多くは戦闘によって、さらに多かったのは、旧世界からもち込まれた病気によって、五〇〇〇万から六〇〇〇万人はいた人口が、六〇〇万人ほどに減った。その後、かつては五〇〇〇万ヘクタールほどもあった耕地から人間が消えた。つづいて一二〇〇万人のアフリカ人が奴隷にされ、南北アメリカへ急送された。途中で死んだ数百万もの人たちとともに。今度は大西洋の両側で、またしても農業が破綻した。そして森林の再成長と森林燃焼の減少があいまって、一五七〇年から一六二〇年にかけては、大気中の二酸化炭素濃度は一〇から七ｐｐｍに低下した［★27］。以来、これほど二酸化炭素濃度が低くなったことはない。

　おそらくこの出来事こそ、人新世の始まりと考えられるべきだ。後に自殺的と認識された人間の諸発明よりも、一八世紀の産業化時代を始動させた、石炭を燃料とする蒸気機関の発明よりも、ハーバー・ボッシュ法の発明を発端とした窒素固定よりも、何百もの核爆弾の爆発による何十億もの放射能汚染粒子の放出よりも。人新世が始まるのは大量虐殺から、氷柱コアや農作物の授粉に記録されるほどの規模の地球への暴力からだ。人新世の特徴は、流星の衝突や火山の噴火の持続で始まった時代とは異なり、その起源があいまいで不明瞭なことだ。現在起こっているその影響は、なおさらそうである。いずれにせよ、最初の真の人類の時代――最も近く、最も深く人類がかかわっている時代――は、目で見て考えるのが最も難しい時代である、ということだけは言える。

二〇〇一年九月一一日の朝九時八分、二機目の飛行機が世界貿易センタービルに衝突した五分後、アメリカ連邦航空局はニューヨーク上空での飛行活動をすべて停止し、空港を閉鎖した。九時二六分に同局は、アメリカ全土に地上待機命令を発し、国内の飛行機がどこへも離陸しないようにした。そして九時四五分、アメリカの領空は完全に封鎖された。民間機は離陸を許されず、飛行中の全機は、なるべく近い空港に着陸するように命じられた。カナダの運輸局も同調した。午後一二時一五分までに、アメリカ大陸上空からは民間機も商用機もすべていなくなった。軍用機と囚人輸送機を除けば、その後三日間、北米上空には何も飛ばなかった。

九月一一日から一四日までの三日間、平均気温日較差(DTR)と呼ばれる昼と夜との気温差が著しく増加した。大陸全土にわたってDTRが摂氏一度以上増えた一方で、通常は飛行機雲に最も広く覆われていた中西部、北東部、北西部は、季節平均の二倍以上となった[★28]。過去の非常に多くの事例と同じように、暴力行為が気象そのものに記録されていた。

九月一一日のうちに、ニュース放送の画面の下に(スクロールする)テロップが現われだした。まずはFOXニュースに、次いでCNNとMSNBCに。テロップはこれまで、緊急のニュース速報がある時だけ、視聴者にその情報をなるべく早く知ってもらえるよう、プロデューサーが最大限の情報を伝えるために使われていた。しかし9・11後にテロップは消えなかった。危機は日常の、進行中の出来事となって、途切れることのないテロとの戦い、〔放射能〕汚染爆弾の恐怖、株式市場の崩壊と独占へと変わっていった。新しいテロップが絶えることなく情報を流すことで、経験的なアプローチによる個別のニュース速報というものが消え去ってしまった。フェイスブックやツイッターの、流れる壁の先駆けである。ニューステロップとデジタルの流れの、日付けのない出所不明の情報の絶え間ない流通は、世界について一貫した話を語る私たちの能力をずたずたにしてしまった。9・11——具体的な事件自体ではなく、それが生み出し加速させたメディア環境——は、新しいパラノイア時代の到来を告げた。その最たる例が、政府の共謀という陰謀であり、これは社会のあらゆる面に反映されている。

リチャード・ホフスタッター〔政治史家〕は、一九六四年にアメリカの政治を特徴づける「パラノイド・スタイル」という言葉を創り出した。一八〇〇年代のフリーメーソンや反カトリック主義者のパニックから、一九五〇年代のジョー・マッカーシー上院議員による政府上層部の陰謀の主張までを例に挙げて、ホフスタッターは他人化《アザーリング》〔ある物や人を未知のものや自分とは異なるものとみなすこと〕の歴史のあらましを述べた。見えない敵に「悪意の完全なモデル、ある種の道徳性のない超人——邪悪で、どこにでもいて、強力で、残酷で、官能的で、ぜいたく好き」〔★29〕という役を担わせる。この敵の最大の特徴は、並はずれた強大さだ。「敵は私たちとは違って、歴史の巨大なメカニズムの罠に捕らわれていない。敵自身はその過去の、欲望の、そして限界の犠牲者ではないのだ。意志の力で、歴史のメカニズムを実際に創り出すか、あるいは歴史の正常な成り行きを邪悪な方向へと曲げようとする」。つまり、敵は現在の渦巻いた複雑さから立ち昇る他者であり、状況の全体を把握し、私たちとは異なるやり方で巧みに操ることができる他者である。陰謀論とは、無力な者が力を得たらどうなるかを想像するための究極の手段なのだ。

このテーマは、フレドリック・ジェイムソンが陰謀のことを「ポストモダン時代の貧しき人々の認知地図だ」と書いたことで引き継がれた。それは後期資本主義の全体論理の劣化版であり、そのシステムを表象しようとする自暴自棄の試みだ。それが失敗していることは、そのテーマと内容が完全にずれていくことからも明白だ[★30]。複雑さの証拠に取り囲まれ――このマルクス主義歴史家にとっては、資本主義が生み出す、一般化された「疎外」という象徴――個人というものは、どんなに憤慨していたとしても、少しでも状況に対する支配権を取り戻すために、よりいっそう単純化された語りに頼るようになる。テクノロジーが増大し加速する世界が、単純化へと逆行するにしたがって、それがより複雑に――しかもより目に見えるように――なるにつれ、陰謀はそこに適合するための必然として、より異様に、複雑に、そして暴力的にならざるをえない。

ホフスタッターは、パラノイド・スタイルのもう一つの重要な側面を明らかにした。それは、主体自身の欲望の反映である。「この敵が多くの点で、自我の投影であるという結論には抗しがたい。自我の理想的な面と、受け入れがたい面はともに、敵の属性となる」[★31]。ケムトレイルが身体にこだわることで、それは無意識のうちに、しかし終わることのない、より広範な環境破壊に対する示威行動となる。ちょうどある友人が、私が深夜の強制輸送を行なっているのを見たのと同じジェット機で夏の休暇に出かけたと話すように、ケムトレイル信奉者は、自らの楽しい空の旅を汚染している飛行機の窓から「黒煙発生源」を映像に収める。私たち自身が陥っている複雑さに外部はない。私たちがその状況についてのすべてを共有できる、外部からの視点はない。私たちに知識をもたらすネットワークは、私たちを包み込んで、その視点を無数の視点へと屈折させ、光を投げかけながら、同時に方向感覚を失わせる。

ここ数年で、このパラノイド・スタイルが主流になってきた。ケムトレイルや9・11トゥルーザー〔同時多発テロが内部犯行だとする「真実」主張派〕を、少数過激派としてはねつけるのは簡単だが、彼らは政府を乗っ取って、国家を転覆させつつある。ドナルド・トランプは、ケムトレイルを終わらせるとはツイートせず、何度か、地球温暖化はアメリカのビジネスに対する陰謀であり、おそらく中国かどこかの策略だろう、とツイートしてきた［★32］。トランプの政治的な台頭の背景には「バーサー（Birther）」運動があった。バラク・オバマはアメリカ国民ではなく、したがって大統領の資格がないと主張するものだ。バーサー運動は共和党の急進化に火をつけ、ティーパーティーの集会やタウンホールミーティング（対話集会）での主要な議題となった。二〇一一年、トランプはオバマの出生証明の正当性を問う全米プレスツアーに乗り出し、ツイッター上では、オバマは実はケニア生まれを詐称していて、その本名は「バリー・ソウエト」だと主張した。そしてオバマがパスポートの発給申請書を公表すれば、大統領のお気に入りのチャリティに寄付をすると申し出た。この件を追求したことで、共和党寄りの有権者からのトランプ支持が倍増し、後に共和党候補指名争いの相手となるミット・ロムニーも含めた政治家たちは、その裏づけを求めた。二〇一六年――オバマの出生証明書の完全版が実際に公表されてからずっとあとになって――トランプはようやく陰謀説を放棄して、これはヒラリー・クリントンが始めたことだと言い張った［★33］。

トランプは大統領選に出馬したあとも、ひどく極端でひどく突出したオンライン陰謀論者の路線をとりつづけた。メキシコの「殺人犯やレイプ犯」をアメリカに入れないために、国境に壁を築くという政策は、メディア帝国アレックス・ジョーンズによる陰謀論サイトのインフォウォーズ（Infowars.com）が制作したビデオによって正当化された。トランプが選挙戦中にたびたびくり返した、ヒラリー・クリントン投獄の呼びかけも、このインフォウォーズが考案したものだ。インターネットで読んだことを、あるいは右派陰謀論ネットワークと密接に結びついた顧問から仕入れたことを、ひたすら反復するトランプの意志には、ジョーンズでさえ驚いた。「放送で語った話題を、その二日後にトランプが一語たがわず言うのを聞くのはシュールな感じだ」[★34]。インターネットの非主流派が、その中心に戻ってきたのだ。

ケムトレイル陰謀説のきっかけとなったアメリカ空軍の報告書「戦力増強手段としての気象――二〇二五年の気象を支配する」で、報告者は以下のように指摘した。

たいていの気象制御の成果が、その事前の状態にある程度頼っている一方で、事前の状態のいかんを問わずとも、いくばくかの気象への影響を人工的に生み出すことが可能かもしれない。たとえば、エンドユーザーが受けとる気象情報に影響を及ぼすことで、バーチャルな気象が生成されうる。全世界、あるいは地域の気象情報システムから得られるパラメータやイメージの知覚は、現実とは異なる。この知覚の差異がエンドユーザーの、作戦上の意思決定の精度を低下させる。[★35]

この場合、現実の気象を変える必要はなく、ただターゲットが気象を知覚するツールを混乱させればいいだけだ。人工の雲を作るために、成層圏に種を蒔く必要はない。情報ネットワークに、私たちの世界の直接の知覚を置き換えるコードを挿入すればいいのだ。ケムトレイル陰謀説の一種にすぎないのかもしれないが、この世界を害しているのは、こうしたバ、ー、チ、ャ、ルな気象である。

バーチャルな気象が、世界について首尾一貫した話をする能力を乱すのは、それがこれまで支持されていた大多数が認める現実のモデルに——そしてその全体としてのコンセンサスに——異議を申し立てているからだ。オンライン上での最も極端な陰謀説の分析に、伝統的な心理学のモデルは通用しなくなってきている。教科書の定義によれば——具体的には、アメリカ精神医学会が出版している『精神障害の診断と統計マニュアル』（DSM）で、この本は臨床医、研究者、法制度に幅広く用いられている——「信念」は、それが個人が所属する「文化あるいはサブカルチャー」に支えられていれば、妄想ではない。だがネットワークは、私たちが文化を確立し形成するしかたを変えてしまった。遠く離れた場所にいる人々がオンラインでつどい、経験や信念を共有し、グループで文化を形作ることができる。

一七九六年一二月三〇日、ロンドンの茶卸売業者ジェームズ・ティリー・マシューズは、傍聴人席から「反逆罪！」と叫んで、下院議会を中断させた。即刻逮捕され、王立ベスレム病院、通称ベドラムへ送られた。検査のあいだ、マシューズは、ウィリアム・ピット政権下で隠れて行なわれていた国家の秘密活動に携わっていたと主張した。さらに「空気織機（air loom）」という機械の仕組みにつ

ジェームズ・ティリー・マシューズの空気織機。ジョン・ハスラム『狂気の図解（Illustrations of Madness)』（1810年）からのイメージ

いて詳述した。水力ポンプと磁気の放射によって、心身をコントロールするのに使われるシステムだ［★36］。マシューズは初めて記録された妄想型統合失調症の症例として歴史に名を残した。彼が詳しく語った空気織機もまた文献に載り、偏執性妄想の最初の事例として当時の科学的発見をたどるものとなっている。

一七九六年当時、イギリスとヨーロッパは科学および政治の革命で活況を呈していた。〔自然哲学者の〕ジョゼフ・プリーストリーが、空気をその構成分子に分離した一方で、パリでは、アントワーヌ・ラヴォアジエが『化学のはじめ』を刊行したところだった。これは物質界の新しい理解を創り出した。フランス革命からほんの数年後に起こったこうした発見は、政治的な力も有していた。プリーストリーは堅実な共和派で、科学と理性は専制君主の誤りと迷信を払拭する、という信念を推し進めるための小冊子を出版した。一方で、新しい科学と社会改革に対する保守的な反対者が、当時の政治的混乱を、プリーストリーの不自然で手に負えない「激しい気体」に喩えた［★37］。マシューズの空気織機とは、陰謀を生み出すために、空気と政治の機械装置を絡め合わせたものだった。

その後もあらゆるテクノロジーで、このプロセスがくり返されてきた。ラジオからテレビへ、写真からインターネットへ。これらはみな、素人にとって不思議で不明な点が多い新しいテクノロジーを、自分自身の世界モデルに統合しようとした結果である。だが世界は、そのような信念を認め、育む方法についての責任を負っている。マシューズ――知的で優しい人物で、後年ベドラムの後任者に、収容者のニーズをより満たす施設のデザインを提案した――は自身の病気を認めながらも、政治的な不正行為についての主張は継続した。たぶん彼は正しかったのだろう。後世の歴史家が、マシューズは国家の秘密活動に雇われたが、そのことは否認されたという証拠を発見した。

現代でマシューズに最も近く、臨床的な意味でのパラノイアの領域外にいるのは、「集団ストーカー」や「マインドコントロール実験」の（自称）被害者だ。こうした一連の兆候を調べるための最も一般的な検索語は、個人が知らない人物から（路上ハラスメントや脅迫行為を通して）受ける監視や虐待、電子盗聴、テレパシーの示唆だ。集団ストーカーやマインドコントロールの対象者は、自らを標的にされた個人であると称し、「集団ストーカー」と闘おう、だとか、隠されたハラスメントと監視からの自由、といった名前のサイトに集まる。そんなサイトの周辺に集まるコミュニティは、精神障害の治療を受けている人々より圧倒的に数が多い。実際、治療に対する抵抗感と、信念を共有する相手を受け入れることが、そうした集団の核心にある。標的にされた個人は、マシューズとほとんど同じ話をする。最新のテクノロジーを用いる不可知の行為者は、彼らに影響を与え、コントロールしようとしている。しかしマシューズとは違って、彼らの周囲にはコミュニティが――文化が――ある。それが彼らの信念を正当化し、支持してくれている。

これは臨床上の「妄想」の定義を惑わせる。「ある人が所属する文化もしくはサブカルチャーの他のメンバーに受け入れられている」信念は除外されているからだ［★38］。精神医学の権威であれば「妄想」と判断するであろう人たちは、同じ考え方をもつオンライン・コミュニティを探し出し、そこに参加することで、妄想を自ら「ケアする」ことができる。この世界観に対するどんな異議も、彼らの経験の真実を隠蔽するものとして、標的にされた個人の仲間に支えられて、却下することができる。そのうえ、彼らの信念の承認は、社会の他者たちから発せられる容赦ない反対や嫌悪感、恐怖心よりも、個人にとってより良いケアをもたらす可能性がある。他者への不信に特徴づけられた集団は、互いに支えあい、なおかつ自立した、ダイナミックで複雑な情報を提供するコミュニティを創り出すべく、ネットワークのテクノロジーを導入してきた。自身の理解が有効かつ評価される世界を築くために、医療と社会の主流から、自らを切り離してきたのだ。

同じパターンが、別物だが関連のある諸集団でくり返されている。モルゲロンズ病は、何年にもわたって医学界を悩ませている自己診断の病名だ。患者の伝えるところでは、肌のかゆみが止まらず、体から繊維が突き出してくるという。複数の研究が、モルゲロンズ病は物理的というよりも、心理的病状だと結論づけたが、患者たちはインターネットを通じて会議を開催し、ロビー団体を組織している[★39]。携帯電話から出ている電磁波や、Wi-Fiホットスポット、送電線のせいで病気になるという意見もある。電磁波過敏症は、アメリカの人口の五パーセントの人たちを苦しめ、言うに言えないつらさを与えているともいわれている。犠牲者は電磁波を締め出すため、ファラデー箱と呼ばれる、アルミホイルで裏打ちした部屋を自ら建てている。あるいは、科学目的のために無線信号が厳しく制限されている、ウエストヴァージニア州のナショナル・レディオ・クワイエット・ゾーンに移住している[★40]。

標的にされた個人からモルゲロンズ病患者まで、9・11トゥルーザーからティーパーティー参加者まで、自己承認を是とする集団は、新たなる暗黒時代のいちばんの特質《ホールマーク》であるように思われる。彼らが暴いているのは、ケムトレイル信奉者が直接示していることだ。私たちの世界を表現する能力は、自己裁量の範囲で使えるツールの産物である。みな同じ世界を見ていながら、見えているのはまったく違ったものだ。そして私たちはつねに、その効果——欲するものを人々に与える自動化されたポピュリズム強化システムを自ら築いてきた。

もしあなたがソーシャルメディアにログインして、ワクチンに関する情報を探し出そうとすれば、たちまち反ワクチン接種の意見にたどり着くだろう。そして、ひとたびこうした情報源にさらされると、他の陰謀論者——ケムトレイル信奉者、地球平面論者、9・11トゥルーザーなど——が、さらなる情報を送り込んでくる。たちどころに、これらの意見が多数派であるように思えてくる。たとえどんな問題であったとしても、支持してくれる意見の果てしないエコールームだ。世界についてもっともっと知りたいという欲求が、問題を解決することなく、あらゆる質問に答えをあてはめつづけるシステムとぶつかったら、いったいどうなるのだろうか?

もしあなたが自分の考え方に対する支持をオンラインで探してみれば、すぐにそれは見つかるだろう。そのうえに、ひっきりなしにその確証が得られるだろう。ますます極端で、人々を分極化させる性質の、さらなる情報を。こうして男性の権利を主張する者は、だんだんと白人ナショナリズムに傾倒し、不満を抱いたイスラム教徒の若者は、暴力的なジハード主義に陥っていく。これこそがアルゴリズム的急進化で、過激派自身のために機能している。彼らは社会の分極化が、結局は自らの目的に資することを知っている。

二〇一五年一月のパリの『シャルリー・エブド』襲撃から一か月後、イラク・レバントのイスラム国(ISIL)のオンライン機関誌『ダービク』が第七号を発行した。この集団の戦略のあらましを述べた論説が掲載されていた。それはISILのそれまでの宣言に積み上げるかたちで、他の宗教との共存と協力を非難しつつ、セクト主義を深めていた[★41]。二〇〇六年、ISILの前身であるイラクのアルカイダは、シーア派のきわめて神聖な地、サマラのアル・アスカリ・モスクを攻撃し破壊した——この国でいまだ進行中の内戦の引き金となった多くの行為の一つである。二〇一四年に出現したISILは、このアプローチを全世界に広めてきた。この集団は、世界中のテロ攻撃の責任を主張することで、西欧のイスラム教コミュニティに対する反感をあおることを望んでいる。社会を分極化させ、疎外と報復の暴力的なスパイラルを創り出そうとしているのだ[★42]。

ISILは、イスラム教と他のコミュニティのあいだとの共存と協力の場を「グレーゾーン」と呼び、それを破壊することを誓ってきた。イスラム教の伝統を互いに対抗させ、非イスラム教の多数の人々を同国の市民と対立させることで、彼ら自身だけが唯一の真のイスラム教の庇護者だと、そしてカリフの領地が、イスラム教徒が真に安全でいられる唯一の場所であると宣言する。この戦略を成功させるためには、大多数の人々に暴力とパラノイアの容赦ない圧力をかけて、グレーゾーンを捨てさせることが、また疑問や不確実性を許さない黒か白かの世界観に従わせることが必要だ。

領地の反対側では「グレーゾーン」という言葉は、従来の武力衝突の入り口の直前に存在する、最も現代的な形態の闘争を表わすために使用されてきた。グレーゾーン闘争を特徴づけているのは、慣習に従わない戦術だ。たとえば、サイバー攻撃、宣伝工作、政略戦、経済制裁と妨害行為、武装した代理戦争に対する資金援助、どれもこれもデマと欺瞞の雲をまとっている[★43]。ロシアのウクライナとクリミアへの侵攻における「リトル・グリーンメン」〔無徴章の武装兵〕の活用、中国の南シナ海への展開、シリアでのイランとサウジアラビアの代理戦争はいずれも、あいまいさと不確実性で定義される戦闘の進化を示している。誰と誰が戦っているのか、誰にもはっきりとはわからない。すべては否定できる。ちょうどアメリカ軍が気候変動のリアリティの、ごく進歩的な計画者であるように、ウエストポイント〔アメリカ陸軍士官学校〕とロシア連邦軍参謀本部軍事アカデミーは、新たなる暗黒時代の雲に似たリアリティを認識するための最前線である。

もし私たちが、グレーゾーンを自らのものとすることを選んだらどうなるのか？　聖戦を行なう人と軍事戦略家の、戦争と平和の、黒と白のあいだのどこかであるグレーゾーンは、私たちのほとんどが今日、生きている場所だ。グレーゾーンは、証明不可能な事実と、ゾンビのように歩きまわり、甘い言葉でおだてたり急き立てたりする会話といった、証明可能な虚偽とに充ち満ちた風景を、最もよく表わした言葉である。グレーゾーンは、知識を創るための技術的なツールが非常に広範なものとなった結果として、いま私たちがいることに気づいた、滑りやすく、ほとんど把握しがたい地形だ。そこは過激派も陰謀論者も同じように恐れている、限られた理解力と存在論的な疑惑の世界。この世界で私たちは、経験で判断できる範囲の狭さと、圧倒的な情報の流れからの乏しい報酬を認識せざるをえない。

グレーゾーンは打ち負かされない。枯渇も氾濫もしない――すでにあふれ出ている。陰謀論は支配的な物語で、いつの時代も国際共通語だ。きちんと読めば、本当にすべてを説明してくれるのだ。グレーゾーンにおいては、飛行機雲はケムトレイルでもあり、地球温暖化の初期の危険信号でもある。これらは同時にその両方のものでいられる。グレーゾーンにおいては、工場の煙突からの排ガスが超高層大気の自由分子と混ざりあい、起源の不確かなブラウン運動によって、自然なものにも不自然なものにも生気を与えている。モルゲロンズ病患者の肌から突き出た繊維状のものは、光ファイバーケーブルの微量元素で、携帯電話の基地局の電磁波の振動は、高頻度取引の金融データを送信している。グレーゾーンでは、沈む夕日が浮遊微小粒子の霞のなかで屈折していて、地球は本当に調子が悪い。いまや私たちは、そのことを認める用意ができたところだ。

意識的にグレーゾーンで生きることは、もし私たちがそうすることを選べば、振動する世界の半＝真実にマスクをかぶせるような、私たちの限られた認識力を引き伸ばす、無数の解釈を試させてくれる。それはこれまで望まれてきたいかなる厳密な二進コードよりも、より良いリアリティの近似だ――あらゆる懸念は近似であり、そうであるほうがより説得力があることを認めることだ。グレーゾーンは、現在私たちが意味ある行動をとることを妨げている、普段は折り合いのつかない相反する世界観を和解させてくれる。

9 Concurrency——同時実行

画面のなかでは、二四個入りの『カーズ』ブランドのキンダーサプライズの箱を、男の手がゆっくりと回転させている。ポリエチレンの包装を剝がしてくるりと回し、ふたをそっと持ち上げて中身を露わにする。画面は、テーブルの上にきちんと並べられた一二個の卵に変わる。両手でその一つを取り上げ、赤と銀のホイルの包装を剝がし、中身のチョコレートの卵を見せる。卵がパキンと割られて、小さなプラスチックの樽が取り出される。樽を開けると、なかには小さなプラスチックのおもちゃが入っている。ステッカーなどの付属品があれば、それをていねいにつけて、カメラの前でゆっくりと操られる。ホイルが破られ、チョコレートが割られ、プラスチックが剝かれる穏やかな音だけがしている。卵とその中身はじっくり観賞されたあと脇に置かれ、同じ手順が次の卵で、そのまた次の卵でくり返されていき、やがて全部の卵が開けられる。しばらくすべてのおもちゃがパン撮りされたあと、動画は終わる。七分間のこの動画は、ユーチューブで二六〇〇万回視聴された。

キンダーサプライズは、ミルクとホワイトチョコレートの卵の殻のなかに、プラスチック製の玩具が詰められたイタリアのお菓子だ。一九七四年の発売以来、世界各国で何百万個も販売されてきた。

二〇〇六年のディズニー映画『カーズ』——ライトニング・マックィーンとその仲間の車たちの冒険を描いたアニメーションは、全世界で四億五〇〇〇万ドルの総収益を上げ、これまでに二作の続編を生んできた。その無限に近いタイアップのなかの一つが、このキンダーサプライズだ。では、なぜ世界のあらゆる菓子とあらゆる商品販売促進活動のなかで、このキンダーサプライズがそんなにも高い評価を得ているのか？

　そうではない。もちろん、特別なことではない。「トイコレクターによるカーズ2・シルバー・ライトニング・マックィーン・レーサー・サプライズ・エッグ・ディズニー・ピクサー・ザイーニ・シルバー・レーサー」と題されたこの動画は、ユーチューブ上に無数にある「サプライズ動画」の一つにすぎない。どの動画も同じテーマに沿っている。卵がある。そのなかにサプライズがある。サプライズが明かされる。だが、そんなシンプルな前提から、無限の組み合わせがあふれ出る。もちろん、キンダーサプライズの動画には、それ以外にもありとあらゆるフレーバーのものがある。スーパーヒーロー・エッグ、ディズニー・エッグ、クリスマス・エッグ、などなど。それから類似品もある。キンダーもどきエッグ、イースター・エッグ、プレイドウ〔児童用工作粘土〕で作られたエッグ、レゴ・エッグ、風船エッグ、などなど。卵に似たもの、たとえばおもちゃのガレージやドールハウスがある。やはり開いて中身を見せ、同じ静かな畏敬の念をわかせるものだ。サプライズエッグの動画には一時間以上もつづくものがあり、どんな人間が一生を費やしても見切れないほどの動画がある。

　開封動画は、まともな動画ストリーミングが可能になって以来、インターネットの定番コンテンツとなった。ハイテク業界から始まったもので、新製品とそれを開封する経験を呪物的《フェティシャイズ》に崇めるのだ。

iPhoneやゲーム機がパッケージから現われると、いつまでもクローズアップで眺めるのだ。二〇一三年ごろ、このトレンドが子供のおもちゃへと広がり、気持ち悪いことが起こり始めた。動画に触れた子供たちは、レーザーさながらの集中力で画面に見入り、それを延々とくり返すのだ。親の世代がお気に入りのディズニー映画のビデオテープをすり減らしたように。子供の年齢が低いほど、実際の内容は重要ではないらしい。プロセスの反復が鮮やかな色彩と絶えざる発見の感覚とあいまって、子供たちを釘づけにする。ユーチューブで子供たちは、システムのおすすめアルゴリズムによって、絶え間ないくり返しや果てしない驚きを心から抱かせられ、そうした動画をあちこち何時間も見てまわるようになる[★1]。

テレビの子供番組、とりわけ未就学児を対象としたものは、大人にはいつも奇妙に見える。それが主流の放送から姿を消し、専用のデジタルチャンネルやオンラインで息を吹き返す前に、子供番組の黄金時代に起こった最後の大論争が『テレタビーズ』であった。頭にアンテナを、お腹にテレビ画面をつけた四匹のクマの赤ちゃんのキャラクターが、緑の野原と丘をよたよたと歩きまわり、ゲームや昼寝をする。番組は大ヒットしたが、子供のテレビはいくらかでも教育的であるべきと考える人々を悩ませもした。テレタビーズは単純な「グーグー語」でコミュニケーションをしたので、親たちや新聞は、子供の成長を妨げると考えた。実のところ、テレタビーズの言葉はスピーチサイエンティストが考案したもので、固有のロジックをもっていた。それはまた、後にサプライズエッグ動画で自動化されるようになった、数多くのテーマを含んでいた。コール・アンド・レスポンスの設定や、場面がくり返されそうなときの「もう一度、もう一度」の呼びかけ[★2]。大人には突飛で無意味で、退屈とも邪悪ともつかないことが、幼い子供たちには安全で安心できる世界を創り出していた。知ってか知らずか、このような人間の心理的な特性が今日ユーチューブで、サプライズ・エッグ動画やその親戚に人気をかくも集めさせているのだ。しかし、幼稚なアピール、約束された報酬、アルゴリズムによるバリエーションを組み合わせることで、動画はかくも恐ろしいものになる。

　ユーチューブのおすすめアルゴリズムは、視聴者の好みを特定することで機能する。真新しくて未分類のコンテンツは、ネットワーク上で孤立していて、誰かにリンクされたり外部からのおすすめだけしか頼るものはない、いわばリンボ〔天国と地獄のあいだで無視された状態〕にある。しかしもし視聴者を見つければ、つまりビューを集めだせば、アルゴリズムはおすすめ動画にかたじけなくも入れてくださる――ほかの動画のサイドバーに現われたり、常連視聴者に提供されたりして、「発見可能性」が高まるのだ。さらに映像に説明がついていて、適切な題名がついていて、アルゴリズムに適した方法でタグ付けされていれば、システムはその動画を類似の動画のグループに入れてくれる。いたって単純なことだ。もしあれが好きなら、これも好きになるだろう。そしてあなたはウサギの穴に落ちていく。サイトを自動再生に設定することもでき、動画が一つ終わるとおすすめ行列にある次の動画が再生され、いつまでもつづいていく。子供はおすすめ用のプロファイルをすぐさま作れるし、特定の種類の動画を追いかけて何度も再生すれば、それがすぐさま増強される。アルゴリズムはこうしたことが大好きだ。明確なニーズが特定されれば、それをひたすら満たそうとする。

　画面の向こう側には動画の制作者がいる。動画制作はビジネスだ。そしてそこには、ある一つのシンプルな動機がある。より多くのビューを得て、より多く稼ぐこと。グーグルの子会社ユーチューブは、やはりグーグルの子会社アドセンスと提携している。動画の近くに――それもますます内部に、前後に、最中にさえも――アドセンスは広告を掲載する。視聴者が動画に掲載された広告を見てくれれば、制作者は報酬を得ることができる――通常は「コストパーミル」（CPM、一〇〇〇ビューあたりの広告費用）という方法で。特定の制作者のCPMの算出方法にはピンからキリまである。というのも、すべての動画が、またすべてのビューが広告を表示しているわけではなく、CPMの比率自体が、さまざまな要因によって変動しうるからだ。とはいえ、動画は大きな価値にもなりうる。ユーチューブで初めて一〇億ビューを突破したK-POPのヒット『カンナム（江南）スタイル』〔韓国のPSY（サイ）の六枚目のアルバム『PSY6甲』に収録されたタイトル曲〕は、アドセンスから八〇〇万ドル〔約九億一〇〇〇万円〕を稼いだ。当初の一二億三〇〇〇万ビュー、または一ビューあたり約〇・六五セント〔約〇・七四円〕というデータから算出した金額である［★3］。ユーチューブで生計を立てるのにカンナムほどの成功は必要ないが、動画をどんどん制作して、より多くの人の目に触れさせるほうが――そして子供のように、何度も何度も動画を見てくれる市場をターゲットとするほうが、簡単に利益を高められるのは明らかだ。

ユーチューブの公式ガイドラインには、このサイトは一三歳以上のもので、一八歳以下は親の許可が必要であると書いているが、一三歳の子供がアクセスするのを止めるものは何もない。そのうえ、アカウントをもつ必要もないのだ。他の多くのサイトと同じように、ユーチューブは訪問者を、アドレス、ブラウザ、装置のプロファイル、行動から追跡する。それは詳細な人口動態と嗜好プロファイルを築き上げ、視聴者が自分の情報を意識的に提示しなくても、おすすめエンジン〔アクセスしてきた顧客に商品やサービスを推薦するソフトウエア〕に情報を送ることができる。それは視聴者が親のiPadの前にどすんと座って、画面をめちゃくちゃに拳で叩く三歳児であったとしても同じことだ。

そうした状況が起こる頻度は、サイトの視聴者統計から明らかだ。開封動画のような子供用ビデオに特化したライアン・トイズレビューというチャンネルは、ユーチューブのプラットフォームで人気第六位を占めている。ジャスティン・ビーバーやＷＷＥ〔アメリカのプロレス団体〕のすぐ下だ［★4］。二〇一六年のある時点で、第一位にもなった。現在六歳のライアンは、三歳のころからユーチューブのスターで、九六〇万人のチャンネル登録者を有している。彼の家族はこの動画から、毎月およそ一〇〇〇万ドル〔約一億一四〇〇万円〕を稼いでいると推計される［★5］。リストの次に来るのは、リトル・ベイビー・バム。未就学児のための童謡に特化している。わずか五一五本の動画で一一五〇万の登録者と一三〇億ビューを得てきた。

子供のユーチューブは巨大で実入りのよい産業である。オンデマンド式のビデオは親にも子にも麻薬もどきである――そしてコンテンツ制作者と広告主にとってもそれは同じことだ。親しみ深いキャラクターと歌、鮮やかな色彩、心地よい音響は、子供を何時間でも静かにさせ、楽しませることができる。数多くの童謡やアニメのエピソードを数時間の長さに編集して、動画の説明と題名でその長さを堂々と表明する一般的な戦術は、それだけの時間を過ごしている子供が、そこにいることを示している。

その結果、ユーチューバーは自分の動画に、そしてこれに伴う広告に、親子の注意を引く戦術を山ほど入れ込んできた。サプライズエッグのマッシュアップ〔複数のウェブサービスを組み合わせること〕で示したとおり、そのうちの一つは過剰なまでのキーワードだ。動画の題名に、関連のある検索語をできるだけ多く詰め込むのだ。その結果は、言葉のサラダと呼ばれる状態〔統合失調症患者の発話に見られる支離滅裂な言葉の羅列〕である。ある一つのチャンネルからその例を任意に引いてみよう。『サプライズ・プレイドウ・エッグズ・ペッパ・ピッグ・スタンパー・カーズ・ポコヨ・マインクラフト・スマーフス・キンダー・プレイドウ・スパークル・ブリリオ』『カーズ・スクリーミン・バンシー・イーツ・ライトニング・マックィーン・ディズニー・ピクサー』『ディズニー・ベイビー・ポップ・アップ・パルズ・イースター・エッグズ・サプライズ』『150ジャイアント・サプライズ・エッグズ・キンダー・カーズ・スターウォーズ・マーベル・アベンジャーズ・レゴ・ディズニー・ピクサー・ニコロデオン・ペッパ』『チョコ・トイズ・サプライズ・マシエムズ&ファシエムズ・DC・マーベル・アベンジャーズ・バットマン・ハルク・アイアンマン』[★6]。

こうしたブランド名、キャラクター、キーワードの理解不能な集まりは、真の聴衆に対する説明書きである。人間の視聴者ではなく、誰がどの動画を見るかを決めるアルゴリズムである。キーワードを題名にたくさん詰め込めば詰め込むほど、動画はどうにかこうにか、おすすめされやすくなっていく。あるいはもっと良いのは、類似の動画が終わったときに自動再生してくれることだ。結果として何百万もの動画が、なだれ落ちるような無意味な題名をつけている——とはいえユーチューブは動画プラットフォームだから、アルゴリズムも未来の聴衆も、その意味を気にはしない。

チャンネルのビューを得る方法は、ほかにもある。最もシンプルで昔ながらの方法は、別のコンテンツをコピーしてその海賊版を出すことだ。ユーチューブで「ペッパピッグ」と手早く検索をかけると一〇〇〇万以上の結果が得られる——そしてトップページにはまず、番組の制作者が運営している、公認の「ペッパピッグ公式チャンネル」がほぼ確実に出てくる。結果はたちまち他のチャンネルであふれ出すが、ユーチューブは検索結果を一律に表示するので気づきにくい。そうしたチャンネルの一つが、非公認の「プレイ・ゴー・トイズ」である。一八〇〇人の登録者をもち、ペッパピッグのエピソードの海賊版や開封動画のほかにも、ペッパピッグ公式エピソードと同じくらい上手にブランド玩具で演じられ、あたかも実際のエピソードのように題された動画で構成されている［★7］。これらに交えて――おそらく――チャンネル所有者の子供たちが、おもちゃで遊んだり、公園に行ったりする動画もある。

　このチャンネルは、ちょっとした邪気のない海賊行為にふけっているだけのように見える反面、こうした例は、ユーチューブの構造が、コンテンツと作者の乖離をいかに助長し、それが私たちの情報源の認識と信頼にいかに影響しているのかを示している。ブランデッド・コンテンツ〔商品・ブランドを広め、企業イメージを高めるコンテンツ〕の伝統的な役割の一つは、信頼される情報源であることだ。それが子供のテレビ番組の『ペッパピッグ』だろうとディズニー映画だろうと、エンタテインメント制作の産業モデルについて、誰もが抱く感情とは、こうした作品が入念に制作され、基本的には子供が見ても安全なようにチェックされ、そういうものとして信頼できることだ。プラットフォームによって、ブランドとコンテンツが分離されてしまうと、もはやこのことはあてはまらず、既知の信頼できるコンテンツが、非公認で有害かもしれないコンテンツへのシームレスなゲートウェイになってしまう。

　これは、私たちの認知・政治システムを混乱させている、フェイスブックのフィードやグーグルの検索結果に現われるものと信頼できるニュースメディアとの乖離とまったく同じプロセスなのだ。ファクトチェックされた『ニューヨーク・タイムズ』の記事がフェイスブックで共有されたりグーグル検索の「関連コンテンツ」ボックスにポップアップ表示されると、「ニューヨークタイムズポリティクス・コム（NewYorkTimesPolitics.com）」の記事と、ほとんど見分けがつかなくなる。このサイトは東ヨーロッパの一人のティーンエイジャーが立ち上げたもので、ほとんどすべての記事が、アメリカ大統領選に関するでっちあげの、炎上的で、非常に党派的なものばかりだ[★8]。元のサイトにちょっと戻ってみようとはするものの、ユーチューブの結果は、信じられないほど簡単に、よく知られた情報源と異様で不適切なコンテンツが混ざりあうように――そしてほとんど区別がつかないように――見せるのだ。

子供向けの動画のもう一つの顕著な気持ち悪い例が、「フィンガー・ファミリー」（指さん家族）だ。二〇〇七年、リーホソクというユーチューブユーザーが、薄っぺらな音の童謡のBGMに合わせて、二組の指人形が踊るという動画をアップロードした。「お父さん指どこ？　お父さん指どこ？　ここだよ、ここだよ。こんにちは」というように、お母さん指、お兄ちゃん指、お姉ちゃん指、赤ちゃん指までつづいていく。歌自体は動画より先行していたが、これがユーチューブでの初お目見えだった[★9]。二〇一七年末の時点で、フィンガー・ファミリーの歌はユーチューブに少なくとも一七〇〇万バージョンある。サプライズ・エッグの動画と同様に、あらゆるジャンルを網羅し、何十億ものののビューを得ている。「リトル・ベイビー・バム」〔子供の歌の3D動画を専門に扱うユーチューブ番組〕のバージョンだけでも、三一〇〇万ビューを得ている。人気チャンネルの一つであるチューチューは五億ビューだ。前提の単純さが自動化の実を結ぶ。基本的なソフトが、あらゆる物体やキャラクターをつけた動く手を見事にやりこなす。だから、スーパーヒーロー・フィンガー・ファミリー、ディズニー・フィンガー・ファミリー、フルーツとクマさんグミとロリポップ・フィンガー・ファミリーといった、無限のバラエティがページからあふれ出し、さらに何百万何千万というビューを重ねていく。ストックアニメ（原作）、オーディオトラック、キーワードの一覧が集められ、数千数万の動画が間断なく制作される。無数のバリエーションを列挙することなく、こうしたプロセスの手がかりを得るのは困難だが、このシステムがどんなに巨大で、その行動、プロセス、聴衆がどんなに不確かかを把握しておくことは重要だ。これは国際的なものでもある。タミル語の叙事詩とマレーシアの漫画のための「フィンガー・ファミリーで色を学ぶ」動画がある。英語を使った検索結果には出てきそうにない。まさにこの不確実性とその範囲こそが、こうしたシステムが存在する意義である。その範囲を把握することも、あるいは真剣に考えることさえも困難にする。

こうした動画のビュー数は、真剣に考えなければならない。莫大な数のこうした動画は、自動化ソフト――ボット――によって生み出されると同時に、ボットに視聴され、コメントをつけられさえする。ボットの制作者とグーグルの機械学習アルゴリズムの軍拡競争は、グーグルがとうの昔に広く公開している資産によるものだ。それはまた、真剣に受けとるべき実の理由もないようなものである。というのも、ボットの活動を公然と非難し軽視したところで、ボットは広告が見られる数を圧倒的に増やし、グーグルが生み出す収入をも膨大にしているのだから。しかしこうした共犯関係によって、基本的な検索語をブラウザに打ち込むことを覚え、さらにサイドバーを押して関連する動画を次々と呼び出すようになった、iPhoneやタブレットにつながれた数多くの子供たちが、こうした動画をくり返し見ている、という現実をあいまいにすべきではない。さらには、音声コマンドだけでコンテンツを呼び出せるようになりつつあるのだから。

このループのなかに再び人間が入ると、気持ち悪さはさらに増すばかりだ。プリングルズ缶とインクレディブル・ハルク3Dのフィンガー・ファミリーの組み合わせならば、少なくともそのこと自体は理解できそうだが、人間の演者による広く知られたチャンネルが、ページビューを高める必要性から、同じロジックを再生産し始めているのだ。ある時点で、自動化がどのくらい機能しているのか、あるいは人間と機械とのギャップを見分けることが不可能になる。

バウンス・パトロールはメルボルンの子供たちのためのエンタテインメントグループで、同郷のオーストラリアのバンドのウィグルズのように、デジタル以前の子供を興奮させた、色鮮やかな伝統に則った動画を制作している。彼らのユーチューブのチャンネル、バウンス・パトロール・キッズは、約二〇〇万人の登録者を有し、人間の演者が週にほぼ一回の割合で出演する、プロの手で制作された動画を投稿している[★10]。それでも、バウンス・パトロールのプロダクションは、アルゴリズムによるおすすめという、非人間的なロジックにぴたりと合わせている。その結果、人間の集団が、アルゴリズムが生成したキーワードの組み合わせが意味するものを実演するという、じつに気持ちの悪いことになっている。それは『ハロウィーン・フィンガー・ファミリー&もっとハロウィーンの歌フォー・チルドレン・キッズ・ハロウィーンの歌コレクション』『オーストラリアの動物フィンガー・ファミリーの歌――フィンガー・ファミリーの童謡』『農場の動物フィンガー・ファミリーともっと動物の歌』『フィンガー・ファミリー・コレクション――動物の音を学ぼう』『サファリの動物フィンガー・ファミリーの歌——ゾウ、ライオン、キリン、シマウマ&カバ！　野生動物フォー・キッズ』『スーパーヒーローズ・フィンガー・ファミリーともっとフィンガー・ファミリーの歌！スーパーヒーロー・フィンガー・ファミリー・コレクション』『バットマン・フィンガー・ファミリーの歌——スーパーヒーローズと悪役たち！　バットマン、ジョーカー、リドラー、キャットウーマン』と、果てしなくつづいていく。まるでオールドスクールのインプロヴィゼーションだ。ただしそのきっかけは、一〇億人の多動性の幼児の要求を取り込んだ、コンピュータによって発せられている。これがアルゴリズムによる発見の時代の、コンテンツ制作のありようだ。たとえあなたが人間であっても、結局は機械の役を演じるはめに陥ってしまう。

私はこれまでにも、アマゾンの電話ケースやレイプが主題のTシャツといった、完全な自動化による不穏当な結果の明白な事例の数々を紹介してきた。麻薬や医療機器をあしらった電話ケースを作るつもりは誰にもなかった。あれはただとても気持ち悪い確率的な結果にすぎない。同様に「冷静を保って大いにレイプしろ」Tシャツは憂鬱だ——それに痛ましい——けれども、これも理解できる。こんなTシャツを作るつもりは誰にもなかった。チェック機能を有していない、動詞と代名詞のリストとオンラインの画像生成器が組み合わさっただけだ。こんなTシャツは物理的には存在しなかった、あるいは購入されも着られもしなかった、だから無害だった可能性は大きい。しかしながらこの商品を創り出した人々が、その販売者も、このことに気づかなかったのは重大だ。彼らは文字どおり、自分たちがいったい何をしているのか、まったく知らなかったのだ。

明らかになりつつあるのは、システムの規模と論理がこうしたアウトプットに共謀していて、その含意を考え抜くように私たちに強いていることだ。これらの成果は、過去の例に含まれていた広範な社会的影響を引きずっている。たとえばビッグデータや機械知能に基づくシステムにおける人種的・ジェンダー的な偏見であり、そのことに対する簡単な、少しでもましな解決法さえない。

こんな題の動画はどうだろう。『間違った頭《ロング・ヘッズ》・ディズニー・間違った耳・間違った脚・キッズ・色を学ぼう・フィンガー・ファミリー・二〇一七年・童謡』というのは、タイトルを見れば、それが自動生成されていることがわかる。「間違った頭」という比喩の起源はいまだ謎だ。だがフィンガー・ファミリーの歌が含まれているように、どこかに完全にオリジナルで無害なバージョンがあって、子供たちを笑わせるうちに、それがアルゴリズムのランキングを上昇しだして、ついには言葉のサラダのリストに載るようになったことが容易に想像できる。そこで、色を学ぼう、フィンガー・ファミリー、童謡、そういったあらゆる比喩が——単なる言葉の組み合わせとしてではなく、イメージ、プロセス、そしてアクションによる独自の寄せ集め《アッサンブラージュ》として組み上げられていく。

動画は、ディズニー映画『アラジン』のキャラクターの頭と体を回転させるアニメーションに合わせて演奏される、フィンガー・ファミリーの歌からできている。初めはミスマッチであっても無邪気なのだが、『アラジン』以外のキャラクターが登場し始めると、そこに奇妙さが忍び込む——ユニバーサル映画『怪盗グルーの月泥棒』の少女アグネスだ。アグネスは場面の判定者で、頭が体と一致すると声援を送る。一致しないと大泣きのふりをする。メカニズムは明白で、結果はまったくの子供だましだ。最小限の意味を生み出すための最小限の努力。

動画の制作者のベイビーファンTVは、同様の動画を数多く制作してきた。どれもまったく同じように進行していく。ディズニーの『インサイド・ヘッド』のキャラクターのホープは、スマーフとトロールの頭を入れ替えると泣きわめく。ワンダーウーマンは『X-メン』で涙を流す。ずっとそんな調子だ。ベイビーファンTVには一七〇人しか加入者がおらず、視聴率もとても低いが、このようなチャンネルは何千何万とある。ユーチューブや他の大きなコンテンツ収集サイトのビュー数が重要なのは、理念としてではなく累積としてだ。「間違った頭」を生み出すメカニズムは明らかだが、異なる比喩を絶えず上塗りし混合することが、成人の感覚をいらつかせる。非人間的なもの、そうしたコンテンツを制作するシステムと私たちとのあいだに横たわる不気味の谷の感覚が増していく。コンテンツの表面より深いどこかに誤りがあるように感じられる。

ベイビーファンの「間違った頭」の動画は、どれも同じように、子供がキーキーと泣く鳴き声のデジタルサンプル音がフィーチャーされている。心騒がされるかもしれないが――『テレタビーズ』でぐふぐふ言っている赤ちゃんの太陽と同様に――この音響が、現実の赤ちゃんをこのコンテンツに引きつけるリズムや抑揚、経験との関連を与えているのかもしれない。しかし、誰かがこの決定をしたのではない。それは誰も意図していなかった、誰も実際には起きてほしくはなかったようなかたちで、アルゴリズムの反復と組み換えを通して、曲げたり伸ばされたりしてきたものだ。そしてこの果てしない再循環と拡大が、再び人間のもとに戻ってくるとどうなるのか?

トイ・フリークスはとても人気のあるユーチューブのチャンネルで――登録者数八四〇万人で、第六八位――父親と娘たち二人が、バウンス・パトロールと同じ原理で、これまで数多く見てきたものと同じようなことを演じている。娘たちがサプライズエッグの箱を開け、季節ごとに違ったフィンガー・ファミリーの歌を歌う。童謡や色のお勉強のほかに、トイ・フリークスは、たとえば大食い競争や作り物の虫で満たしたバスタブなど、不快な場面もお得意としている。多くの視聴者がこの動画を、乱用と搾取の境界線上にあると感じている——完全にある一線を越えてはいないとしても——、これまで、子供が吐いたり血を流したり、痛がっている動画など、そこそこ物議を醸してきた[★11]。トイ・フリークスはユーチューブの公認チャンネルだ。とはいえ、公認とは単に、チャンネルの登録者数が一〇万人を超えているというだけのことなのだが[★12]。

トイ・フリークスはその模倣版と比べれば大人しいくらいだ。フリーク・ファミリーと呼ばれるそのヴェトナム版では、バスルーム用品を飲んだり、かみそりで自分を切ったりする少女が目玉となっている[★13]。ほかにも、子供たちが色鮮やかな自動兵器を濁った川から釣り上げるものもある。アニメ『アナと雪の女王』のエルサが溺れる。スパイダーマンがタイのビーチリゾートに侵入し、ビキニ姿のティーンエイジャーたちに巻きつけた強力粘着テープを使って、色の名前を教える。巨大な赤ん坊の頭やゴム製のジョーカーのマスクをかぶった警官たちが、ロシアのウォーターパークの常連客を恐怖に陥れる。そんな調子でつづいていく。トイ・フリークスのように、人気が高く人間主導のチャンネルは、ネットワーク上でそれが何度もくり返されるうち、どんどん奇怪でねじ曲げられたものに組み換えられていく。しかも、そこには暴力と堕落の底意がある——願わくはそれが、私たちをあきれさせると同時に愛らしい、実在の子供たちの暗黒の想像力に由来するものではありませんように。

ユーチューブのいくつかの部門は、インターネットのご多分にもれず、暴力的な恥辱の文化の主人役を、長らく演じてきた。そこに聖域はない。ユーチューブプープはそんなサブカルチャーの一つだ。

たとえ故意に不快にさせるものでも、たいていは無害で、ほかの動画をリミックスしたり、子供のテレビ番組に汗まみれのわめき声やドラッグへの言及を重ねたりしているだけだ。だがそれは、親がよく遭遇する初歩的な気持ち悪さでもある。ペッパピッグの公式動画の一つ、ペッパが歯医者に行くエピソードは人気があるようだ――だが紛らわしいことに、本物のエピソードらしきものは、非公式チャンネルでしか見られない。公式タイムラインでは、ペッパは親切な歯医者さんに適切に安心させられる。「peppa pig dentist（ペッパ　ピッグ　歯医者）」で検索すると、そのランク上位に登場する動画の一つでは、ペッパはほとんど拷問され、叫び声とともに血を流しながら歯を抜かれる。極端な暴力と恐怖への傾向があり、ペッパがお父さんを食べたり漂白剤を飲んだりする不穏なペッパピッグ動画が広まっている。その多くは明らかなパロディか風刺である。こうした動画をめぐるこれまでの議論は、結局、法的権利のもとに著作権によって保護を受けるという結末となる。これらの動画は子供たちを怖がらせるためのものではない――本当に――たとえ現実には怖がらせていたとしても。しかしこれらは、反応として現われる、ある一連の結果全体を誘発しているのだ。

ユーチューブの気持ち悪さと怖さを、トロール（荒らし）や暗いユーモア愛好家のせいにしても、あまりうまくいかない。動画にあるとおり、ペッパは壮絶な歯科医での経験を耐え抜き、そのあとアイアンマン／ブタ／ロボットの一連の合成物《ハイブリッド》に変身し、色の学習ダンスを披露する。ここでどういう作用が働いているかは、決して明らかでない。動画はトロール（北欧神話）風のペッパのパロディで始まるが、しだいにこれまで見たような類の自動反復へと同期していく。それは単なるトロールでも自動化でもない。単に当事者の人間がアルゴリズムの論理をやりきっているのでも、アルゴリズムが思慮なく推薦エンジンに反応しているのでもない。それは欲望と報酬、テクノロジーと聴衆、比喩と仮面の相互作用による、ほぼ完璧に隠された巨大なマトリックスである。

ほかの例はあまり予想外のところはなく、より意図的に見える。動画制作の全過程にわたって、ビデオゲーム映像の自動再編集がかかわっていて、兵士やギャングがスーパーヒーローやアニメのキャラクターに置き換えられている。スパイダーマンがグリム・リーパーと『アナと雪の女王』のエルサの両脚を折って、二人を縦穴に首まで埋める。テレタビーズは――はい、またもや登場――オートバイの追跡劇と銀行強盗の銃撃戦で『グランド・セフト・オート』〔自動車重窃盗を意味するゲームタイトル〕を再現する。アイスクリームやぺろぺろキャンディを突き刺された恐竜たちが市街を破壊する。看護師たちがフィンガー・ファミリーの歌に合わせて大便を食べる。てんで意味がわからないし、すべてが間違っている。おなじみのキャラクター、子供の比喩、キーワードのサラダ、全自動化、暴力、そして子供の最悪の夢が組み合わさって、次から次へと出てくるチャンネルの未分化なコンテンツとなり、毎週数百本のペースで新しい動画が大量生産される。安物のテクノロジーとさらに安物の配給方法が、産業化した悪夢の制作業務に就いている。

このような動画を作るのには何が必要で、誰が作っているのか？　いったいどうしたらそれがわかる？　人間の当事者がいないからといって、人間が絡んでいないことにはならない。最近のアニメは安直で、オンラインの子供用コンテンツは、3Dアニメで金を稼ぐための最も簡単な方法だ。なぜなら美的基準がずっと低く、独立系のプロダクションがスケールメリットを得られるからだ。既存の使いやすい（キャラクターのモデルやモーションキャプチャ〔動きをデジタルデータ化して取り込む技法〕のライブラリーのような）コンテンツを用いて、いつまでも、ほとんど無意味なまでに、反復し修正することができる。というのもアルゴリズムは――そして子供たちも――差別をしないからだ。安物のアニメは、ほかの仕事がほとんどない、五、六人の小所帯のスタジオの作品かもしれないし、巨大倉庫の奴隷的労働者、ビデオの労働搾取工場かもしれない。ばかで不良のAIの産物、ただ動きつづけ、その過程で何百万ものビューを蓄積する、どこかの箱〔コンピュータの意〕に残された実験的プロジェクトかもしれない。もしそれが――一部のオンライン評論家が信じているように――故意にある世代を毒そうとしている、どこかの国家権力や小児性愛者のネットワークによるものであっても、私たちにはわかりはしない。それはただ機械がやりたいだけかもしれない。この問題をオンラインで提起しても、共謀とトラウマのウサギの巣穴に次から次へと落ちていくだけだ。ネットワークはきっと自分自身を診断できない。ちょうどシステムがそれ自体への要求を抑えられないように。

子供たちはこれらの動画からトラウマを受けている。お気に入りのアニメのキャラクターが、殺人やレイプの場面を演じきるのを見る[★14]。親たちは、心を騒がせる動画を見たあとの、子供の行動の変化を報告してきた。こうしたネットワーク効果は本当の、たぶん永続的な障害を起こさせる。幼い子供を――とても幼い子もいる――暴力や不穏な場面に触れさせるのは、虐待の一形態だ。しかし、この問題を「誰か子供たちのことを考えてくれないの」と心痛めて、単純なこととして扱うのは間違いだろう。明らかに、このコンテンツは不適切だ。明らかに、そこには悪役がいる。明らかに、いくつかの画像は削除すべきだ。やはり明らかに、これは公正使用、流用、言論の自由に関する問題を提起する。だが、この状況をそうしたレンズだけを通して見たのでは、現実に展開されてしまったメカニズムを存分に把握できず、そうしてその含意を全体として考えられず、したがって対応することができない。

ネット上にある多くの奇妙な動画を特徴づけているのは、そこで提示されている恐怖と暴力のレベルだ。時には子供たちが不愉快になる。時にはあおられる。しかし、たいていはより深く、より無意識的なものである。インターネットは私たちの隠された多くの欲望を、拡大し実現する方法だ――実際、それがせいぜいのところのように思われる。この傾向を、前向きな方向へ進めていくことを主張することは可能だ。ネットワークのテクノロジーの開花は、多くの人々に以前は決して不可能だった方法で、自己実現や自己表現を可能にした。個々人の主体性を増大させ、今日のようにとても力強く、多種多様な声で語られることがなかったアイデンティティとセクシュアリティを解放した。しかし、何百万人もの子供と大人が何時間も何日も何週間も何か月も、そして何年も遊んでいる場で――その行為によって最も傷つきやすい欲望を、略奪的なアルゴリズムにさらしている場で――その傾向は、圧倒的に暴力的で破壊的なものになる。

暴力に伴うのは、言い表わせないレベルの搾取だ。子供が子供だからではなく、子供が無力だからこその搾取。ユーチューブのアルゴリズムのような自動報酬システムは、その収入を維持するために、搾取が必要とされていて、略奪的で自由な市場資本主義の最悪の面をコード化している。システム全体を崩壊させることなく、その制御は不可能だ。搾取は私たちが築き上げているシステム内にコード化され、見えにくく、思考したり説明しにくく、反撃したり防戦しにくくなっている。このことを憂慮すべきなのは、これがＡＩが君臨し工場の労働力がすべてロボット化する、といったＳＦ的な未来の搾取ではなく、遊び部屋で、居間で、家で、そしてポケットのなかで、同じ計算メカニズムによって行なわれる搾取だからだ。そして人間は、その方程式の両側で劣格化されている。動画を見て、心が麻痺したり恐怖に陥る側と、低賃金か未払いで動画を作り、搾取されるか虐待される側と。その中間にあるのは、ほとんど自動化された企業で、両方の側から利益を得る。

このような動画がどこで、どうやって作られるようになったとしても、動画自体の意識的な意図が何であろうと、それは動画を子供に見せることで利益を得ようと意識的に意図されたシステムがもたらしたものだ。そこから無意識のうちに生成され、出現したこの結果は、至るところに散らばっている。

子供たちをこのコンテンツに触れさせることは虐待だ。これは同様に議論の余地のない、ティーンエイジャーに映画やビデオゲームが与える疑いようのない現実の影響や、若者の心にポルノグラフィーや過激なイメージが与える影響と同じである。それらは重要で熟慮すべきことではあるが、ここで論じられていることほどではない。ユーチューブによって危険にさらされているのは、とても幼い子供であり、事実上、こうした形態の虐待には極度に脆弱なネットワークによって、生まれたときから意図的にトラウマを与えられ、心をかき乱すコンテンツの標的にされている。問題はそうした意図ではなく、デジタルのシステムと、資本主義の動機《インセンティブ》の組み合わせに固有の、ある種の暴力である。システムは虐待に共謀している。ユーチューブとグーグルは、そのシステムに共謀している。オンライン動画から最大の収入を得るために、彼らが築き上げたアーキテクチャは、子供たちを虐待する見知らぬ人々によって、改変されている――おそらく故意にですらないが、巨大な規模で。こうしたプラットフォームの所有者は、そのことに対処すべき絶対的な責任がある。たとえどんな政治的な信念であっても、過激派の動画による（ほぼ）若い（ほぼ）男性の先鋭化に対処すべき責任があるように。彼らは現在のところ、このことに対処する意向をまったく示していない。卑劣だが、悲しいかな、意外なことではない。このサービス自体やそれに類似した多くのシステムをシャットダウンせずに、どうしたら対応できるのか、という問題には簡単な答えはない。

これは深い暗黒の時代だ。私たちが通信と会話の領域を広げるために築いてきた構造が、システマティックかつ自動化された方法で、私たちに――私たち全員に――逆らうように使われつつある。こうした恐怖を生み出すネットワークに対する信義を守るのは難しい。ユーチューブのすこぶる乱暴な事例を、荒らし行為だとして片づけてしまいたい誘惑に駆られる反面、きっと多くの人がそうだろうが、それではとりわけグロテスクな方向へと偏らされた莫大な量のコンテンツを把握することができない。そうした出来事が、ますます強まるインターネットの統制や、広範囲の検閲、監視や言論の自由の弾圧の正当化に利用されることも含めて、このことは複雑に絡みあった数多くの危険を表わしている。ここにおいては、ユーチューブの子供たちの危機が、よりいっそう幅広い認知上の危機を反映している。自動化されたシステム、脆弱な機械知能、社会的および科学的なネットワーク、そして広範な文化によって生み出された危機だ――それ自体の身代わり《スケープゴート》にされやすさと、あいまいで、もつれた下部構造とがあいまったものである。

二〇一六年のアメリカ大統領選の最終週に、国際的なメディアは急に、マケドニア共和国の小都市ヴェレスに飛びついた。首都のスコピエから車で小一時間のところにあるヴェレスは、以前は人口わずか四万四〇〇〇人の工業の中心地だったが、いまや最大級の注目を受けていた。選挙戦の最後の数日になると、オバマ大統領でさえもこの地に取り憑かれた。ヴェレスはニューメディアの生態系の縮図となった。そこではオバマが言ったとおり「すべてが真実であり、何一つ真実ではない」のだ［★15］。

二〇一二年、ヴェレス出身の二人の兄弟が、ヘルシーフードハウス・コム（HealthyFoodHouse.com）というウェブサイトを立ち上げた。二人はそこに減量のヒントや代替療法の推奨記事を詰め込んで、ネット上のどこからでも見つかるようにし、数年後にはどんどん訪問者を増やしていった。フェイスブックページの登録者数が二〇〇万人となり、「背中とわき腹の贅肉を二一日間で落とす方法」だとか、「坐骨神経にすり込めばたちまち痛みが治まる、五種類の鎮痛エッセンシャルオイル」と題した記事があるこのサイトには、毎月一〇〇〇万人がグーグル経由でやってきた。訪問者数とともにアドセンスの収入もどっさり入りだした。この兄弟は地元の有名人となり、儲けたお金は、スポーツカーやヴェレスのナイトクラブのシャンパンのボトルに費やされた。

ヴェレスのほかの若者もまねをした。多くは学校を中退して、急成長しているサイトのポートフォリオを剽窃した、もっともらしいコンテンツで満たすことに時間を捧げていた。二〇一六年初頭、同じ若者たちが、最大にして最も貪欲なニュースの——どんなニュースにせよ——消費者が、トランプの支持者であることに気づいた。多人数で集まっていて、標的にしやすいフェイスブックのグループだった。ユーチューブの非公認チャンネルのように、彼らのサイトは見分けがつかなかった——そしてトランプ支持層が主流メディアを放棄したことに反応して、ネット上に降って湧いた何千もの代替ニュースサイトより、権威があるでもなく、ないでもなかった。そうした区別など、大方どうでもよかったのだ。これまで述べてきたように、ソーシャルネットワーク上では、すべての情報源が同じに見えて、クリックを誘う扇情的な見出しが確証バイアスと組み合わさり、ユーチューブのアルゴリズムが「エルサ・スパイダーマン・フィンガー・ファミリー・色を学ぼう・実写」といった文字列に反応するのと同じように、保守的な視聴者たちをふるまわせた。たび重なるクリックが、ひたすらそんな記事を、フェイスブックのランキング上位へと押し上げた。数人の勇敢な一〇代の若者たちが、同じトリックをバーニー・サンダースの支持層に試したが、はかばかしい結果は得られなかった。ある若者は言った。「バーニー・サンダースの支持層は、これまで見たなかでも最高に頭がいい連中だ。あいつらはだまされない。記事を信じさせるには、証拠がなければならない」[★16]。

　数か月のあいだ、ヒラリー・クリントンが起訴されただとか、ローマ教皇がトランプ支持を宣言したとかいう見出しが躍って、富のおこぼれがヴェレスにもたらされた。通りに数多くのＢＭＷの車が現われ、ナイトクラブで売られるシャンパンが増えた。アメリカのマスメディアは、マケドニアの若者の「道徳観念のない」態度と「自信過剰のふるまい」を非難した[★17]。そうしながらも、マケドニアのフェイクニュースの急発展をあおった、歴史との複雑な相互関係は無視した、または考えそこねた――そんなわけで、彼らはこうした出来事の、より幅広く体系的な意味を理解できなかった。

　ヴェレスはかつて公式には、チトー〔ユーゴスラビア建国の父ヨシップ・ブロズ・チトー〕のヴェレスとして知られていた。マケドニア共和国ならぬユーゴスラビアに属していたときのことだ。ユーゴとネットワークとが崩壊するや否や、マケドニアはバルカン中央諸国を分裂させた血みどろの紛争を避けようとした。二〇〇一年、国連が支持した合意によって、多数派の政府とアルバニア民族の分離派とが講和した。次いで二〇〇五年、マケドニアは欧州連合（EU）への加盟を申し入れた。ところが一つ大きな障害に直面した。南側の隣国ギリシャとの国名論争である。ギリシャの言い分では、マケドニアはギリシャの同名の州に属するもので、新しいマケドニア人がそこを乗っ取ろうと企んでいるのだと非難した。論争は一〇年以上もくすぶって、マケドニア共和国のEU加盟、およびその後のNATO（北大西洋条約機構）参加を妨げ、さらなる民主改革を遠ざけていた。

進歩のないことにいらだち、社会の分断が深まって、ナショナリズムが復活した。その一つの結果が与党の「アンティーク化」政策であった。マケドニアの歴史の恣意的な流用ならびに偽造である［★18］。空港、鉄道の駅、そしてスタジアムは、アレクサンドロス大王とマケドンのフィリップ——いずれもギリシャの歴史上の人物で、スラヴ系マケドニアとはほとんど無関係——に、さらにはギリシャ系マケドニアのほかの地名や人物に改名された。スコピエ〔マケドニア共和国の首都〕の広大な地域が整地され、これまでより古典的な様式で再建された。ヨーロッパ大陸で最低レベルの雇用しかない国が、何億ドルもかけた計画だった。首都の中心にはいまや公式に、戦士、そして馬にまたがる戦士と単純に呼ばれている——けれども誰もがフィリップとアレクサンドロスだと知っている——重厚な彫像が建てられている。しばらくのあいだ、この国の国旗は、ギリシャ北部ヴェルギナのフィリップの墓で見つかったシンボル、ヴェルギナの太陽を描いたものだった。こうした流用がナショナリストのレトリックに支えられて、マイノリティや中道政党の抑え込みに利用された。ギリシャへの歩み寄りを提唱する政治家や歴史家は、殺害の脅迫を受けた［★19］。手短に言うと、マケドニアという国はそのアイデンティティ全体を、フェイクニュースにもとづいて構築しようとしたのである。

二〇一五年、一連のリークによって、アンティーク化計画を推し進めている同政府が、国家保安機関による徹底的な盗聴作戦の後ろ盾でもあったことが暴かれた。一〇年以上にわたって、二万件以上の電話番号から約六七万件の会話が違法に録音されていた[★20]。市民を盗聴していることが発覚したアメリカ、イギリス、そのほかの民主国家とは違って、このリークは政府を崩壊へと追い込んだ。その後、盗聴内容は国民に公表された。ジャーナリスト、国会議員、活動家、人道主義NGO（非政府組織）職員は、彼ら自身のごく親密な何時間もの会話が収録されたCDを受けとった[★21]。しかしほかのどこでもそうなのだが、このような暴露では何も変わらなかった——ただパラノイアをあおっただけだ。右派の人々は外国の勢力がスキャンダルを操っていると糾弾し、ナショナリストのレトリックを倍加した。政府と民主制の信頼は地に墜ちた。

こうした風土であれば、ヴェレスの若者たちが偽情報の計画に精魂を傾けていることに、どんな不思議があるだろうか、とりわけそれこそが未来だと教わってきた、まさに現代的なシステムによって、それが報いられるときに？　フェイクニュースはインターネットの産物ではない。それは、情報を自分の側に有利に操ろうとしてきたのと同じ目的で、新しいテクノロジーを操作しているにすぎない。それはプロパガンダの民主化であり、そこではかつてないほど多くの人たちが、プロパガンダの発信役を演じることができる。そして結局のところは、すでに社会に存在している分断の増幅器である。ちょうど、悪い奴《ギャング》が蔓延しているサイトが、精神分裂の増幅器であるように。ヴェレスを形成した歴史的・社会的コンテクストを無視して、それを客体化することは、私たちが築き、私たち自身を取り巻いてきたメカニズムの、集団的な無理解という症状を——そして私たちがいまだに、あいまいな問題の明確な解答を求めているという事実を示しているだけだ。

　選挙から数か月後、別の関係者の情報操作が告発された。どこよりも注目されたスケープゴートはロシアだった。現代における最もうさん臭い策略の、頼りになる悪役。とりわけインターネットに登場するときは、いつもそうだ。ロシア民主化を要求する二〇一一年の抗議デモは、ほぼネット上で組織されたのだが、逆にその結果、ウラジーミル・プーチンの支持層がオンラインでどんどん活性化して、ソーシャルメディア上で政府を支持する自作自演《ソックパペット》軍団を仕組んだ。そんな作戦の一つ、インターネット・リサーチ・エージェンシーと呼ばれる団体は、サンクトペテルブルクで数百人のロシア人を雇って、そこからブログ投稿、コメント、バイラル動画、ロシア政府方針をプッシュするキャンペーンを国内外に展開した［★22］。こうした「トロール・ファーム」〔偽情報などをソーシャルメディアに大量に書き込んで拡散させる拠点〕は、ロシアのグレーゾーン軍事行動の電子版だ。捉えどころがなく、否認可能で、故意に混乱させる。こうしたものは、あらゆる行政レベルで何千何万と存在する。虚偽と悪意をさえずりつづけるＢＧＭが、つねに流れている。

　ロシアでプーチンの党を支援するために、またウクライナのような敵対国の評判を傷つけることを通じて、トロール・ファームは急速に学習した。たとえどんなに多くの記事やコメントを生み出したとしても、人々の考えを改めさせるのは、どんなテーマに関しても至難の業だということを。そして次善の策に取り組みだした。それは議論をあいまいにすることだ。アメリカ大統領選ではロシアのトロールたちが、クリントン、サンダース、ロムニー、そしてトランプを支持する投稿を行なった。あたかもロシアの保安機関が、両方の側に対するリークに参加していたかのように見える。その結果は、まずインターネットが、次にさらに幅広い政治的言説がそうした投稿によって汚染され、分極化した。ロシア人活動家が述べたとおり「肝心なのは役に立たなくさせること《スポイル》、憎悪の空気を醸し出し、そのうさん臭さによって、世間一般の人たちが触れたがらないようにすることだ」［★23］。正体不明の勢力が、それ以外のほかの選挙にも影響を及ぼした。どれも陰謀とパラノイアが組み合わさっていた。イギリスのEU離脱是非を問う国民投票の準備段階で、有権者の五人に一人が、この投票は国家保安機関と結託して操作されると信じていた［★24］。離脱派は有権者たちに、鉛筆での投票が消されないように、ペンを持参するよう助言した［★25］。ことの直後、ケンブリッジ・アナリティカ――元AIエンジニアで、ヘッジファンドの億万長者、そしてドナルド・トランプの最強の支持者であるロバート・マーサーが所有する会社――の仕事に注目が集まった。ケンブリッジ・アナリティカの従業員たちは、自らが行なっていることを「心理戦」だと説明した――有権者を標的とし、有権者を説得するために、莫大な量のデータをてこにする。そしてむろん選挙は、不正が起こるように、本当に保安機関に操作されていたことが判明した。離脱キャンペーンにサービスを「提供した」ケンブリッジ・アナリティカの役員には、元イギリス軍人が含まれていた――その筆頭は、アフガニスタンでのイギリス軍の心理作戦を担当した元指揮官だ［★26］。EU離脱国民投票でも、アメリカ大統領選でも、軍事企業が、自国の民主的な投票に影響を及ぼすために、その軍事諜報テクノロジーを使用したのだった。

離脱運動やアメリカ右派と、いかがわしいデータ会社のつながりをくり返し強調してきたジャーナリスト、キャロル・キャドワラダーはこう書いた。

毎日これを追おうとすると、ブレイクダンスの長いヘッドスピン〔地面につけた頭を支点にして回転する〕になる。クモの巣のごとく張りめぐらされた関係と、権力と利益供与と同盟のネットワーク。大西洋をスピンし、データ会社とシンクタンクと報道各社を利用している。それはオフショアファンド〔タックスヘイブンに本拠地を置いて資産の運用を行なう投資信託〕のようなテクノロジー独占企業のプラットフォーム上にある、ブラックボックス化したアルゴリズムに集められる不明瞭な管轄権下での複雑な事業形態のこと。涙が出るほど複雑で、地理的に散らばっているのは偶然ではない。混乱はいかさま師の友、ノイズはそのアクセサリー。ツイッターのバブルは、暗黒に都合のいい隠れみのだ。〔★27〕

ちょうどアメリカ大統領選の最中に、ロシアにも注目が集まった。インターネット・リサーチ・エージェンシーが、対立をあおるいつものやり方で、ブレグジットのツイートに加担していたことを、調査員らが見つけたのだ。テキサス州の共和党支持者になりすました、しかしエージェンシーにリンクしていたことで、ツイッター社から使用停止にされたアカウントはこうつぶやいていた。「#ブレグジット投票後のイギリスに侵入してきたイスラム教徒たちを、自国から一掃することを望む！」そして「イギリスは未来のヨーロッパでのカリフの地位〔支配権〕から離れるために投票した！　#プレグジット投票」。同じアカウントは以前、イスラム教徒の女性が、ロンドンのテロ事件の犠牲者をないがしろにしたと称する画像を投稿して、タブロイド各紙の一面に登場していた〔★28〕。

四一九を超えるアカウントが、このエージェンシーに積極的に参加していたことが確認され、無数のアカウントが自動化されていた。別の報告によれば、この国民投票の翌年、議論の両方の側にツイートする一万三〇〇〇件以上の自動化アカウントのネットワークが発見された――ただし離脱派が、残留派の八倍もの投稿をしていた[★29]。一万三〇〇〇ものアカウントはすべて、国民投票の数か月後にツイッター社によって削除された。結局、その起源は不明なままだ。別のアカウントによれば、二〇一六年のアメリカ大統領選挙運動をめぐるオンライン討論の五分の一は自動化されていて、ボットの活動はかなりの割合で世論を動かした[★30]。議論に参加している非常に多くの人がその責任を負わず、追跡もできないとき、それが誰か、または何かさえ知りえないとき、民主主義の何かが腐敗する。社会への影響が急激に高まっているのに、その動機や出所が、非常にあいまいなのだ。ボットはいまやどこにでもある。

二〇一五年の夏、不倫を支援する既婚者向け出会い系サイト、アシュレイ・マディソン・コムがハッキングされ、三七〇〇万人の会員情報がインターネットに流出した。サイトの会員のあいだで交わされた莫大な数の露骨なメッセージを丹念に調べたところ、女性と男性を直接結びつけると約束している――プレミアム会員には不倫できる保証まである――サイトにしては、男女の人数に非常に大きな差があることが、たちまち明らかになった。三七〇〇万人の会員中、女性は五〇〇万人だけで、そのほとんどがアカウントを作ったあと、二度とログインしていなかった。例外はすこぶる積極的な七万人ほどの女性アカウントで、アシュレイ・マディソンは「天使」と呼んでいた。天使は男性と接触を始め――それに返答するには男性が支払いをしないといけない――、何か月も会話をつづけ、いつまでも戻ってこさせては、さらにお金を払わせるのだ。天使はもちろん、完全な自動化アカウントだ[★31]。アシュレイ・マディソンは第三者に代金を支払って、三一の異なる言語による、何百万もの偽アカウントを作り、それらを管理、稼働させた。サイトに数千ドルを費やす男性もいた。ついには不倫をした男性もいた。しかしその大多数は、ただ何年もかけて、ソフトウェアとあからさまだが実を結ばない会話をしただけだ。ここにもまた一つ、自動化というディストピアがある。社交的になることが不可能な社交サイト、参加者の半数は影にすぎず、参加は支払いのみで可能となる。そのシステムに触れた人々は、何かおかしいと疑惑を抱くばかりで、何が起こっているかを知る術はなかった。そしてその疑惑に従って行動するには、事業全体をまとめるファンタジーを破壊するしかなかった。インフラの崩壊――ハッキング――がその破綻を暴いたが、不正なシステムの技術的な枠組みは、すでに明々白々ではあった。

　私が最初に、子供向けのユーチューブ動画の奇妙さと暴力についての調査をオンラインで発表したとき、見知らぬ人たちからのメッセージや電子メールが殺到した。みな、そうした動画の由来を知っていると思っている人たちだった。ネット上でサイトの所有者とそのＩＰアドレスとを何か月も追跡した人がいた。実写動画のロケーションと文章で確認されている虐待との相関関係を証明した人もいた。動画はインド、マレーシア、パキスタンから（いつもどこか別のところから）発信されていた。これらは、国際的な小児性愛ギャングのグルーミングツール〔相手の信頼を得ること〕だった。これらは、とある一企業の製品だった。これらは、不良ＡＩの産物だった。西側諸国の若者を堕落させるための、国際共同による、国の支援を受けた計画の一環だった。電子メールは偏執狂からのものも、熱心な調査員からのものもあった。誰もが暗号を解読したと信じていた。彼らの評価は概して、動画のある一部や一側面に関しての説得力はあった。しかし全体としてその動画を検討することに関しては、どれも完全に失敗していた。

ブレグジット運動、アメリカ大統領選、そしてユーチューブの心をかき乱す深淵に共通しているのは、さまざまな疑惑にもかかわらず、結局のところは、誰が何をしているのか、彼らの動機や意図は何なのかを知るのが不可能だということだ。ひっきりなしにストリーミング動画を見たり、近況アップデートやツイートをスクロールして読んだりしながら、何がアルゴリズムで生み出されたナンセンスなのか、あるいは広告費を生み出すために精巧に作られたフェイクニュースなのかを区別しようとするのは、無駄なことだ。何がパラノイア的なフィクションか、プロパガンダか、スパムか。何が故意の誤報か、善意から出た事実確認なのか。こうした混乱はきっと、クレムリンのスパイや児童虐待者の捜査活動には益するだろうが、どんなグループの関心事よりも、ずっと幅広く根深いものだ。それが世界の実相だ。これが世界の進歩すべき道筋だと、誰かが決めたわけでもない——誰も新たなる暗黒時代など望んでいない——けれども、それは私たちがどのみち築いてしまったものだから、いまやこの時代に生きていかざるをえない。

10 Cloud——雲

二〇一三年五月、グーグルは毎年恒例のツァイトガイスト（時代精神）会議のために、選ばれた約二〇〇人のゲストを、イングランドのハートフォードシャー〔大ロンドンの北に隣接する高級住宅地〕のグローヴホテルに招待した。二〇〇六年から毎年開催されており、会議の後はよりオープンな「ビッグテント」会議がホテル内で行なわれる。二日間の集会はきわめて内輪なもので、少数の講演者の動画だけがオンラインで公開されている。数年にわたって、この会議が呼び物にしていたのは、アメリカの元大統領、王族、ポップスターなどの講演で、二〇一三年のゲスト一覧には、グーグルの重役や意欲に満ちた登壇者とともに、何人かの国家首脳や政府大臣、多くのヨーロッパ最大級企業のCEO、イギリス軍の元指揮官が含まれていた。グーグルのCEOであるエリック・シュミットをはじめとする出席者のうち数名はその一か月後に、世界の政治エリートが年に一度集結する、さらに限られたメンバーによるビルダーバーグ会議に戻ってくる［★1］。二〇一三年の議題は「今日の行動」「われらが遺産」「つながった《コネクテッド》世界の勇気」そして「快楽原則」で、そこに世界でも指折りの有力者たちによる、慈善事業の構想や自らの幸福の追求を促すスピーチがつづいた。

シュミットその人が、開会にあたって、テクノロジーの解放的な力への賛歌を述べた。「私たちには何かが欠けていると思います。政治のやり方か、メディアのあり方か。もっと楽天的になっていいはずです……イノベーションの本質、グーグルと世界が共に進めていることは、人類にとってきわめて前向きで、私たちはいま起こりつつあることが、さらに進んでいくことに対して、もっと楽天的であるべきです」[★2]。

つづく討論セッションでは、そんなユートピア的思考への反例としてジョージ・オーウェルの『一九八四年』を示唆した質問に対し、シュミットは携帯電話の——とりわけ携帯電話のカメラの——普及を例に挙げ、テクノロジーがどのように世界を良くしたかを説明した。

インターネット時代となったいま、組織的に悪事を働くのはきわめて困難です。例を引きましょう。ルワンダの過去です。一九九四年にルワンダではこの悲惨な……大虐殺《ジェノサイド》が起こりました。七五万の人々が四か月間にマチェテ〔中南米の現地人が使う山刀のスペイン語による呼称〕で殺害されました。非常に恐ろしいやり方です。しかしそのためには計画が必要でした。人々は計画を書き留めねばなりませんでした。私が思うに、もし一九九四年に誰もがスマートフォンをもっていたなら、これを行なうことは不可能だったでしょう。人々は実際、これが起こりつつあることに気づいたでしょう。計画はリークされていたはずです。誰かがそれを見抜き、誰かがこの恐るべき大量殺人を防ぐよう対処していたでしょう。[★3]

シュミットの——グーグルの——世界観は、何かを可視化すれば良くなる、テクノロジーは可視化するツールだ、という信念に完全にもとづいている。世界を支配しつつあるこの見方は、根本的に誤っているという以上に、きわめて危険なのだ。世界にとっても、シュミットが述べている具体例にとっても。

世界的な政策立案者たち——とりわけアメリカ、だが元植民地保有国のベルギーやフランスも——は、大虐殺に先立つ何週間も何か月も前に、さらにそれが起きているあいだにも、その広範な情報を余すところなく確認していた[★4]。多数の国が現地に大使館やスタッフをもっていたし、NGOもあった一方で、国連、外務省や国務省、軍や情報関係者はいずれも状況を監視し、高まりゆく危機に対応して人員を引き揚げさせた。NSAは、いまでは悪名高い全国放送が、「ゴキブリを駆除する」ための「最終戦争」を呼びかけるのを盗聴し録音していた(虐殺当時のルワンダの国連平和維持部隊司令官のロメオ・ダレール中将は、のちにこうコメントしている。「単純に放送を妨害し、平和と調停のメッセージに変えてしまっていたら、事件の経過に大きな影響を与えられていただろうに」[★5])。何年ものあいだ、アメリカは起きつつあった残虐行為の直接的な証拠をもっていることを否定したが、二〇一二年のあるルワンダの虐殺の裁判で、検察側は、一九九四年五月、六月、七月の「一〇〇日間の大虐殺」中に撮影された高解像度衛星写真という思いもよらない証拠を提出した[★6]。その画像——アメリカの国家偵察局および国家地球空間情報局の、さらに大きな機密コレクションから引っぱってきたもの——は、バリケードや破壊された建物、集団墓地、元首都のブタレの街路に横たわる死体まで写し出していた[★7]。

この状況は、一九九五年にバルカンでも反復された。CIAの工作員はウィーンの情報伝達室から衛星経由で、スレブレニツァ〔ボスニア・ヘルツェゴビナの都市〕の約八〇〇〇人のムスリムの男性と少年が虐殺されるのを見ていた［★8］。後日、U-2スパイ機からの写真が、掘られたばかりの集団墓地の小山を映し出した。クリントン大統領に、一か月後まで見せられなかった証拠だ［★9］。しかし制度的な惰性は、実のところ責められない。その後、シュミットが言うような分散型画像制作の一種が実現したのだから。今日ではもはや、集団墓地の衛星画像は、軍や国家情報機関だけの保存品ではない。殺害された遺体でいっぱいになる前後の塹壕の画像、たとえば二〇一三年のダマスカス〔シリアの首都〕南部のダリヤモスクの構内を、グーグルマップで見ることができる［★10］。

こうしたすべてのケースで、監視とはあくまで遡るための企てであり、現在となってはもはや行動できない、すでに確定し、完全に妥協した、権力の利益にしかならないことは明らかだ。ルワンダとスレブレニツァに欠けていたのは、残虐行為の証拠ではなく、それに従って行動する意志だった。ルワンダ虐殺に関するある調査報告で指摘されたとおり「ジェノサイドを充分に認識できなかったのは政治的、道義的、または想像力の弱さに由来するのであって、情報面の弱さによるのではない」［★11］。この声明は本書の要点になりうると感じられる。問題が、知ることではなく、することにあるときの、生の情報を無視する、もしくは追求する能力に対する破滅的な告発。

しかし、こうした画像の影響力が落ちてきたという宣告は、民主的かつ分散的に生成されたより多くの画像や情報が私たちを助けてくれるという、シュミットの立場を支持するものではない。組織悪への対抗策としてシュミットが力説する、まさにそのテクノロジーとしてのスマートフォンは、何度も何度も暴力を増幅し、個人を惨事にさらしてきた。二〇〇七年のケニアの選挙結果を受けて紛争が起き、ルワンダの無線局は携帯電話に取って代わられ、民族集団の双方に「互いに殺しあえ」という携帯メッセージを送ることで、渦巻く暴力がさらに助長された。一〇〇〇人以上の人々が殺された。その広く共有された例の一つでは、人々に敵のリストを作って送ることを強く勧めていた。

罪のないキクユ族〔ケニア中央高原南部に住むケニア最大の民族〕の血は流されないことを宣言する。まさにこの首都で敵を惨殺する。正義のために、活動中であることがわかっている、あるいは同じ農園かやナイロビのほかのどこかにいるルオ族とカル族の一覧と、加えてその子供らが、どこの学校に通っているかをまとめろ。この情報を送る番号を教える。[★12]

このヘイトメッセージの問題はあまりにも深刻だったので、政府は自ら、平和と和解のメッセージを流通させようとした。そして人道主義NGOは、暴力の悪循環の直接の原因を、携帯電話によって生み出された、閉ざされ、近づきがたいコミュニティ内でエスカレートする言辞《レトリック》だと非難した。その後の研究によれば、アフリカ大陸全体の所得不平等、民族細分化、地理を考慮に入れても、携帯電話の通信エリアの拡大は、暴力のレベルの高まりと関連していることがわかった[★13]。

これは、衛星やスマートフォン自体が暴力を生んでいるとするものではない。むしろ私たちが世界への対応を考え直せないことが続いているのは、それらの道徳とは無関係な有用性を、無批判かつ無分別に信じていることだ。テクノロジーの中立的な善性に対するあらゆる揺るぎない主張は、現状を支え、維持していく。ルワンダに関するシュミットの主張は、たんに有効でないどころか――その逆こそが真実だ。そしてシュミットは、データ駆動型デジタル拡張社会の世界で最も強力なファシリテーターで、世界のビジネスと政府の指導者が信奉するこの人物は、ただ間違っているだけではなく、危険なほどに間違っている。

情報と暴力は密接で不可分であり、情報の武器化は、世界を支配すると主張していると称するテクノロジーによって加速されている。軍、政府、企業の歴史的な関係を一方に、新しいテクノロジーの発展をもう一方に置けば、このことは明らかだ。影響はそこかしこに見られる。それでもまだ、私たちは、自分たち自身を暴力、破壊、死がくり返されるサイクルに閉じ込めている情報に、無節操な価値を置きつづける。私たちが、これまでにもほかの有用なツールで、まったく同じことをしてきた長い歴史を考えると、この認識は忘れるべきではなく、また忘れられはしない。

「データは新たな石油だ」というフレーズは、イギリスの数学者でスーパーマーケット報酬プログラムであるテスコ・クラブカードを設計したクライヴ・ハンビーが二〇〇六年に創り出したもののようだ[★14]。それ以来、まずはマーケター、次いで起業家、そしてついにはビジネスリーダーと政策立案者によって、このフレーズは反復され増幅されてきた。二〇一七年五月には『エコノミスト』誌が、この問題の全ページ特集を組み、こう宣言した。「スマートフォンとインターネットはデータを豊かにし、ユビキタスにし、その価値をはるかに高めた。（……）より多くのデータを集めることで、企業は製品を改良するための視野を広げ、ユーザーを増やし、さらに多くのデータを生成し……」[★15]。

マスターカードの社長兼CEOは、世界最大の（本当の）石油原産国サウジアラビアの聴衆に、データは富を生み出す手段として有効であると同時に未成熟でもあると（またそれは「公共財」だとも）語った［★16］。イギリス議会のEU離脱に関する論争で、データの石油のような特性は、双方の議員から引き合いに出された［★17］。それでも、そうした毒物〔データ〕への長期間にわたる組織的かつ世界的な依存や、それを取得する際の怪しげな状況について言及したものはわずかだった。

ハンビーの最初の定式化では、データが石油に似ているのは「価値があるけれど、精製しなければ実際には使えない。ガソリンやプラスチックや化合物などに変えることで、利益を上げる活動を生み出す、価値ある実体にする必要がある。だからデータは価値をもつように分解され、分析されなければならない」ということだった［★18］。情報を有用にするための作業の必要性が失われて久しい。処理能力の向上と人工知能の支援によって、それが純然たる推論に取って代わられたのだ。この単純化の過程で、類推の歴史的な成果はもちろん、現在の危険性とその長期的な影響も忘れ去られてしまった。

データへの渇きは、石油への渇きと同様に、歴史的には帝国主義的かつ植民地主義的で、資本主義の搾取ネットワークと強く結びついている。最も成功した帝国はいつも、選択的な可視性を通じて、自分自身を広めてきた。つまり、従属的《サバルタン》な者から中央に向かっての従属的な可視化だ。データは、帝国主義の意図する主題を地図化し、分類するために使われる。ちょうど帝国の臣民が、征服者の絶対命令によって登録させられたり名付けられたりするように［★19］。まず、同じ帝国の地下資源が占有され、搾取された。そこで彼らが生み出したネットワークは、現在のデジタル・インフラストラクチャーのなかでもそのまま生きつづけている。情報スーパーハイウェイは、かつての帝国がその支配のために敷設した電信ケーブルのネットワークをたどる。西アフリカから世界へのデータの最速ルートは、いまだにロンドンを通る。だからイギリス＝オランダの多国籍企業シェルは、ナイジェリアのデルタ地帯の石油を搾取しつづけることができる。南アメリカを取り巻く海中ケーブルは、彼の地の国々が、自身の石油の利益を管理しようと奮闘しているにもかかわらず、マドリッドを本拠地とする企業に所有されている。光ファイバーケーブルは、脱植民地化の時代を静かにとどめるオフショア〔税金のかからない〕地域を経由して、金融取引情報を送信する。帝国はほとんどの領土を放棄したが、インフラのレベルでの事業を継続し、ネットワークの形でその権力を維持している。データ駆動型の統治方式は、それに先行する人種差別主義的、性差別主義的、抑圧的な政策をくり返している。というのも、こうした偏見と態度が、その根底でコード化されて残っているからだ。

現在、データ／石油の採取、精製、利用が、地面と空を汚染している。それは散らばり、あらゆるものへと染み込んでいく。対人関係の地下水脈に入り込んで、それを汚染する。計算論的思考を押しつけ、軽蔑すべき差別、原理主義とポピュリズム、加速する不平等によって生まれる社会の分裂を深める。公正でない力関係を支え助長する。権力との相互作用のほとんどで、データは自由に与えられず、強制的に引き抜かれる——あるいは、まるで緊張したイカが捕食者から身を隠そうとするように、パニックの瞬間へと駆り出される。

今日、政治家、政策立案者、テクノクラートが、データ／石油を是として語っていることは、気候変動について周知のことを踏まえれば、また私たちがすでに彼らの偽善に鈍感になっていなければ、衝撃的なことのはずだ。このデータ／石油は、私たちの寿命をはるかに超えて、危険でありつづける。

とうに生じている負債を返すには何世紀もかかるだろうし、その最悪にして不可避の影響を経験するまでには、まだとうてい至っていない。

　しかし一つの重要な点で、データ／石油についての現実的な説明でさえ、その比喩がもつ力は不充分だ。というのも、それが私たちに、情報フリー経済への平和的移行という偽りの希望を与えるかもしれないからだ。石油は何はともあれ、それが枯渇する、ということによって定義される。私たちはすでに、石油利用のピークに近づきつつあって、あらゆる石油ショックが、新たな生産地や破壊的なテクノロジーへの関与と悪用に駆りたて――さらなる地球と人類の危機だ――ついには油田が枯渇するだろう。情報機関がすべての電子メール、すべてのマウスクリック、すべての携帯電話の動きを記録していることで起こる必死のフラッキング〔石油を含む頁岩まで穴を掘って、化学物質を混ぜた水を高圧で注入する採取法〕にもかかわらず、情報の場合は話が違ってくる。知識利用のピークは思いのほか近いかもしれないが、生の情報の搾取は無限につづきうる。その過程で、私たちとその世界を推測する能力に損傷を与えながら。

　この点において、情報は石油よりも原子力によく似ている。それは事実上、無限の資源であり、依然として甚大な破壊力をもち、石油よりも明示的に暴力の歴史と結びついている。さらに原子力的な情報は、何世紀も隆盛を極めてきた石油文化というものが、なんとかして避けようとしてきた時間と汚染に関する存在論的な問題を私たちに突きつける。

　私たちは、機械の助けを借りて進化させられてきた計算論的思考が、どんな道筋で原子爆弾を製造するところまで発展してきたのか、つまり現代のプロセッシングとネットワーキングのアーキテクチャが、マンハッタン計画という試練によって、どう鍛えられてきたのかをたどってきた。私たちはデータがどうやって漏洩され、被害を与えるかも見てきた。臨界を超えた暴走と連鎖反応が、プライバシーの崩壊とリゾームのようなキノコ雲につながっていく。こうした喩えは単なる空論ではない。私たちの社会的そして工学的選択による、内在的かつ総合的な結果である。

相互確証破壊という恐怖によって永続化させられた冷戦に閉じ込められて、この四五年間を過ごしてきたように、私たちは今日、気がつけば、知的・存在論的な袋小路に入り込んでいる。世界を評価する第一の方法――より多くのデータ――は揺らいでいる。その方法は、複雑で人間が駆動するシステムを説明することに失敗し、その失敗はますます明白になりつつある――とりわけ私たちが、地球上に広がる膨大な情報共有システムを築いたのは、そのことを自分たちで明白にするためだったのだから。相互確証された国家監視によるプライバシーのメルトダウン、そして監視に対するリーク駆動型の実力行使は、この失敗の一つの例である。監視自体による、リアルタイム情報の過重な負荷によって生じた混乱も同様だ。製薬業界の発見危機もそうだ。計算に数十億ドルもの費用が投下されながら、画期的新薬の開発が減っている。だがおそらく最も明らかな徴候は、ネット上に膨大な量の情報――多くの妥当な見方や別の説明――があるのに、陰謀論や原理主義が、ただ生き延びているだけではなく、増殖していることだ。今日の原子力時代に、私たちは幾度となく誤った教訓を学んでいる。キノコ雲を見つめ、この力のすべてを了解し、またしても軍拡競争に足を踏み入れる。

しかし私たちが見つめるべきなのは、ネットワークとその複雑さそのものだ。ネットワークは人類がこれまでに築き上げた、最新の、そして最先端の文明規模の内観ツールである。ネットワークを相手にすることは、ボルヘス的な無限の図書館と、それが内包する固有の矛盾に対することだ。それは、収斂せず、まとまることを拒否しつづける図書館だ。私たちの分類、要約、典拠《オーソリティー》はもはや不充分なだけではない。文字どおり支離滅裂になっている。H・P・ラヴクラフトがその新たなる暗黒時代の告知で指摘したとおり、今日の世界についての私たちの思考は、原子核にさらされれば生き延びることができないように、生の情報の全体にさらされても生き残ることはできない。

NSAの前身「ブラック・チェンバー」は、平時における最初の暗号解読機関として、一九一九年、アメリカ合衆国に設立された。その仕事は、情報をこじ開けることに捧げられ、権力の名のもとに精緻と激動を極めた。その物理的な類似物は、一九四二年にエンリコ・フェルミの手で、シカゴのスタッグ・フィールドの屋根なし観覧席の下に、四万五〇〇〇個の黒鉛のブロックで建造された、世界で初めての人工核反応の盾として使われたものだ。ちょうど、かつては秘密だった台地《メサ》の町ロスアラモスで、ユタ州の砂漠に建設中のNSAデータセンターが、その今日の等価物としてあるように。かくして今日のブラック・チェンバーは、メリーランド州フォートミードにある、NSA本部の不透明なガラスと鋼鉄として、またグーグル、フェイスブック、アマゾン、パランティアテクノロジーズ、アメリカのローレンス・リヴァモア国立研究所、中国の神威・太湖之光〔中国江蘇省無錫市の国立スーパーコンピュータセンターにあるスーパーコンピュータ〕、そしてロシアの国家防衛管理センターに収められた、無数のサーバーのラックとして今日具現化されている。

フェルミとNSAの二つの部屋は、二つの絶滅との遭遇を表現している——一つは肉体の、そしてもう一つは精神の、だが両方とも自分たちの。どちらも不可知を認識することを犠牲にし、きめ細かな知をどこまでも破壊的に追求することの、類似品である。私たちは、たくさんの情報が意思決定の

シカゴ・パイル一号に先駆けて作られた指数実験装置（臨界未満集合体）、1942年　（写真：アメリカ合衆国エネルギー省）

改善につながるという弁証法のもとに、この現代文明を築いてきたのだが、私たちの工学技術は哲学に追いついてしまった。小説家でアクティヴィストのアルンダティ・ロイは、インド初の核爆弾が爆発した際に書いた文章で、そのことを「想像力の終わり」と呼んだ――そしてまた、この事実は、私たちの情報テクノロジーによって字義どおりに解釈されている［★20］。

想像力の終わりを受けて、迫り来るキノコ雲のみならず、人類そのものが絶滅したずっと後も放射線を出しつづける、原子の半減期の途方もない長さが、間違いようもなく目に見えるようになったことで、私たちは神話と沈黙に頼るようになった。アメリカの長期の放射性廃棄物貯蔵庫の提案には、形が醜く、他の人類にも邪悪なものの置き場所であることがわかる彫刻が含まれていた。そこには、こうも書かれている。「この場所は名誉ある場所ではない。ここに高い評価を受ける行為は記録されていない。ここには何も価値あるものはない」〔★21〕。一九八〇年代に、エネルギー省によって開催された「人間干渉特別委員会（Human Interference Task Force）による別の提案では、放射性排出物にさらされることで色が変わり、生きた危険信号となる「放射線ネコ」を繁殖させることが提案された。さらにそこには、はるかな文化的時間を通して、この変化の意味を伝える、芸術品や寓話をつけ加えようと言うのだ〔★22〕。フィンランドの地下深くまで岩盤を掘って、核燃料貯蔵場とされたオンカロ〔フィンランドのオルキルオト島にある、高レベル放射性廃棄物の地層処分を行なうための最終処分場〕は、また別の計画を示した。しかし、いったん完成してしまえば地図からあっさりと消され、その場所は隠され、やがて忘れられるだろう〔★23〕。

　最後に、情報の原子力的理解は、こうした未来の大変動という概念をも含んでいる。したがって私たちは唯一の行動範囲としての現在に固執せざるをえない。未来の原罪、あるいはディス／ユートピア的なイメージという虚無的な考えとは対照的に、一連の環境的・原子力的な直接行動主義は、ガーディアンシップ〔後見人としての責任〕という精神を肯定的に仮定する〔★24〕。この精神は、原子力文化の有毒な産物の全責任を負っている。それが、私たちの見せかけの利益のために生み出されてきたから、とりわけそうだからこそだ。それは現在の、そして未来の世代への責任として、その損害を最小限に抑えるという原則にもとづいている――ただし、そうした原則を、知ることができるとも制御できるとも仮定しない。だから、このガーディアンシップは変化を要求する。すでに生み出してしまったものに対する責任として、放射性物質を地中深く埋設することは、汚染の拡大の可能性を高め、リスクを冒すものだと主張する。この点で、それは新たなる暗黒時代と軌を一にする。未来はきわめて不確実で、過去は取り返しがつかないほどの争いが行なわれてしまった場所。しかし私たちはまだ、目の前のものには直接話しかけられるし、明瞭に考えられるし、公正に行動することができる。ガーディアンシップは、この原則には道徳的な取り組みが必要不可欠であることを主張する。こうした取り組みは、純粋な計算論的思考の能力は超えているが、いまだ私たちの暗黒になりゆく現実のなかにあり、まさに適切なものでもある。

つまるところ、新たなる暗黒時代に生きるどんな戦略も、実体のない計算による予測、監視、イデオロギー、表象にではなく、いま・ここに対して着目することから生まれる。現在はつねに、過酷な歴史と不可知の未来のあいだにある、私たちが生き、考えるところだ。今日のリアリティの知覚を形作るテクノロジーはなくなりはしないし、多くの場合そう望むべきでもない。この七五億人以上が住まう惑星の今を維持するためのシステムは、すっかりテクノロジーに頼っている。そうしたシステムとその派生物を、いま・ここでデザインする際の、意識的な選択に対する理解は、充分私たちの能力の範囲内にとどまっている。私たちは無力ではないし、主体性もあり、暗黒のなかに閉じ込められてもいない。私たちはひたすら考え、そして考えを改め、なおもまた考えつづけなくてはならない。ネットワーク——つまり私たちと、私たちの機械《マシン》、そして私たちがその機械と共に思考し発見したものごとは——そう要求している。

謝辞

私のすべてのパートナー、ナヴィーン・Ｇ・カーン＝ドッソスに、そのサポート、忍耐、すさまじいアイデア、無私の愛に感謝する。ラッセル・デイヴィス、ロブ・フォール＝ウォーカー、キャサリン・ブライダン、キャリー・スプーナー、そしてチャーリー・ロイドに、草稿を親身に読んで、意見してくれたことに特別の感謝を。トム・テイラー、ベン・テレット、クリス・ヒースコート、トム・アーミテージ、フィル・ギフォード、アリス・バートレット、ダン・ウィリアムズ、ナット・バックリー、マット・ジョーンズ、そしてＲＩＧ、ＢＲＩＧ、ＴＨＦＴとシェパーディスのクルーに、いろいろ話してくれてありがとう。インフラストラクチャー・クラブのみなさんにも感謝を。ケヴィン・スレイヴィン、ヒト・シュタイエル、スーザン・シュップリ、トレヴァー・パグレン、カレン・バラド、イングリッド・バーリントン、ベン・ヴィカーズ、ジェイ・スプリンゲット、ジョージ・ヴォス、トバイアス・レヴェル、キリアキ・ゴニに、その仕事と会話に感謝する。ルカ・バルベニ、オナー・ハージャー、そしてカトリーナ・スルイスに、私の仕事への信頼にお礼を言いたい。本書を依頼してくれたレオ・ホリスとヴァーソのみなさんに、最後までやり通してくれてありがとう。ジーナ・ファスとアテネのロマンツォに、この原稿のほとんどはここで書かせてもらった。それからリマソルのネメのヘレン・ブラックとイアニス・コラキデスに、最後の数章を書き通させてくれたことに。さらにはトムとエリナー、ハワードとアレックス、そして私の両親ジョンとクレマンシーに、いつも変わらぬ支援と情熱に感謝を。

原註

第1章　裂け目

1. 'The Cloud of Unknowing', anonymous, 14th Century.〔作者不詳、斎藤靖子訳『不可知の雲』エンデルレ書店、一九九五年〕
2. 「科学が足りない、宗教が足りない、芸術が足りない、政治経済が足りない、愛も、義務も、いかに公正無私であっても行動が足りない。いかに高められたとはいえ、瞑想が足りない。すべてがそろわなければ何一つとして充分ではないのだ」Aldous Huxley, *Island*, New York: Harper & Brothers, 1962.〔オールダス・ハクスレー、片桐ユズル訳『島』人文書院、一九八〇年〕
3. H. P. Lovecraft, 'The Call of Cthulhu', *Weird Tales*, February 1926.〔H・P・ラヴクラフト、宇野利泰訳「クトゥルフの呼び声」『ラヴクラフト全集2』東京創元社、一九七六年〕
4. Rebecca Solnit, 'Woolf's Darkness: Embracing the Inexplicable', *New Yorker*, April 24, 2014, newyorker.com.
5. Donna Haraway, 'Anthropocene, Capitalocene, Chthulucene: Staying with the Trouble' (lecture, 'Anthropocene: Arts of Living on a Damaged Planet' conference, UC Santa Cruz, May 9, 2014), opentranscripts.org.
6. Virginia Woolf, *Three Guineas*, New York: Harvest, 1966.〔ヴァージニア・ウルフ、片山亜紀訳『三ギニー――戦争を阻止するために』平凡社、二〇一七年〕

第2章　計算

1. John Ruskin, *The Storm-Cloud of the Nineteenth Century: Two Lectures Delivered at the London Institution February 4th and*

11th, 1884, London: George Allen, 1884.

2. Ibid.
3. Ibid.
4. Alexander Graham Bell, in a letter to his father Alexander Melville Bell, dated February 26, 1880, quoted in Robert V. Bruce, *Bell: Alexander Graham Bell and the Conquest of Solitude*, Ithaca, NY: Cornell University Press, 1990.〔ロバート・V・ブルース、唐津一訳『孤独の克服――グラハム・ベルの生涯』NTT出版、一九九一年〕
5. ‘The Photophone’, *New York Times*, August 30, 1880.
6. Oliver M. Ashford, *Prophet or Professor? The Life and Work of Lewis Fry Richardson*, London: Adam Hilger Ltd, 1985.
7. Lewis Fry Richardson, *Weather Prediction by Numerical Process*, Cambridge: Cambridge University Press, 1922.
8. Ibid.
9. Vannevar Bush, ‘As We May Think’, *Atlantic*, July 1945.〔ヴァネヴァー・ブッシュ、西垣通編著訳「われわれが思考するごとく」『思想としてのパソコン』NTT出版、一九九七年／ヴァネヴァー・ブッシュ、山形浩生訳「考えてみるに」二〇一三年、https://cruel.org/other/aswemaythink/aswemaythink.pdf〕
10. Ibid.
11. Ibid.
12. Ibid.
13. Vladimir K. Zworykin, *Outline of Weather Proposal*, Princeton, NJ: RCA Laboratories, October 1945, available at meteohistory.org.
14. 以下より引用。Freeman Dyson, *Infinite in All Directions*, New York: Harper & Row, 1988.〔フリーマン・ダイソン、鎮目恭夫訳『多様化世界――生命と技術と政治』新装版・みすず書房、二〇〇〇年〕
15. ‘Weather to Order’, *New York Times*, February 1, 1947.

16. John von Neumann, 'Can We Survive Technology?', *Fortune*, June 1955.
17. Peter Lynch, *The Emergence of Numerical Weather Prediction: Richardson's Dream*, Cambridge: Cambridge University Press, 2006.
18. '50 Years of Army Computing: From ENIAC to MSRC', Army Research Laboratory, Adelphi, MD, November 1996.
19. George W. Platzman, 'The ENIAC Computations of 1950 – Gateway to Numerical Weather Prediction', *Bulletin of the American Meteorological Society*, April 1979.
20. Emerson W. Pugh, *Building IBM: Shaping an Industry and Its Technology*, Cambridge, MA: MIT Press, 1955.
21. Herbert R. J. Grosch, *Computer: Bit Slices from A Life*, London: Third Millennium Books, 1991.
22. George Dyson, *Turing's Cathedral: The Origins of the Digital Universe*, New York: Penguin Random House, 2012. 〔ジョージ・ダイソン、吉田三知世訳『チューリングの大聖堂――コンピュータの創造とデジタル世界の到来（上・下）』早川書房、二〇一七年〕
23. IBM Corporation, 'SAGE: The First National Air Defense Network', IBM History, ibm.com.
24. Gary Anthes, 'Sabre Timeline', *Computerworld*, May 21, 2014, computerworld.com.
25. 'Flightradar24.com blocked Aircraft Plane List', Radarspotters, community forum, radarspotters.eu.
26. Federal Aviation Administration, 'Statement By The President Regarding The United States' Decision To Stop Degrading Global Positioning System Accuracy', May 1, 2000, faa.gov.
27. David Hambling, 'Ships fooled in GPS spoofing attack suggest Russian cyberweapon', *New Scientist*, August 10, 2017, newscientist.com.
28. Kevin Rothrock, 'The Kremlin Eats GPS for Breakfast', *Moscow Times*, October 21, 2016, themoscowtimes.com.
29. Chaim Gartenberg, 'This Pokémon Go GPS hack is the most impressive yet', *Verge*, Circuit Breaker, July 28, 2016, theverge.com.

30. Rob Kitchin and Martin Dodge, *Code/Space: Software and Everyday Life*, Cambridge, MA: MIT Press, 2011.
31. Brad Stone, 'Amazon Erases Orwell Books From Kindle', *New York Times*, July 17, 2009, nytimes.com.
32. R. Stuart Geiger, 'The Lives of Bots', in Geert Lovink and Nathaniel Tkaz, eds, *Critical Point of View: A Wikipedia Reader*, Institute of Network Cultures, 2011, 以下で読める。 networkcultures.org.
33. Kathleen Mosier, Linda Skitka, Susan Heers, and Mark Burdick, 'Automation Bias: Decision Making and Performance in High-Tech Cockpits', *International Journal of Aviation Psychology* 8:1, 1997, 47–63.
34. 'CVR transcript, Korean Air Flight 007 – 31 Aug 1983', Aviation Safety Network, aviation-safety.net.
35. K. L. Mosier, E. A. Palmer, and A. Degani, 'Electronic Checklists: Implications for Decision Making', Proceedings of the Human Factors Society 36th Annual Meeting, Atlanta, GA, 1992.
36. 'GPS Tracking Disaster: Japanese Tourists Drive Straight into the Pacific', *ABC News*, March 16, 2012, abcnews.go.com.
37. 'Women trust GPS, drive SUV into Mercer Slough', *Seattle Times*, June 15, 2011, seattletimes.com.
38. Greg Milner, 'Death by GPS', *Ars Technica*, June 3, 2016, arstechnica.com.
39. S. T. Fiske and S. E. Taylor, *Social Cognition: From Brains to Culture*, London: SAGE, 1994.
40. Lewis Fry Richardson, Ashford, *Prophet or Professor?* より引用。
41. Lewis F. Richardson, 'The problem of contiguity: An appendix to Statistics of Deadly Quarrels', in *General systems: Yearbook of the Society for the Advancement of General Systems Theory*, Ann Arbor, MI: The Society for General Systems Research, 1961, 139–87.

第3章　気候

1. 'Trembling tundra – the latest weird phenomenon in Siberia's land of craters', *Siberian Times*, July 20, 2016, siberiantimes.com.

2. US Geological Survey, 'Assessment of Undiscovered Oil and Gas in the Arctic', USGS, 2009, energy.usgs.gov.
3. '40 now hospitalised after anthrax outbreak in Yamal, more than half are children', *Siberian Times*, July 30, 2016, siberiantimes.com.
4. Roni Horn, 'Weather Reports You', Artangel official website, February 15, 2017, artangel.org.uk.
5. 'Immigrants Warmly Welcomed', *Al Jazeera*, July 4, 2006, aljazeera.com.
6. Food and Agriculture Organization of the United Nations, 'Crop biodiversity: use it or lose it', FAO, 2010, fao.org.
7. 'Banking against Doomsday', *Economist*, March 10, 2012, economist.com.
8. Somini Sengupta, 'How a Seed Bank, Almost Lost in Syria's War, Could Help Feed a Warming Planet', *New York Times*, October 12, 2017, nytimes.com.
9. Damian Carrington, 'Arctic stronghold of world's seeds flooded after permafrost melts', *Guardian*, May 19, 2017, theguardian.com.
10. Alex Randall, 'Syria and climate change: did the media get it right?', Climate and Migration Coalition, climatemigration.atavist.com.
11. Jonas Salomonsen, 'Climate change is destroying Greenland's earliest history', *ScienceNordic*, April 10, 2015, sciencenordic.com.
12. J. Hollesen, H. Matthiesen, A. B. Møller, and B. Elberling, 'Permafrost thawing in organic Arctic soils accelerated by ground heat production', *Nature Climate Change* 5:6 (2015), 574–8.
13. Elizabeth Kolbert, 'A Song of Ice', *New Yorker*, October 24, 2016, newyorker.com.
14. Council for Science and Technology, 'A National Infrastructure for the 21st century', 2009, cst.gov.uk.
15. AEA, 'Adapting the ICT Sector to the Impacts of Climate Change', 2010, gov.uk.
16. Council for Science and Technology, 'A National Infrastructure for the 21st century'.

17. AEA, 'Adapting the ICT Sector to the Impacts of Climate Change'.
18. Tom Bawden, 'Global warming: Data centres to consume three times as much energy in next decade, experts warn', *Independent*, January 23, 2016, independent.co.uk.
19. Institute of Energy Economics, 'Japan Long-Term Energy Outlook – A Projection up to 2030 under Environmental Constraints and Changing Energy Markets', Japan, 2006, eneken.ieej.or.jp.
20. Eric Holthaus, 'Bitcoin could cost us our clean-energy future', *Grist*, December 5, 2017, grist.org.
21. Digital Power Group, 'The Cloud Begins With Coal – Big Data, Big Networks, Big Infrastructure, and Big Power', 2013, tech-pundit.com.
22. Bawden, 'Global warming'.
23. Alice Ross, 'Severe turbulence on Aeroflot flight to Bangkok leaves 27 people injured', *Guardian*, May 1, 2017, theguardian.com.
24. Anna Ledovskikh, 'Accident on board of plane Moscow to Bangkok', YouTube video, May 1, 2017.
25. Aeroflot, 'Doctors Confirm No Passengers Are In Serious Condition After Flight Hits Unexpected Turbulence', May 1, 2017, aeroflot.ru.
26. M. Kumar, 'Passengers, crew injured due to turbulence on MAS flight', *Star of Malaysia*, June 5, 2016, thestar.com.my.
27. Henry McDonald, 'Passenger jet makes emergency landing in Ireland with 16 injured', *Guardian*, August 31, 2016, theguardian.com.
28. National Transportation Safety Board, 'NTSB Identification: DCA98MA015', ntsb.gov.
29. Federal Aviation Administration, FAA Advisory Circular 120-88A, 2006.
30. Paul D. Williams & Manoj M. Joshi, 'Intensification of winter transatlantic aviation turbulence in response to climate change', *Nature Climate Change* 3 (2013), 644–8.

31. Wolfgang Tillmans, *Concorde*, Cologne: Walther Konig Books, 1997.
32. William B. Gail, 'A New Dark Age Looms', *New York Times*, April 19, 2016, nytimes.com.
33. Joseph G. Allen, et al., 'Associations of Cognitive Function Scores with Carbon Dioxide, Ventilation, and Volatile Organic Compound Exposures in Office Workers: A Controlled Exposure Study of Green and Conventional Office Environments', *Environmental Health Perspectives* 124 (June 2016), 805–12.
34. Usha Satish, et al., 'Is CO2 an Indoor Pollutant? Direct Effects of Low-to-Moderate CO2 Concentrations on Human Decision-Making Performance', *Environmental Health Perspectives* 120:12 (December 2012), 1671–7.

第4章　予測

1. William Gibson, interviewed by David Wallace-Wells, 'William Gibson, The Art of Fiction No. 211', *Paris Review* 197 (Summer 2011).
2. Tim Berners-Lee, 'How the World Wide Web just happened', Do Lectures, 2010, thedolectures.com.
3. 'Cramming more components onto integrated circuits', *Electronics* 38:8 (April 19, 1965).
4. 'Moore's Law at 40', *Economist*, March 23, 2005, economist.com.
5. Chris Anderson, 'End of Theory', *Wired Magazine*, June 23, 2008.
6. Jack W. Scannell, Alex Blanckley, Helen Boldon, and Brian Warrington, 'Diagnosing the decline in pharmaceutical R&D efficiency', *Nature Reviews Drug Discover* 11 (March 2012), 191–200.
7. Richard Van Noorden, 'Science publishing: The trouble with retractions', *Nature*, October 5, 2011, nature.com.
8. F. C. Fang, and A. Casadevall, 'Retracted Science and the Retraction Index', *Infection and Immunity* 79 (2011), 3855–9.
9. F. C. Fang, R. G. Steen, and A. Casadevall, 'Misconduct accounts for the majority of retracted scientific publications', *FAS*, October 16, 2012, pnas.org.

10. Daniele Fanelli, 'How Many Scientists Fabricate and Falsify Research? A Systematic Review and Meta-Analysis of Survey Data', *PLOS ONE*, May 29, 2009, *PLOS ONE*, journals.pl.
11. F. C. Fang, R. G. Steen, and A. Casadevall, 'Why Has the Number of Scientific Retractions Increased?', *PLOS ONE*, July 8, 2013, journals.plosone.org.
12. 'People Who Mattered 2014', *Time*, December 2014, time.com.
13. Yudhijit Bhattacharjee, 'The Mind of a Con Man', *New York Times*, April 26, 2013, nytimes.com.
14. Monya Baker, '1,500 scientists lift the lid on reproducibility', *Nature*, May 25, 2016, nature.com.
15. この実験の数学についてさらに詳しくは以下を参照。 Jean-Francois Puget, 'Green dice are loaded (welcome to p-hacking)', IBM developerWorks, ブログ投稿記事, March 22, 2016, ibm.com.
16. M. L. Head, et al., 'The Extent and Consequences of P-Hacking in Science', *PLOS Biology* 13:3 (2015).
17. John P. A. Ioannidis, 'Why Most Published Research Findings Are False', *PLOS ONE*, August 2005.
18. Derek J. de Solla Price, *Little Science, Big Science*, New York: Columbia University Press, 1963. 〔デレック・プライス、島尾永康訳『リトル・サイエンス、ビッグ・サイエンス』創元社、一九七〇年〕
19. Siebert, Machesky, and Insall, 'Overflow in science and its implications for trust', *eLife* 14 (September 2015), ncbi.nlm.nih.gov.
20. Ibid.
21. Michael Eisen, 'Peer review is f***ed up – let's fix it', 個人ブログ投稿記事, October 28, 2011, michaeleisen.org.
22. Emily Singer, 'Biology's big problem: There's too much data to handle', *Wired*, October 11, 2013, wired.com.
23. Lisa Grossman and Maggie McKee, 'Is the LHC throwing away too much data?', *New Scientist*, March 14, 2012, newscientist.com.
24. Jack W. Scannell, et al., 'Diagnosing the decline in pharmaceutical R&D efficiency', *Nature Reviews Drug Discovery* 11

(March 2012) 191–200.

25. Philip Ball, *Invisible: The Dangerous Allure of the Unseen*, London: Bodley Head, 2014.

26. Daniel Clery, 'Secretive fusion company claims reactor breakthrough', *Science*, August 24, 2015, sciencemag.org.

27. E. A. Baltz, et al., 'Achievement of Sustained Net Plasma Heating in a Fusion Experiment with the Optometrist Algorithm', *Nature Scientific Reports* 7 (2017), nature.com.

28. Albert van Helden and Thomas Hankins, eds, *Osiris*, *Volume 9: Instruments*, Chicago: University of Chicago Press, 1994.

第5章　複雑さ

1. Guy Debord, 'Introduction to a Critique of Urban Geography', *Les Lèvres Nues* 6 (1955), 以下で読める。library.nothingness.org.

2. James Bridle, The Nor, essay series, 2014–15, 以下で読める。 shorttermmemoryloss.com.

3. Jame Bridle, 'All Cameras are Police Cameras', The Nor, November 2014.

4. James Bridle, 'Living in the Electromagnetic Spectrum', The Nor, December 2014.

5. Christopher Steiner, 'Wall Street's Speed War', *Forbes*, September 9, 2010, forbes.com.

6. Kevin Fitchard, 'Wall Street gains an edge by trading over microwaves', *GigaOM*, February 10, 2012, gigaom.com.

7. Luis A. Aguilar, 'Shedding Light on Dark Pools', US Securities and Exchange Commission, November 18, 2015, sec.gov.

8. 'Barclays and Credit Suisse are fined over US "dark pools"', *BBC*, February 1, 2016, bbc.com.

9. Martin Arnold, et al., 'Banks start to drain Barclays dark pool', *Financial Times*, June 26, 2014, ft.com.

10. Care Quality Commission, Hillingdon Hospital report, 2015, cqc.org.uk/location/RAS01.

11. Aneurin Bevan, *In Place of Fear*, London: William Heinemann, 1952.〔A・ベヴァン、山川菊栄訳『恐怖に代えて』岩波書店、一九五三年〕

12. Hillingdon Hospital NHS Trustとの二〇一七年の通信。whatdotheyknow.com/request/hillingdon_hospital_structure_us.

13. Chloe Mayer, 'England's NHS hospitals and ambulance trusts have £700million deficit', *Sun*, May 23, 2017, thesun.co.uk.

14. Michael Lewis, *Flash Boys*, New York: W. W. Norton & Company, 2014.〔マイケル・ルイス、渡会圭子・東江一紀訳『フラッシュ・ボーイズ――10億分の1秒の男たち』文藝春秋、二〇一四年〕

15. Ibid.

16. 'Forget the 1%', *Economist*, November 6, 2014, economist.com.

17. Thomas Piketty, *Capital in the Twenty-First Century*, Cambridge, MA: Harvard University Press, 2014.〔トマ・ピケティ、山形浩生・守岡桜・森本正史訳『21世紀の資本』みすず書房、二〇一四年〕

18. Jordan Golson, 'Uber is using in-app podcasts to dissuade Seattle drivers from unionizing', *Verge*, March 14, 2017, theverge.com.

19. Carla Green and Sam Levin, 'Homeless, assaulted, broke: drivers left behind as Uber promises change at the top', *Guardian*, June 17, 2017, theguardian.com.

20. Ben Kentish, 'Hard-pressed Amazon workers in Scotland sleeping in tents near warehouse to save money', *Independent*, December 10, 2016, independent.co.uk.

21. Kate Knibbs, 'Uber Is Faking Us Out With "Ghost Cabs" on Its Passenger Map', *Gizmodo*, July 28, 2015, gizmodo.com.

22. Kashmir Hill, '"God View": Uber Allegedly Stalked Users For Party-Goers' Viewing Pleasure', *Forbes*, October 3, 2014, forbes.com.

23. Julia Carrie Wong, 'Greyball: how Uber used secret software to dodge the law', *Guardian*, March 4, 2017, theguardian.com.

24. Russell Hotten, 'Volkswagen: The scandal explained', *BBC*, December 10, 2015, bbc.com.

25. Guillaume P. Chossière, et al., 'Public health impacts of excess NOx emissions from Volkswagen diesel passenger vehicles

in Germany', *Environmental Research Letters* 12 (2017), iopscience.iop.org.
26. Sarah O'Connor, 'When Your Boss Is An Algorithm', *Financial Times*, September 8, 2016, ft.com.
27. Jill Treanor, 'The 2010 "flash crash": how it unfolded', *Guardian*, April 22, 2015, theguardian.com.
28. 'Singapore Exchange regulators change rules following crash', *Singapore News*, August 3, 2014, singaporenews.net.
29. Netty Idayu Ismail and Lillian Karununga, 'Two-Minute Mystery Pound Rout Puts Spotlight on Robot Trades', *Bloomberg*, October 7, 2017, bloomberg.com.
30. John Melloy, 'Mysterious Algorithm Was 4% of Trading Activity Last Week', *CNBC*, October 8, 2012, cnbc.com.
31. Samantha Murphy, 'AP Twitter Hack Falsely Claims Explosions at White House', *Mashable*, April 23, 2013, mashable.com.
32. Bloomberg Economics, @economics, ツイッターの投稿、April 23, 2013, 12:23 p.m.
33. ザズルについてのより多くの具体例は以下を参照。Babak Radboy, 'Spam-erican Apparel', *DIS* magazine, dismagazine.com.
34. Roland Eisenbrand and Scott Peterson, 'This Is The German Company Behind The Nightmarish Phone Cases On Amazon', *OMR*, July 25, 2017, omr.com.
35. Jose Pagliery, 'Man behind "Carry On" T-shirts says company is "dead"', *CNN Money*, March 5, 2013, money.cnn.com.
36. Hito Steyerl and Kate Crawford, 'Data Streams', *New Inquiry*, January 23, 2017, thenewinquiry.com.
37. Ryan Lawler, 'August's Smart Lock Goes On Sale Online And At Apple Retail Stores For $250', *TechCrunch*, October 14, 2014, techcrunch.com.
38. Iain Thomson, 'Firmware update blunder bricks hundreds of home "smart" locks', *Register*, August 11, 2017, theregister.co.uk.
39. John Leyden, 'Samsung smart fridge leaves Gmail logins open to attack', *Register*, August 24, 2017, theregister.co.uk.

40. Timothy J. Seppala, 'Hackers hijack Philips Hue lights with a drone', *Engadget*, November 3, 2016, engadget.com.
41. Lorenzo Franceschi-Bicchierai, 'Blame the Internet of Things for Destroying the Internet Today', *Motherboard*, October 21, 2016, motherboard.vice.com.
42. Yossi Melman, 'Computer Virus in Iran Actually Targeted Larger Nuclear Facility', *Haaretz*, September 28, 2010, haaretz.com.
43. Malcolm Gladwell, 'The Formula', *New Yorker*, October 16, 2006, newyorker.com.
44. Gareth Roberts, 'Tragedy as computer gamer dies after 19-hour session playing World of Warcraft', *Mirror*, March 3, 2015, mirror.co.uk; Kirstie McCrum, 'Tragic teen gamer dies after "playing computer for 22 days in a row"', *Mirror*, September 3, 2015, mirror.co.uk.
45. 著者による医療スタッフへのインタビュー。Evangelismos Hospital, Athens, Greece, 2016.
46. 例として以下を参照。Nick Srnicek and Alex Williams, *Inventing the Future: Postcapitalism and a World Without Work*, London and New York: Verso, 2015.
47. Deborah Cowen, *The Deadly Life of Logistics*, Minneapolis, MN: University of Minnesota Press, 2014.
48. Bernard Stiegler, *Technics and Time 1: The Fault of Epimetheus*, Redwood City, CA: Stanford University Press, 1998; 以下より引用。Alexander Galloway, 'Brometheanism', *boundary 2*, June 21, 2017, boundary2.org.

第6章　認知

1. Jeff Kaufman, 'Detecting Tanks', ブログへの投稿' 2015, jefftk.com.
2. 'New Navy Device Learns by Doing', *New York Times*, July 8, 1958.
3. Joaquín M. Fuster, 'Hayek in Today's Cognitive Neuroscience', in Leslie Marsh, ed., *Hayek in Mind: Hayek's Philosophical Psychology*, Advances in Austrian Economics, volume 15, Emerald Books, 2011.

4. Jay Yarow, ‘Google Cofounder Sergey Brin: We Will Make Machines That “Can Reason, Think, And Do Things Better Than We Can”’, *Business Insider*, July 6, 2014, businessinsider.com.
5. Quoc V. Le, et al., ‘Building High-level Features Using Large Scale Unsupervised Learning’, Proceedings of the 29th International Conference on Machine Learning, Edinburgh, Scotland, UK, 2012.
6. Tom Simonite, ‘Facebook Creates Software That Matches Faces Almost as Well as You Do’, *MIT Technology Review*, March 17, 2014, technologyreview.com.
7. Xiaolin Wu and Xi Zhang, ‘Automated Inference on Criminality using Face Images’, *ARXIV*, November 2016, arxiv.org.
8. Xiaolin Wu and Xi Zhang, ‘Responses to Critiques on Machine Learning of Criminality Perceptions’, *ARXIV*, May 2017, arxiv.org.
9. Stephen Wright and Ian Drury, ‘How old are they really?’, *Daily Mail*, October 19, 2016, dailymail.co.uk.
10. Wu and Zhang, ‘Responses to Critiques on Machine Learning’.
11. Wu and Zhang, ‘Automated Inference on Criminality using Face Images’.
12. ‘Racist Camera! No, I did not blink . . . I’m just Asian!’, ブログへの投稿’ May 2009, jozjozjoz.com.
13. ‘HP cameras are racist’, YouTube video, username: wzamen01, December 10, 2009.
14. David Smith, ‘“Racism” of early colour photography explored in art exhibition’, *Guardian*, January 25, 2013, theguardian.com.
15. Phillip Martin, ‘How A Cambridge Woman’s Campaign Against Polaroid Weakened Apartheid’, *WGBH News*, December 9, 2013, news.wgbh.org.
16. Hewlett-Packard, ‘Global Citizenship Report 2009’, hp.com.
17. Trevor Paglen, ‘re:publica 2017 | Day 3 – Livestream Stage 1 – English’, YouTube video, username: re:publica, May 10, 2017.

18. Walter Benjamin, 'Theses on the Philosophy of History', in *Walter Benjamin: Selected Writings, Volume 4: 1938–1940*, Cambridge, MA: Harvard University Press, 2006.〔ヴァルター・ベンヤミン、鹿島徹訳『[新訳・評注] 歴史の概念について』未來社、二〇一五年〕
19. PredPol, '5 Common Myths about Predictive Policing', predpol.com.
20. G. O. Mohler, M. B. Short, P. J. Brantingham, et al., 'Self-exciting point process modeling of crime', *JASA* 106 (2011).
21. Daniel Jurafsky and James H. Martin, *Speech and language processing: an introduction to natural language processing, computational linguistics, and speech recognition*, 2nd edition, Upper Saddle River, NJ: Prentice Hall, 2009.
22. Walter Benjamin, 'The Task of the Translator', in *Selected Writings Volume 1 1913–1926*, Marcus Bullock and Michael W. Jennings, eds, Cambridge, MA and London: Belknap Press, 1996.〔ヴァルター・ベンヤミン、浅井健二郎編訳、内村博信訳「翻訳者の使命」『ベンヤミン・コレクション〈2〉エッセイの思想』ちくま学芸文庫、一九九六年〕
23. Murat Nemet-Nejat, 'Translation: Contemplating Against the Grain', *Cipher*, 1999, cipherjournal.com.
24. Tim Adams, 'Can Google break the computer language barrier?', *Guardian*, December 19, 2010, theguardian.com.
25. Gideon Lewis-Kraus, 'The Great A.I. Awakening', *New York Times*, December 14, 2016, nytimes.com.
26. Cade Metz, 'How Google's AI viewed the move no human could understand', *Wired*, March 14, 2016, wired.com.
27. Iain M. Banks, *Excession*, London: Orbit Books, 1996.
28. Sanjeev Arora, Yuanzhi Li, Yingyu Liang, et al., 'RAND-WALK: A Latent Variable Model Approach to Word Embeddings', *ARXIV*, February 12, 2015, arxiv.org.
29. Alec Radford, Luke Metz, and Soumith Chintala, 'Unsupervised Representation Learning with Deep Convolutional Generative Adversarial Networks', Nov 19, 2015, *ARXIV*, arxiv.org.
30. Robert Elliott Smith, 'It's Official: AIs are now re-writing history', ブログへの投稿、October 2014, robertelliottsmith.com.

31. Stephen Levy, 'Inside Deep Dreams: How Google Made Its Computers Go Crazy', *Wired*, November 12, 2015, wired.com.
32. Liat Clark, 'Google's Artificial Brain Learns to Find Cat Videos', *Wired*, June 26, 2012, wired.com.
33. Melvin Johnson, Mike Schuster, Quoc V. Le, et al., 'Google's Multilingual Neural Machine Translation System: Enabling Zero-Shot Translation', *ARXIV*, November 14, 2016, arxiv.org.
34. Martín Abadi and David G. Andersen, 'Learning to Protect Communications with Adversarial Neural Cryptography', *ARXIV*, 2016, arxiv.org.
35. Isaac Asimov, *I, Robot*, New York: Doubleday, 1950.〔アイザック・アシモフ、小尾芙佐訳『われはロボット〔決定版〕』早川書房、二〇〇四年〕
36. Chris Baraniuk, 'The cyborg chess players that can't be beaten', *BBC Future*, December 4, 2015, bbc.com.

第7章　共謀

1. Nick Hopkins and Sandra Laville, 'London 2012: MI5 expects wave of terrorism warnings before Olympics', *Guardian*, June 2012, theguardian.com.
2. Jerome Taylor, 'Drones to patrol the skies above Olympic Stadium', *Independent*, November 25, 2011, independent.co.uk.
3. '£13,000 Merseyside Police drone lost as it crashes into River Mersey', *Liverpool Echo*, October 31, 2011, liverpoolecho.co.uk.
4. FOI Request, 'Use of UAVs by the MPS', March 19, 2013, 以下で読める。whatdotheyknow.com.
5. David Robarge, 'The Glomar Explorer in Film and Print', *Studies in Intelligence* 56:1 (March 2012), 28–9.
6. 巡回裁判官 J. Skelly Wright が作成した大多数の意見から引用。Phillippi v. CIA, United States Court of Appeals for the District of Columbia Circuit, 1976.
7. または以下を見よ。ツイッターの @glomarbot 作者が創案した自動検索。

8. W. Diffie and M. Hellman, 'New directions in cryptography', *IEEE Transactions on Information Theory* 22:6 (1976), 644–54.
9. 'GCHQ trio recognised for key to secure shopping online', *BBC News*, October 5, 2010, bbc.co.uk.
10. Dan Goodin, 'How the NSA can break trillions of encrypted Web and VPN connections', *Ars Technica*, October 15, 2015, arstechnica.co.uk.
11. Tom Simonite, 'NSA Says It "Must Act Now" Against the Quantum Computing Threat', *Technology Review*, February 3, 2016, technologyreview.com.
12. Rebecca Boyle, 'NASA Adopts Two Spare Spy Telescopes, Each Maybe More Powerful Than Hubble', *Popular Science*, June 5, 2012, popsci.com.
13. Daniel Patrick Moynihan, *Secrecy: The American Experience*, New Haven, CT: Yale University Press, 1998.
14. Zeke Miller, 'JFK Files Release Is Trump's Latest Clash With Spy Agencies', *New York Times*, October 28, 2017, nytimes.com.
15. Ian Cobain, *The History Thieves*, London: Portobello Books, 2016.
16. Ibid.
17. Ibid.
18. Ian Cobain and Richard Norton-Taylor, 'Files on UK role in CIA rendition accidentally destroyed, says minister', *Guardian*, July 9, 2014, theguardian.com.
19. 'Snowden-Interview: Transcript', NDR, January 26, 2014, ndr.de.
20. Glyn Moody, 'NSA spied on EU politicians and companies with help from German intelligence', *Ars Technica*, April 24, 2014, arstechnica.com.
21. 'Optic Nerve: millions of Yahoo webcam images intercepted by GCHQ', *Guardian*, February 28, 2014, theguardian.com.
22. 'NSA offers details on "LOVEINT"', *Cnet*, September 27, 2013, cnet.com.

23. Kaspersky Lab, *The Regin Platform: Nation-State Ownage of GSM Networks*, November 24, 2014, 以下で読める。 securelist.com.
24. Ryan Gallagher, 'From Radio to Porn, British Spies Track Web Users' Online Identities', *Intercept*, September 25, 2015, theintercept.com.
25. Andy Greenberg, 'These Are the Emails Snowden Sent to First Introduce His Epic NSA Leaks', *Wired*, October 13, 2014, wired.com.
26. James Risen and Eric Lichtblau, 'Bush Lets U.S. Spy on Callers Without Courts', *New York Times*, December 16, 2005, nytimes.com.
27. James Bamford, 'The NSA Is Building the Country's Biggest Spy Center (Watch What You Say)', *Wired*, March 14, 2012, wired.com.
28. 'Wiretap Whistle-Blower's Account', *Wired*, April 6, 2006, wired.com.
29. 'Obama admits intelligence failures over jet bomb plot', BBC News, January 6, 2010, news.bbc.co.uk.
30. Bruce Crumley, 'Flight 253: Too Much Intelligence to Blame?', *Time*, January 7, 2010, time.com.
31. Christopher Drew, 'Military Is Awash in Data From Drones', *New York Times*, January 20, 2010, nytimes.com.
32. 'GCHQ mass spying will "cost lives in Britain", warns ex-NSA tech chief', *The Register*, January 6, 2016, theregister.co.uk.
33. Ellen Nakashima, 'NSA phone record collection does little to prevent terrorist-attacks', *Washington Post*, January 12, 2014, washingtonpost.com.
34. New America Foundation, 'Do NSA's Bulk Surveillance Programs Stop Terrorists?', January 13, 2014, newamerica.org.
35. Jennifer King, Deirdre Mulligan, and Stephen Rafael, 'CITRIS Report: The San Francisco Community Safety Program', UC Berkeley, December 17, 2008, 以下で読める。 wired.com.
36. K. Pease, 'A Review Of Street Lighting Evaluations: Crime Reduction Effects', *Crime Prevention Studies* 10 (1999).

37. Stephen Atkins, 'The Influence Of Street Lighting On Crime And Fear Of Crime', Crime Prevention Unit Paper 28, UK Home Office, 1991, 以下で読める。popcenter.org.
38. Julian Assange, 'State and Terrorist Conspiracies', *Cryptome*, November 10, 2006, cryptome.org.
39. Caroline Elkins, *Imperial Reckoning: The Untold Story of Britain's Gulag in Kenya*, New York: Henry Holt and Company, 2005.
40. 'Owners Watched Fort McMurray Home Burn to Ground Over iPhone', ユーチューブビデオ、ユーザー名：Storyful News, May 6, 2016.

第8章　陰謀

1. Joseph Heller, *Catch-22*, New York: Simon & Schuster, 1961.〔ジョーゼフ・ヘラー、飛田茂雄訳『〔新版〕キャッチ＝22（上・下）』早川書房、二〇一六年〕
2. 以下および著者のほかの報告を参照。James Bridle, 'Planespotting', ブログへの投稿、December 18, 2013, booktwo.org.
3. この裁判の良い概観として以下を参照。Kevin Hall, *The ABC Trial* (2006), もともと発表されたのは以下にて。ukcoldwar.simplenet.com, archived at archive.li/1xfT4.
4. Richard Aldrich, *GCHQ: The Uncensored Story of Britain's Most Secret Intelligence Agency*, New York: HarperPress, 2010.
5. Duncan Campbell, 'GCHQ' (book review), *New Statesman*, June 28, 2010, newstatesman.com.
6. Chris Blackhurst, 'Police robbed of millions in plane fraud', *Independent*, May 19, 1995, independent.co.uk.
7. US Air Force, *Weather as a Force Multiplier: Owning the Weather in 2025*, 1996, csat.au.af.mil.
8. 'Take Ur Power Back!!: Vote to leave the EU', ユーチューブビデオ、ユーザー名：Flat Earth Addict, June 21, 2016.
9. 'Nigel Farage's Brexit victory speech in full', *Daily Mirror*, June 24, 2016, mirror.co.uk.
10. Carey Dunne, 'My month with chemtrails conspiracy theorists', *Guardian*, May 2017, theguardian.com.

11. Ibid.
12. International Cloud Atlas, cloudatlas.wmo.int.
13. A. Bows, K. Anderson, and P. Upham, *Aviation and Climate Change: Lessons for European Policy*, New York: Routledge, 2009.
14. Nicola Stuber, Piers Forster, Gaby Rädel, and Keith Shine, 'The importance of the diurnal and annual cycle of air traffic for contrail radiative forcing', *Nature* 441 (June 2006).
15. Patrick Minnis, et al., 'Contrails, Cirrus Trends, and Climate', *Journal of Climate* 17 (2006), 以下で読める。 areco.org.
16. Aeschylus, *Prometheus Bound*, c. 430 BC, 477:「曲がった鉤爪をした鳥の飛翔は、私ははっきりと見分けた——どれが生まれながらに吉兆で、どれが凶兆かと」。
17. Susan Schuppli, 'Can the Sun Lie?', in *Forensis: The Architecture of Public Truth*, Forensic Architecture, Berlin: Sternberg Press, 2014, 56–64.
18. Kevin van Paassen, 'New documentary recounts bizarre climate changes seen by Inuit elders', *Globe and Mail*, October 19, 2010, theglobeandmail.com.
19. SpaceWeather.com, Time Machine, 二〇〇九年七月二日の状況。
20. Carol Ann Duffy, 'Silver Lining', Sheer Poetry, 2010, 以下で読める。 sheerpoetry.co.uk.
21. Lord Byron, 'Darkness', 1816.
22. Richard Panek, '"The Scream", East of Krakatoa', *New York Times*, February 8, 2004, nytimes.com.
23. Leo Hickman, 'Iceland volcano gives warming world chance to debunk climate sceptic myths', *Guardian*, April 21, 2010, theguardian.com.
24. David Adam, 'Iceland volcano causes fall in carbon emissions as eruption grounds aircraft', *Guardian*, April 19, 2010, theguardian.com.

25. ‘Do volcanoes emit more CO_2 than humans?’, *Skeptical Science*, skepticalscience.com.
26. J. Pongratz, et al., ‘Coupled climate–carbon simulations indicate minor global effects of wars and epidemics on atmospheric CO_2 between AD 800 and 1850’, *Holocene* 21:5 (2011).
27. Simon L. Lewis and Mark A. Maslin, ‘Defining the Anthropocene’, *Nature* 519 (March 2015), nature.com.
28. David J. Travis, Andrew M. Carleton, and Ryan G. Lauritsen, ‘Climatology: Contrails reduce daily temperature range’, *Nature* 418 (August 2002), 601.
29. Douglas Hofstader, ‘The Paranoid Style in American Politics’, *Harper’s* magazine, November 1964, harpers.org.
30. Fredric Jameson, ‘Cognitive Mapping’, in C. Nelson, L. Grossberg, eds, *Marxism and the Interpretation of Culture*, Champaign, IL: University of Illinois Press, 1990.
31. Hofstader, ‘The Paranoid Style in American Politics’.
32. Dylan Matthews, ‘Donald Trump has tweeted climate change skepticism 115 times. Here’s all of it’, *Vox*, June 1, 2017, vox.com.
33. Tim Murphy, ‘How Donald Trump Became Conspiracy Theorist in Chief’, *Mother Jones*, November/December 2016, motherjones.com.
34. *The Alex Jones Show*, August 11, 2016, 以下で見られる。 mediamatters.org.
35. US Air Force, ‘Weather as a Force Multiplier’.
36. Mike Jay, *The Influencing Machine: James Tilly Matthews and the Air Loom*, London: Strange Attractor Press, 2012.
37. Edmund Burke, *Reflections on the Revolution in France*, London: James Dodsley, 1790. 〔エドマンド・バーク、半沢孝麿訳『〔新装版〕フランス革命の省察』みすず書房、一九九七年〕
38. V. Bell, C. Maiden, A. Munoz-Solomando, and V. Reddy, ‘“Mind control” experiences on the internet: implications for the psychiatric diagnosis of delusions’, *Psychopathology* 39:2 (2006), 87–91.

39. Will Storr, 'Morgellons: A hidden epidemic or mass hysteria?', *Guardian*, May 7, 2011, theguardian.com.
40. Jane O'Brien and Matt Danzico, '"Wi-fi refugees" shelter in West Virginia mountains', *BBC*, September 13, 2011, bbc.co.uk.
41. 'The Extinction of the Grayzone', *Dabiq* 7, February 12, 2015.
42. Murtaza Hussain, 'Islamic State's goal: "Eliminating the Grayzone" of coexistence between Muslims and the West', *Intercept*, November 17, 2015, theintercept.com.
43. Hal Brands, 'Paradoxes of the Gray Zone', Foreign Policy Research Institute, February 5, 2016, fpri.org.

第9章　同時実行

1. Adrienne Lafrance, 'The Algorithm That Makes Preschoolers Obsessed With YouTube', *Atlantic*, July 25, 2017, theatlantic.com.
2. Paul McCann, 'To Teletubby or not to Teletubby', *Independent*, October 12, 1997, independent.co.uk.
3. Christopher Mims, 'Google: Psy's "Gangnam Style" Has Earned $8 Million On YouTube Alone', *Business Insider*, January 23, 2013, businessinsider.com.
4. 'Top 500 Most Viewed YouTube Channels', SocialBlade, October 2017, socialblade.com.
5. Ben Popper, 'Youtube's Biggest Star Is A 5-Year-Old That Makes Millions Opening Toys', *Verge*, December 22, 2016, theverge.com.
6. Blu Toys Club Surprise, ユーチューブチャンネル。
7. Play Go Toys, ユーチューブチャンネル。
8. Samanth Subramanian, 'The Macedonian Teens Who Mastered Fake News', *Wired*, February 15, 2017, wired.com.〔「マケドニア番外地――潜入、世界を動かした『フェイクニュース工場』へ」『ＷＩＲＥＤ日本版』28号より転載。

https://wired.jp/special/2017/macedonia/〕

9. 'Finger Family', ユーチューブビデオ、ユーザー名：Leehosok, May 25, 2007.

10. Bounce Patrol Kids, ユーチューブチャンネル。

11. Charleyy Hodson, 'We Need To Talk About Why THIS Creepy AF Video Is Trending On YouTube', *We The Unicorns*, January 19, 2017, wetheunicorns.com.

12. 二〇一七年十一月、私がこれについての記事を発表したあとで、トイ・フリークスや記事で言及した他の多くのチャンネルがユーチューブによって削除された。しかしながら、本書執筆の時点では、たくさんの同様のチャンネルや動画がまだこのプラットフォームで簡単に見つかる。以下を参照。'Children's YouTube is still churning out blood, suicide and cannibalism', *Wired*, 23 March 2018, wired.co.uk.

13. 'Freak Family' フェイスブックページ、管理人：Nguyễn Hùng, facebook.com/touyentb2010.

14. Sapna Maheshwari, 'On YouTube Kids, Startling Videos Slip Past Filters', *New York Times*, November 4, 2017, nytimes.com.

15. David Remnick, 'Obama Reckons with a Trump Presidency', *New Yorker*, November 28, 2016, newyorker.com.

16. Subramanian, 'The Macedonian Teens Who Mastered Fake News'.〔「マケドニア番外地」〕

17. Lalage Harris, 'Letter from Veles', *Calvert Journal*, 2017, calvertjournal.com.

18. 'The name game', *Economist*, April 2, 2009, economist.com.

19. 'Macedonia police examine death threats over name dispute', *International Herald Tribune*, March 27, 2008, available at archive.li/nkYzJ.

20. Joanna Berendt, 'Macedonia Government Is Blamed for Wiretapping Scandal', *New York Times*, June 21, 2015, nytimes.com.

21. 'Macedonia: Society on Tap', ユーチューブビデオ、ユーザー名：Privacy International, March 29, 2016.

22. Adrian Chen, 'The Agency', *New York Times*, June 2, 2015, nytimes.com.
23. Adrian Chen, 'The Real Paranoia-Inducing Purpose of Russian Hacks', *New Yorker*, July 27, 2016, newyorker.com.
24. YouGov Poll, 'The Times Results EU Referndum 160613', June 13–14, 2016.
25. Andrew Griffin, 'Brexit supporters urged to take their own pens to polling stations amid fears of MI5 conspiracy', *Independent*, June 23, 2016, independent.co.uk.
26. Carole Cadwalladr, 'The great British Brexit robbery: how our democracy was hijacked', *Guardian*, May 7, 2017, theguardian.com.
27. Carole Cadwalladr, 'Trump, Assange, Bannon, Farage . . . bound together in an unholy alliance', *Guardian*, October 27, 2017, theguardian.com.
28. Robert Booth, Matthew Weaver, Alex Hern, and Shaun Walker, 'Russia used hundreds of fake accounts to tweet about Brexit, data shows', *Guardian*, November 14, 2017, theguardian.com.
29. Marco T. Bastos and Dan Mercea, 'The Brexit Botnet and User-Generated Hyperpartisan News', *Social Science Computer Review*, October 10, 2017.
30. Alessandro Bessi and Emilio Ferrara, 'Social bots distort the 2016 U.S. Presidential election online discussion', *First Monday* 21:11 (November 2016), firstmonday.org.
31. Annalee Newitz, 'The Fembots of Ashley Madison', *Gizmodo*, August 27, 2015, gizmodo.com.

第10章　雲

1. Matthew Holehouse, 'Bilderberg Group 2013: guest list and agenda', *Telegraph*, June 6, 2013, telegraph.co.uk.
2. Eric Schmidt, 'Action This Day – Eric Schmidt, Zeitgeist Europe 2013', ユーチューブビデオ、ユーザー名：ZeitgeistMinds, May 20, 2013.

3. Ibid.
4. William Ferroggiaro, 'The U.S. and the Genocide in Rwanda 1994', The National Security Archive, March 24, 2004, nsarchive2.gwu.edu.
5. Russell Smith, 'The impact of hate media in Rwanda', *BBC*, December 3, 2003, news.bbc.co.uk.
6. Keith Harmon Snow, 'Pentagon Satellite Photos: New Revelations Concerning "The Rwandan Genocide"', *Global Research*, April 11, 2012, globalresearch.ca.
7. Keith Harmon Snow, 'Pentagon Produces Satellite Photos Of 1994 Rwanda Genocide', *Conscious Being*, April 2012, consciousbeingalliance.com.
8. Florence Hartmann and Ed Vulliamy, 'How Britain and the US decided to abandon Srebrenica to its fate', *Observer*, July 4, 2015, theguardian.com.
9. 'Srebrenica: The Days of Slaughter', *New York Times*, October 29, 1995, nytimes.com.
10. Ishaan Tharoor, 'The Destruction of a Nation: Syria's War Revealed in Satellite Imagery', *Time*, March 15, 2013, world.time.com.
11. Samantha Power, 'Bystanders to Genocide', *Atlantic*, September 2001, theatlantic.com.
12. Ofeiba Quist-Arcton, 'Text Messages Used to Incite Violence in Kenya', *NPR*, February 20, 2008, npr.org.
13. Jan H. Pierskalla and Florian M. Hollenbach, 'Technology and Collective Action: The Effect of Cell Phone Coverage on Political Violence in Africa', *American Political Science Review* 107:2 (May 2013).
14. Michael Palmer, 'Data is the New Oil', ブログへの投稿' ANA, November 2006, ana.blogs.com.
15. 'The world's most valuable resource is no longer oil, but data', *Economist*, May 6, 2017, economist.com.
16. David Reid, 'Mastercard's boss just told a Saudi audience that "data is the new oil"', *CNBC*, October 24, 2017, cnbc.com.
17. Stephen Kerr 議員, Kevin Brennan議員, debate on 'Leaving the EU: Data Protection'についての議論' October 12,

2017, 議事録。
18. Palmer, 'Data is the New Oil'.
19. 帝国主義の分類と強制された命名の詳細は以下を参照。James C. Scott, *Seeing Like a State*, New Haven, CT: Yale University Press, 1998.
20. Arundhati Roy, 'The End of Imagination', Guardian, August 1, 1998, theguardian.com.〔アルンダティ・ロイ、片岡夏実訳「想像力の終わり」『わたしの愛したインド』築地書館、二〇〇〇年〕
21. Sandia National Laboratories, 'Expert Judgment on Markers to Deter Inadvertent Human Intrusion into the Waste Isolation Pilot Plant', 報告、SAND92-1382 / UC-721, F-49頁、以下で読める。wipp.energy.gov.
22. *And into Eternity . . . Communication over 10000s of Years: How Will We Tell our Children's Children Where the Nuclear Waste is?*, Zeitschrift für Semiotik（独語）, Berlin: Deutschen Gesellschaft für Semiotik 6:3 (1984).
23. Michael Madsen, dir., *Into Eternity*, Films Transit International, 2010.
24. 以下を参照。Rocky Flats Nuclear Guardianship project, 'Nuclear Guardianship Ethic statement', 1990, rev. 2011, rocky-flatsnuclearguardianship.org.

監訳者解説——クラウドは雲ではなく、データは新たな原子力だ

久保田晃弘

一九八〇年、イギリスのロンドンに生まれたジェームズ・ブライドルは、二〇〇九年ころから作品制作を開始する。二〇一八年にその数は一〇〇を超え、それらは広くヨーロッパ、北米、南米、アジア、オーストラリアをはじめとする世界各地で展示されてきた。その軌跡は彼自身のサイト（http://jamesbridle.com）に記録されているだけでなく、「Ars Electronica 2013」「二〇一四年日本メディア芸術祭」「CERN COLLIDE 2016」などのフェスティバルでの受賞歴がある。また、二〇〇七年のイブニングスタンダードによるロンドンで一〇〇〇人の最も影響力のある人物（文学領域）、二〇一五年には『WIRED Magazine』によるヨーロッパで一〇〇人の最も影響力のある人物の一人にも選ばれている。二〇一八年六月二日から翌二〇一九年三月一〇日まで、東京・初台にあるNTTインターコミュニケーション・センター［ICC］で開催されている「オープン・スペース2018　イン・トランジション」では、《オートノマス・トラップ001》と《勾配上昇法》という、二〇一七年に制作された二つの作品を展示している。いずれも（ブライドル自身が自作した）自動運転車をテーマにした映像作品で、この本でくり返し語られているテクノロジーの二面性——それは人間の役に立つ一方で、私たちからものごと思考し理解する機会を奪ってしまう、というシリアスなテーマを（一見）軽妙に扱っている［★1］。

ロンドン大学でコンピュータサイエンスと認知科学の修士号を取得し、人工知能の創造的応用に関する論文を執筆した経歴をもつ彼は、アーティストとしてだけでなく、研究と執筆活動も精力的に行なっており、ニューヨーク大学ITP: Interactive Telecommunications Programmeの非常勤講師も務めている。SXSWやTEDなどのイベントで、数多くの講演を行なうだけでなく、その成果は自身が運営する「booktwo.org」というサイトで公開・アーカイブされ、『WIRED』や『Domus』をはじめとする、さまざまなメディアにも掲載されてきた。なかでも特筆すべきは、ブライドルが「The New Aesthetics（新しい美学）」と呼ぶ、人文学と理工学にまたがる学際的テーマに関する探求であり、同名のTumblr［★2］には、このテーマに関連するさまざまな事例と思索の軌跡が記録されている。

二〇一四年に刊行された『You Are Here: Art after the Internet』［★3］という本にも収められている「The New Aesthetic and its Politics」というエッセイ［★4］で、彼自身は「新しい美学」をこう説明している。

> 新しい美学は、画像や引用のなかには見えないすべてのものに関係しています。しかしそれらは（画像や引用から）切り離せないものであり、存在しないわけでもありません。
>
> 新しい美学は表層的なものではなく、美しさや表層の質感には関係していません。それはネットワーク技術の政治性に深くかかわり、それらを探索し、カタログ化し、分類し、接続し、調査しようとしています。それは多くの場合、読み出すこと《リードオンリー》しかできない支離滅裂さと判読不可能性に見えますが、新しい美学はネットワークそれ自身の接続性と影響力の、深いレベルでの一貫性

と多重性をはっきりと伝えています。

「新しい美学」とは、いわば見えない（けれど確かにそこにある）ものの美学である。それは本書でもくり返し語られる、技術が身近で巨大になることで、それが不可知のもの《ハイパーオブジェクト》となった時代の美学である。しかし、技術がどんなに見えなくなっても、それは人間がつくったものである。技術が自然発生したり、超越者によってつくられることはない。そこには、つねに人間とその美学が潜んでいる。そんな見えない人間の美学を、科学技術と人文学の双方の知識や経験を総動員して思索する。見えない美学に潜む、隠れた意味を顕在化させることは、この二一世紀を生きるために必要不可欠なサバイバル技術である、ということもできるだろう。人間がつくった技術は、人間によって変えることもできるのだから。

二〇一八年七月に出版された本書『ニュー・ダーク・エイジ（新たなる暗黒時代）』は、先に述べた複合的なバックグラウンドと、横断的な思考をもつジェームズ・ブライドル初の単著である。ダーク・エイジというと、中世を思い浮かべる人も多いかもしれないが、ブライドルのテキストからは、それこそバイロンの詩「暗黒」のみならず、ラヴクラフト（の暗黒神話）、さらにはキング・クリムゾン（の「暗黒の世界（Starless Bible Black）」）にさえ通じるような、広い意味あいが感じられる。

匿名のソフトウェアによって自動的に生成されるフェイクニュースや、監視社会における無益な炎上といった、ネットワーク化されたアルゴリズムに囚われた現代社会、私たちはいったいどのように理解し、そこで行動すればいいのだろうか。全体は、すべてアルファベットのCから始まる一〇の章からなる。「裂け目」「計算」「気候」「予測」「複雑さ」「認知」「共謀」「陰謀」「同時実行」「雲」という各章のタイトルはいずれも、現代社会を特徴づける、象徴的かつ多義的な意味をもつ語である。ブライドルは各章ごとに、まず最初の三分の二くらいでメインとなる話題を取り上げたあと、異なるコンテクストの（しかし深く関連のある）話題をもってくることで、各章タイトルの含意を明確にしていく。そうすることで、初期のコンピュータと数値シミュレーション（ルイ・ヴィトンのビル）、極地の衛星画像と海綿状になった脳細胞、ティルマンズが撮った怪鳥コンコルド、株式データを収めるデータセンターの無機的な倉庫、グーグルのディープドリームとすべてを監視する目、強制送還者を運ぶ飛行機とケムトレイルの陰謀論、食品玩具の開封動画とアルゴリズム虐待、石油ではなく原子力としてのデータといった、時代や分野を超越した数々の事例やフィールドワークがつながり始め、いつしか彼特有の、博物学／考古学的知識と文学的、哲学的、技術的レトリックを駆使した、批評を超える（しかも厳しい）実践的思考に引き込まれていく。

その根底にあるのは「ものにつくられるものづくり」――つまり私たちを取り巻く量的に拡大したテクノロジーが、人間の経験のみならず、ものの考え方や行動を暗黙のうちに規定し、それが人々を暗闇に導いている、という認識である。私たちは、未来を予告する前に、まず「いま・ここ」をきちんと見なければならない。「いま・ここ」を見ることは、未来を予測することよりも、はるかに難しい。それにもかかわらず、いや、だからこそ、陰謀論やフェイクニュースと同じように、未来予測という名の現実逃避と理性放棄に、人々は盲目的に飛びつきたがる。ブライドルが指摘しているように、オープンにすることは、監視することでもあり、計算を利用することは、未来を決定的に捉えることでもある。

思えば僕も三〇年以上前、当時（一九八三年）東京大学大型計算機センターに導入されたスーパーコンピュータ「HITAC S-810/20」（といってもその最大性能はわずか630MFLOPSだったが［★5］）を用いて、流体の数値シミュレーションを行なっていた。本書のはじめに登場するリチャードソンによる人力数値解析は、まさに当時から夢の源であった。今日広く知られている計算論的思考《コンピュテーショナル・シンキング》［★6］は、スマートフォンとクラウドに依存して生活する今日の私たちにとって、至極もっともな主張であるように聞こえる。しかし計算は、世界を形作るものごとの、ごく一部でしかなく、限界は私たちの想像力にある。クラウドは決して雲ではなく、物理的な装置であり、経済であり、政治であり、そして欲望だ。理性の光を遮り、暗黒の世界を生み出す現実の障壁だ。だからこそ、それを回避するためには、感情的かつ即時的な反応を優先したり、（無意識のうちに）自分にとって都合のよいデータだけを集めたり拡散させるのではなく、（たとえそれが自分にとって好ましいものではなかったとしても）今日の暗黒の存在を認め、それに対して批判的に思索することを、最後まで放棄してはいけない。

　最後の章にあるように、今日のビッグデータにふさわしいメタファーは原子力である。それは強大な力をもちながらも、目に見えず、耳に聞こえず、直接触れることもできず、つねに私たちの身の回りに遍在している。しかもそれは、消去することすらできず、いつまでも、半減することもなく（それどころか自己増殖しながら）、ネットワークのなかに存在し、私たちに影響を与えつづける。今日の計算機やネットワークの量的拡大と、そこに埋め込まれた計算論的思考やデータ主義（データイズム）が、もしそれを人間ではなく、あたかも自然の所産であるかのように勘違いしたとすれば、そこから生まれるのは、技術＝自然に対する無理解から生まれる迷信や魔術が横行する本当の暗黒でしかない。本書は「私たちはひたすら考え、そして考えを改め、なおもまた考えつづけなくてはならない（We only have to think, and think again, and keep thinking.）」という一文で締めくくられている。アーティストによる本書のいちばんの特徴は、分析にとどまり判断に踏み込めない研究者や、無意識のうちに価値判断を外部に求めてしまう技術者の態度を超えて、この一文にあるように、これからの思考＝行動指針を示していることだ。

データ分析やアルゴリズムが複雑で不可視になるにつれて、シンプルでわかりやすい物語が横行し、それが人々の行動やそこから生じる分断を加速している。さらに、植木等のスーダラ節（わかっちゃいるけどやめられない）さながらの、知ることと行動することの乖離。いまや、単純《シンプル》さやわかりやすさこそが危険なのだ。今日のテクノロジーの全貌を理解できる人、未来をわかりやすく（＝わかりやすい未来を）予測できる人など、実はどこにもいないのだから。

私たちが今後、気候大変動や高齢化社会、経済破綻や政治的変化のような、解決困難かつ大規模な問題に直面したとしても、そこで諦めることなく、私たち自身の思考と理性を信じ、不可知で非自明なこの世界を理解するための新しいメタファーや言語を、ヘルメスのようにつねに生み出しつづけていくべきだ。私たちが考えるべき対象は、技術と一体化し、不可知で非自明な、まるでルネ・ドーマルの「類推の山」のような、この世界そのものだ。理解できないものを、予測できないものを考えつづけること、つまり想像できないものに対する不気味の谷を乗り越え、非自明なものを描写するとは、いったいどういうことなのか。本書は、今日の私たちを無意識のうちにつくりあげている、断片的で決定論的な未来という虚妄から、情報ではなく想像力の欠如から、私たち自身の力で脱出するための、白昼でもなく、暗黒でもない、グレーゾーンを示してくれる。

最後に監訳者として、本書の訳出作業を行なってくれた栗原百代さんと、編集を担当していただいたＮＴＴ出版の柴俊一氏、そして美しい装幀をしていただいた松田行正氏に厚く御礼を述べたいと思う。原書が出版されたのが今年（二〇一八年）の六月、その後わずか五か月少々の後に、冒頭にあるように「テクノロジーが緊急時に私たちに知らせようとしていること」に関するこの本の日本語版を、緊急出版と言ってよいほどのスピードで世に出すことができたのは、この方々のおかげである。願わくば、この本が一過性の話題提供にとどまらず、これからのテクノロジーと世界のあり様を深く考えていくための、単発ではなく息の長いロングセラーにならんことを！

註

★1　ＩＣＣでの展示二作品に関するジェームズ・ブライドル自身のインタビュー（抄訳つき）をＩＣＣのウェブサイトで見ることができる。本書のテーマとも深く重なる内容なので、合わせて参考にしてほしい。<http://www.ntticc.or.jp/ja/channel-icc/blog/2018/07/os2018-02/>。

★2　<http://new-aesthetic.tumblr.com/>.

★3　Omar Kholeif (ed.), “You Are Here - Art After the Internet,” HOME and Space (2018), <https://www.cornerhousepublications.org/publications/you-are-here-art-after-the-internet/>.

★4　<https://booktwo.org/notebook/new-aesthetic-politics/>.

★5　コンピュータ博物館：[日立] ＨＩＴＡＣＳ-８１０、<http://museum.ipsj.or.jp/computer/super/0007.html>。

★6　Jeannette M. Wing「計算論的思考」（訳：中島秀之）、<https://www.cs.cmu.edu/afs/cs/usr/wing/www/ct-japanese.pdf>。ジャネット・ウイングが二〇〇六年に書いたこの「計算論的思考」には、ジェームズ・ブライドルの考えと非常に近いものがある。

索引

か

さ行

わ・ん

ABC・数字

ジェームズ・ブライドル

James Bridle

1980年生まれ。アーティスト・ジャーナリスト・テクノロジスト。ロンドン大学でコンピュータ科学と認知科学の修士号を取得、ニューヨーク大学などで教鞭も執る。デジタル・イメージに溢れた現代の知覚と美意識を探る「New Aesthetic」の中心的論者。『イブニング・スタンダード』による「ロンドンの1000人の最も影響力のある人物」、『WIRED』による「ヨーロッパの100人の最も影響力のある人物」の1人に選ばれている。作品は世界各地で展示されており、アルス・エレクトロニカ、日本メディア芸術祭などで受賞。NTTインターコミュニケーション・センター[ICC]「オープン・スペース2018」にも展示。

久保田晃弘

くぼた・あきひろ

1960年生まれ。アーティスト／研究者。多摩美術大学情報デザイン学科メディア芸術コース教授。著書＝『遥かなる他者のためのデザイン』(BNN)、『メディア・アート原論』(共著、フィルムアート社)など。

栗原百代

くりはら・ももよ

翻訳家。訳書＝ヒース『資本主義が嫌いな人のための経済学』『啓蒙思想2.0』、ヒース&ポター『反逆の神話』(以上NTT出版)など。

ニュー・ダーク・エイジ
テクノロジーと未来についての10の考察

2018年12月5日　初版第1刷発行

著　者　ジェームズ・ブライドル
監訳者　久保田晃弘
訳　者　栗原百代

発行者　長谷部敏治
発行所　NTT出版株式会社
〒141-8654　東京都品川区上大崎3-1-1　JR東急目黒ビル
営業担当　TEL 03(5434)1010　FAX 03(5434)1008
編集担当　TEL 03(5434)1001
http://www.nttpub.co.jp

装　幀　松田行正＋杉本聖士

印刷・製本　図書印刷株式会社

ISBN 978-4-7571-4355-5　C0036